U0148146

草帝原国准噶尔

袁灿兴 | 著

团结出版社

图书在版编目（CIP）数据

草原帝国准噶尔 / 袁灿兴著 . -- 北京 : 团结出版
社，2021.9（2023.5 重印）
　ISBN 978-7-5126-8745-5

　Ⅰ . ①草… Ⅱ . ①袁… Ⅲ . ①准噶尔 - 民族历史
Ⅳ . ① K289

中国版本图书馆 CIP 数据核字（2021）第 069649 号

出　　版：团结出版社
　　　　　（北京市东城区东皇城根南街 84 号　邮编：100006）
电　　话：（010）65228880　65244790（出版社）
　　　　　（010）65238766　85113874　65133603（发行部）
　　　　　（010）65133603（邮购）
网　　址：http://www.tjpress.com
E-mail：zb65244790@vip.163.com
　　　　　tjcbsfxb@163.com（发行部邮购）
经　　销：全国新华书店
印　　装：天津盛辉印刷有限公司

开　　本：170mm×240mm　16 开
印　　张：16.5
字　　数：250 千字
版　　次：2021 年 9 月　第 1 版
印　　次：2023 年 5 月　第 2 次印刷

书　　号：978-7-5126-8745-5
定　　价：48.00 元
　　　　　（版权所属，盗版必究）

前　言

对东亚大陆水汽供应起关键作用的，是来自太平洋的东南季风，它决定了东亚大陆上降水量分布的趋势，即从东南沿海向西北内陆渐次递减。从大兴安岭，沿西辽河上游、燕山山脉，斜穿黄河河套，经黄河、长江上游地区，直到雅鲁藏布江。这条等降水线的东南侧，为受太平洋季风影响的湿润地区，其西北则为很少受季风影响的干旱地区。四百毫米等降水线，是以农耕为主的中原地区与以游牧为主的北方地区的大体分界。长城的线路，与这条等降水线大体吻合。

生活在等降水线以北的主要是游牧民族。游牧民族没有固定的居住地，以迁徙、游牧为生。他们全民都精于骑射，勇猛彪悍。他们平时畜牧、狩猎，当靠畜牧、狩猎不能维持生存时，便发动战争，通过掠夺来获取生存所必需的资源。

比之农耕文明在土地上的固着性，游牧民族的特点使得它在军事上具有以下几个优点：首先，游牧民族具有强大的军事动员机制。游牧民族每日的生活、劳作，都离不开骑马射猎，这种生活本身就带有军事性质，使得游牧民族具有更高的军事素质。其次，游牧民族具有更加强的求生欲望。农耕民族依赖于气候、地理之厚，在诸般自然灾难之下，会有痛苦的记忆，但这对整个族群却非致命性的打击。一次次自然灾害留下痛苦回忆之后，农耕文明又再次顽强地从土地上兴

起。处于草原之中的游牧部落，对自然的依赖度，比之农耕民族更甚，自然界条件的恶化，带来的常是整个部落的灭顶之灾，之后再无喘息之机。故而危机来临时，游牧民族常以战争的方式，通过对农耕文明的入侵来摆脱危机。最后，游牧民族的流动性，使得它在军事上占据了极强的机动性。机动性之于进攻一方，是无与伦比的优势，它可以选择最佳的地点，通过快速机动而加以突破。

中国历史之上，一个个游牧民族走上历史舞台，一次次向中原王朝发起挑战。面对游牧民族的侵袭，若是当时的皇帝久经战阵，且以开拓疆土为乐事，如汉高祖、唐太宗等，自然是长驱塞外、饮马贺兰山了。而逢到国势昌隆，内部安定之时，对游牧民族用兵，也可满足汉武帝、清高宗彰显武功的情怀。

清代，困扰中原王朝的，乃是准噶尔部。准噶尔部本是卫拉特四部中的一部，只是由于机缘，在部落内部的不断厮杀之中，产生了一个个雄才大略的领袖，带领着部落不断扩张，最终称雄于草原之上。可草原已不能满足他们，他们的眼光落在了中原。成为草原霸主后，准噶尔人开始向中原发起挑战。

只是准噶尔人生不逢时。自从入主中原之后，清历代皇帝，不敢忘却祖先的教诲，不敢放松马上的骑射功夫。准噶尔人一次次的挑战，只是刺激了康熙、雍正、乾隆的征服欲望，于是战事一次次展开。凭借着雄厚的国力和三代帝王的不懈努力，最终将天山南北、草原东西，纳入大清的版图，而准噶尔则成为了历史。

目　录

第一章
草原代有英雄出

卫拉特各部分合

曾经雄霸天下，冲垮无数城池的蒙古铁骑，入主中原八十余年后，退回了草原。明代有雄才大略如明成祖朱棣者，用兵五十万，奔腾塞外三千里，只是无功而返，死在征途之中。

有明一代，困扰中原之主的，已不是成吉思汗后裔黄金家族，而是新崛起的瓦剌部。瓦剌，元代称斡亦剌，明代称为瓦剌，清代称为卫拉特或厄鲁特，国外称卡尔梅克。

12世纪时，斡亦剌部落生活在贝加尔湖周边的原始森林中，以狩猎或游牧为生，故有"林中百姓"之称。成吉思汗成为蒙古各部大汗后，斡亦剌部首领率部归附，设置了四个万户加以管理，遂有"四卫拉特"之称。

元朝灭亡后，蒙古部分裂为几个大集团，"林中百姓"逐渐崛起。至也先统领瓦剌部时，它已成为蒙古各部中最强大势力。也先强大之后，暂时未跃马扬鞭，跨过长城，而是与明王朝保持了朝贡关系，以交换茶叶、丝绸等物品，可是非偏偏就出在这里。

明正统十四年（1449），也先派了两千人的使团到北京贡马。使团只有两千人，却将人数报为三千人，好骗取供应品（廪饩）和赏赐；此事被太监王振发现。外番夷人，不通礼节，本是一件小事，一笑置之即可。偏偏权势过人的大太监多事，下令不准冒领廪饩，又将运来贸易的马匹价格减去五分之四。

也先正指望着这次贸易，能带来部落急需的日用品。不想一个阉人，猛地闯出，让他与他的部落不能喝上可口的茶叶，穿上如水如丝的绸缎，用上滑溜的纹银。断人财路，不管是朝堂还是江湖，塞外或是中原，都是最大的忌讳。

也先勃然大怒，分兵四路在边境线上用兵。也先手中有着万千虎狼般的健儿，经历了长年战事的磨砺，在蒙古诸部中如日中天。大明王朝却不知晓也先的实力，在太监王振怂恿之下，好大喜功的明英宗朱祁镇，也想着效法那些英武之帝，策马塞外，芳名传千古，斩获千万首级，潇洒回京，受万人崇拜。结果，出兵之后在土木堡被围，损失大半，朱祁镇成了俘虏，大明王朝的气数，经此次折腾，消失大半。

土木堡之战，也先竟俘获了大明皇帝，他成为草原上交口称赞的英雄，人人传唱："以苍劲的雄鹰为翅膀，驾乘着旋转的战车，箭法神奇，胆略过人。生来勇猛的君主，居住着山一样大的毡房。"

也先被如痴如醉地歌颂，可他不是成吉思汗黄金家族的后裔，也就无缘于汗位。荣耀无匹的血脉与光彩过人的武力，都是草原上胜出的两大要件，若是两者兼具，自然可以成为霸者。若是只具武力，而无血脉，又有无边雄心，就得生出纠葛了。

也先时期，大草原上名义上的汗，是元皇室后裔脱脱不花，他所统辖的地区为东蒙古（明朝称之鞑靼）。此时也先部控制了北方蒙古各部，通过与明王朝的战争及贸易，获得了先进的技术，更以一次次的胜绩，压过黄金家族的气势。也先与脱脱不花，颉颃而立，雄立于草原之上。

依偎在家族名望之下的骄傲金丝雀，终究不敌血与火之中拼出的雄鹰，在击败脱脱不花后，也先自立为汗。也先的崛起与称汗，打破了草原上原有的秩序，即只有黄金家族成吉思汗后裔方可称汗的正统观念。此后纷争不断，拘泥于传统观念者，不满也先坐大者，雄心勃勃的臣下，纷纷发起挑战。

成王也快，败寇也早，也先称汗后不久，在几名实力臣子的叛变中落败，一路逃到坤奎汗山被杀。也先死后，脱脱不花的遗孀又携带了幼子，如同一头雌虎般来复仇了。

也先的准噶尔部（绰罗斯）自身闹起了分裂。内讧是草原各部落之间，经久不衰，周期上演的大戏。也先长子所统领的部落分裂出去，成为杜尔伯特部。也先次子阿失帖木儿，外号小王子，组成准噶尔部，他尚有能力与东蒙古的黄金家族对抗。待阿失帖木儿一死，所部继续分裂，势力日衰。

东蒙古的黄金家族则乘机兴兵，压迫卫拉特各部，卫拉特各部不得不逐渐向西迁徙，一路至额尔齐斯河、伊犁河流域。在不断的迁徙过程中，卫拉特各部暂时中断了与明王朝的联系，在明代的官方记载中，卫拉特部一段时间竟无声无息地消失了。正是在销声匿迹的这段时间中，卫拉特各部避免了参与蒙古各部无休止的内战，并向西扩大了疆域，默默无声中恢复了元气，并形成了卫拉特四部格局。正是：雄兵沉隐遁伊犁，开疆域辟直往西。他日龙马腾跃时，一战名传天下知。

明末期以后，蒙古高原势力已成，分别为漠南蒙古诸部，漠北喀尔喀蒙古诸部，漠西卫拉特蒙古诸部三大系。

漠南蒙古诸部（今内蒙古），其游牧范围，东接盛京、黑龙江，西接伊犁东路，南至长城，北连绝漠（瀚海，即戈壁），袤延万余里，其东、南部与女真各部毗连。

漠北喀尔喀蒙古（今蒙古国内），东到额尔古纳河，南至瀚海（戈壁），西至阿尔泰山与伊犁东路，北至西伯利亚。

漠西卫拉特蒙古，北有雄伟奇壮的唐努山，东有巍峨绵延的杭爱山，南有群山耸峙的天山，西有连绵不绝的大草原，境内冰山天池，大河奔流，草原肥沃，壮美无匹。

西迁之后，卫拉特各部分化融合，吸收了周边各突厥语系及蒙古部落，形成了准噶尔、杜尔伯特（辉特部依附之）、土尔扈特、和硕特四部。

和硕特部出自黄金家族，是成吉思汗同母弟弟哈萨尔的后裔，在四部中地位最高。卫拉特语中，"和硕"有勇猛无畏之意。在与柯尔克孜人的战争中，卫拉特人将部落中特别能战者称为"和硕"。和硕还有"一对"的意思，成吉思汗麾下名将木华黎就曾在自己的部落中，从每十人中选出二人，组成部队，称为和硕特，其中也包含了能战之意。

土尔扈特意为"强大"，因为此部落人骁勇善战，俘获较多，实力强劲，故以包含强盛意的土尔扈特作为部落名。

准噶尔在蒙古语中，意为"左翼"。卫拉特分左右二翼，准噶尔人属左翼，故称准噶尔。至于杜尔伯特，至今尚无定论，有人认为是"逃亡者"意，也有人认为是"四兄弟"意。很多观点倾向于后者，云也先有四子，长子分裂出后，组成杜尔伯特部，为纪念四兄弟，为部落取名杜尔伯特。

在往西发展中，四部的人口、牲畜都在不断增长，对游牧地的争夺，必然带来争斗。为了处理部落之间事宜，四部间形成了一个松散的议事机构"丘尔干"，定期召开，由各部首领出席。

"丘尔干"中又设"达尔加"，乃卫拉特各部的共同盟主。盟主地位，依靠实力来确定，兵力最盛者自然成为盟主。

16 世纪末、17 世纪初，和硕特实力最强，理所当然地成为首领。至 17 世纪 20、30 年代，准噶尔部游牧在富饶的伊犁盆地，实力胜过和硕特，隐约有新盟主之姿。准噶尔首领哈喇忽剌，蒙语意为虎豹独狼，他果然如狼似虎，要扑杀猎物。可雄心万丈的哈喇忽剌，却被喀尔喀部击败，不得不承认喀尔喀部的宗主权，并要定期纳贡。

此后哈喇忽剌带领准噶尔部，卧薪尝胆，待机复仇。不甘心的哈喇忽剌联合了土尔扈特、杜尔伯特两部，进攻驻扎在乌布萨湖（今蒙古国境内）的喀尔喀蒙古部，结果又是惨败而归，连妻子都被丢弃。哈喇忽剌一生都在努力，使准噶尔部摆脱喀尔喀蒙古的影响，他的努力在生前没有结果，在他死后，到他的孙子噶尔丹时，以洪流之势冲垮喀尔喀蒙古，迫使其投入清国羽翼之下，供人驱使。

1634 年，哈喇忽剌去世，长子巴图尔继承了父亲的遗产。此时的蒙古各部，不但内部陷入无尽的纷争厮杀，更面临着前所未有的强大敌人女真人。

草原是属于蒙古人的，在女真人崛起之前，无人能对他们的地位形成挑战。明代的女真分为海西女真、建州女真、野人女真三大部，分布在黑龙江、松花江流域，以游牧、渔业为生。三大部中，建州女真在明永乐元年被招抚，并设置建州卫，以牵制其他女真部。建州女真与明王朝之间保持敕贡制关系，女真定期进贡特产，明朝则给予赏赐。女真人彪勇惯战，曾被明成祖征调从军北征，立下诸多军功。

在与女真各部、朝鲜李朝的频繁战事之中，建州女真的战斗力得到锻炼，已有雄霸辽东之势，此时女真所缺的就是一个雄才大略的带头人。适逢天运，时势造化，这个带头人恰好出现了，并使女真此后能坐拥三百年江山，此人就是努尔哈赤。

努尔哈赤以遗甲十三副，执戈之士百人起家，骤然之间崛起，以虎狼之姿，吞没女真各部。此后竟以区区数万人之众，威胁着拥兵百万，人口过亿的大明王朝。"女真人所恃者弓矢，屡次凌驾明军者，尤在骑兵之善于驰突。"

1632年，后金进攻漠南察哈尔蒙古，继承了元朝衣钵的林丹汗败走，死在青海。后金继续出击，林丹汗之子投降，献出元朝传国玉玺，察哈尔蒙古遂依附于后金，其余漠南各部，相继被后金吞并。1636年，漠南蒙古十六部，共同承认皇太极为可汗，同年后金在盛京建立政权，国号清。皇太极将蒙古降兵合并为蒙古八旗，此后又建汉八旗。八旗军骁勇无匹，"一闻攻战，无不欣然，攻则争先，战则奋勇。威如雷霆，势如风发，凡遇战阵，一鼓而胜"。

外有女真人的压力，内有兄弟部落的互相残杀，不想被骨肉相残者，开始向外去寻找更广阔的天地。17世纪30年代，土尔扈特部联合和硕特、杜尔伯特的一部分，共五万帐，越过哈萨克大草原，迁徙到伏尔加河流域。和硕特部也开始寻觅新的栖身之地，向东南走到西海（青海旧称西海），进入青藏高原。

喀尔喀与卫拉特本是宿敌，交手多年。至17世纪30年代，喀尔喀蒙古分裂为扎萨克图汗、土谢图汗和车臣汗三大部，三大部又分为左右两翼，互相厮杀。漠南察哈尔蒙古的林丹汗死去后，皇太极试图染指喀尔喀蒙古。

1638年，皇太极指责喀尔喀扎萨克图汗部头领以正统蒙古大汗自居，又与他的杀父仇人卫拉特和好，命其归附。皇太极恩威并施，抛出诱饵，如果归附，就可以到杀虎口互市，不然就要被大兵讨伐。

皇太极甚至称，喀尔喀扎萨克图汗部如果不服，可以约定地点交战。车臣汗部和土谢图汗部虽然未被直接威胁，但皇太极禁止他们与明朝互市，且诱使其部落中人叛降，喀尔喀三部都深刻地感受到了威胁，卫拉特各部虽然未与清国直接对峙，也明显地感受到了杀机，在共同利益关系下，各部走到了一起。

在卫拉特各部有着影响力的藏传佛教僧侣，也想借助此次机会，确立藏传佛教为蒙古人的唯一信仰，同时排斥清国的影响。在蒙古各部传教的咱雅班第达呼图克图（蒙语音译，喇嘛道行高深者，曰呼图克图）就认为："那个汗（顺治）是傲慢的，不信奉宗教的。"

1640 年秋，塔尔巴哈台，大帐云集。在喀尔喀扎萨克图汗召集下，此年九月，卫拉特、喀尔喀蒙古各部，三位呼图克图，二十七位首领聚集于此。已远迁伏尔加河的土尔扈特部也派了代表，不远万里与会。

会上各部达成共识，要结成同盟，结束无休止的内部混战，抵制咄咄逼人的女真。为了约束各方，树立藏传佛教正统地位，《喀尔喀—卫拉特法典》被制定。此法典共一百二十一条，所有与会部落头领宣布遵守法典，违背者将被重罚。

法典规定，喇嘛教是蒙古各部同信仰的宗教，禁止用言语与行动侮辱僧侣，凡十人中，必须有一人献身于佛。王公与高级僧侣享有特权，贵族与平民之间划分了明确的界限。为了确保团结，法典规定，如果有部落擅自发动战争，所有喀尔喀、卫拉特部落要联合起来，惩戒发动战争者。禁止王公掠夺已加入同盟的地区，面对外敌时应共同对敌。

卫拉特法典虽是各部抱团取暖的产物，但不意味着蒙古人要联合起来挑战女真人，将其打回辽东，在白山黑水间求生。法典被制定之后，蒙古部与清国保持了良好的关系。会盟之后，各部暂时也保持了和平，当俄国人挑拨准噶尔去攻打土尔扈特部时，准噶尔部头领巴图尔就表示，自己与各部都不会攻打自己的亲人。

内部的团结，使巴图尔可以腾出手来，攻打哈萨克、柯尔克孜等敌人。早在 1635 年，巴图尔曾击败哈萨克，俘虏了哈萨克王子扬吉尔。扬吉尔成功出逃之后，继续与卫拉特为敌。1643 年，巴图尔联合和硕特部、土尔扈特部，出兵两万五千人，攻打扬吉尔。扬吉尔只有六百人，但他利用大峡谷的曲折地形，凭借哈萨克人精准的射箭功夫，成功地阻滞了蒙古人的精兵。此后经过多次战争，巴图尔迫使哈萨克等部落服从于他的马鞭。

巴图尔崛起后，称"珲台吉"（汉语皇太子谐音），凭借着自己的强大实力，调停蒙古各部纠纷，使蒙古各部皈依于喇嘛教，参与了对青海的用兵，扩张了蒙古部的活动空间，诚为卫拉特蒙古史上最为关键之人。

和硕特入主高原

在藏传佛教传入之前，卫拉特各部一直信仰萨满教，崇拜超自然力量，信仰火神，将它视为家族的保护者。卫拉特人崇拜大地，祭山祭水，满怀虔诚，祈求长生天保佑。可最终卫拉特蒙古人还是与萨满教分手，投入藏传佛教的怀抱。

蒙古各部皈依藏传佛教，原因复杂。卫拉特各部彼此争雄，多数不具备黄金家族的身份，在争雄中要获得正统地位，就要从合法性上寻找突破。以往的蒙古大汗，权力来自长生天所授。萨满教巫师则扮演了长生天的代言人，赋予大汗权力。为了获得萨满巫师的支持，首领们必须用大量金钱填满巫师的贪婪的胃口。萨满巫师仅仅贪财还不是问题，如果巫师利用自己的地位，呼风唤雨，与首领们争夺权力，那就是大患了。蒙古各部头领，对萨满巫师，往往抱着利用与戒备的态度。

信奉藏传佛教则没有这个忧虑，远在雪域高原的达赖，手还伸不到草原上来，且达赖是活佛转世，并不是替长生天立言，自然不具威胁。再者，藏传佛教内部分裂，彼此争斗，有求于蒙古部，也无心无力干涉蒙古内部事务。在合法性上，藏传佛教又满足了蒙古领袖们的需要。卫拉特、喀尔喀各部首领，被达赖授予护教、奉经法王等称号，蒙上了一层光环，获得了正统地位。

从经济角度上考虑，信奉藏传佛教也更划算。萨满教的祭祀活动，需要宰杀大量牲畜，消耗了巨大财富，对于长年征战，物资匮乏的蒙古各部来说，这就陷入了两难境地。要祈求战争打胜，就要献出祭品，献出了大量祭品，则后勤补给产生困难，难打胜仗。藏传佛教则劝告好生戒杀，不要求献出牲畜作为祭祀用品，藏传佛教也能通过祈祷、法事等形式，满足各部首领祈福求胜的心理需求。此外，藏传佛教领袖，一直努力调解蒙古各部的纷争，博得了各部首领的好感。

藏传佛教内部的纷争，使喇嘛们以极大热情向蒙古人传教，获得支持。藏语"噶举"中"噶"字本意指口，而"举"字则意为传，"噶举派"即口传宗派。噶举派僧人的僧裙为红色，又称"红教"。噶举派开创于宋朝，在明代盛极一时。明代，青海藏人宗喀巴进西藏大雪山修行，破关而出后创立格鲁派，喇嘛均戴黄帽，故称"黄教"。

为了获取蒙古各部的支持，进而吸引蒙古各部皈依，格鲁派下足功夫。1577年，格鲁派法主、三世达赖索南嘉措与蒙古土默特部俺答汗会晤，双方互赠称号。俺答汗给索南嘉措的赠号为"圣识一切瓦齐尔达喇达赖喇嘛"，"瓦齐尔达喇"是梵文的音译，意为执金刚，达赖为蒙古语，意为大海，喇嘛为藏语，意为上师。索南嘉措给俺答汗的赠号为"转千金法轮咱克喇瓦尔第彻辰汗"，咱克喇瓦尔，意为转轮王，第彻辰汗，蒙古语为睿智的汗王。

索南嘉措去世后，格鲁派将俺答汗的曾孙认定为第四世达赖喇嘛。四世达赖入藏后，此时恰逢藏巴汗彭措南杰崛起。部分土默特部军队护送四世达赖入藏后，就地驻下不走。此后，信仰格鲁派的喀尔喀蒙古王公，借拜见达赖喇嘛的名义带军队入藏增援，以保护四世达赖。1613年，藏巴汗（意为后藏上部之王）彭措南杰基本统治西藏，而入藏蒙古军队的存在，无疑是他统治的阻碍。

　　蒙古军队入藏后，抢劫钱财，凌辱民众，骚扰地方，导致信徒不敢去大昭寺朝拜，只能从远处祈愿。蒙古军队的存在，四世达赖的独特身份，也让彭措南杰对格鲁派抱有戒心。1616年，在西藏生活了十四年的四世达赖去世，时年二十八岁。四世达赖的去世，使彭措南杰得到了驱逐蒙古军、限制格鲁派的机会。彭措南杰一度怀疑达赖喇嘛的诅咒导致自己多病，为此禁止寻找转世灵童。

　　禁止寻找转世灵童，让格鲁派僧侣无比愤怒。1618年，格鲁派僧人与驻藏蒙古军联合，发动了叛乱，彭措南杰以残酷手段加以打击，僧侣被杀五千，蒙古军队被驱逐，色拉寺、哲蚌寺部分建筑被毁，彭措南杰则乘机掠夺了大量财富。两寺大经堂的门窗都遭到严重损坏，一个时期内挡不住狗与小偷的进入。

　　同年，彭措南杰控制全藏，建立了政教合一的藏巴第司政权。1620年，彭措南杰领兵出战时，于十一月得天花去世。为避免出现动乱，他去世的消息被隐瞒了下来，直到次年方才发丧，由其子丹迥旺波继位。1621年，喀尔喀王公又带领两千名蒙古骑兵到达拉萨。

　　新继位的藏巴汗丹迥旺波只有十六岁，但得到了贤明的大臣们辅佐。

　　在拉萨西面的江塘岗之战中，丹迥旺波的军队被蒙古骑兵冲垮，全军被围困。正在哲蚌寺闭关的四世班禅得悉消息后，徒步前去调解，阻止了蒙古骑兵的进攻。班禅，"班"是梵文班智达，意为学者；"禅"，藏语中谓学者。班禅，即大学者之意。

　　丹迥旺波战败后，不得不让步，退还以前抢去的财产，将色拉寺、哲蚌寺、大昭寺交由班禅派人管理，此协议使格鲁派在拉萨暂时恢复了元气。而彭措南杰的去世，也使先前禁止寻找转世灵童的禁令作废，四世班禅腾出手来，寻找并确认了转世灵童。格鲁派与藏巴汗达成协议，格鲁派允诺以后不再联合蒙古军队进攻丹迥旺波，丹迥旺波也不迫害格鲁派，双方暂时保持了和平关系。

　　留在西藏的蒙古军队不久发生内讧，返回青海，格鲁派失去了军事力量的支持，不免有所忐忑，担忧下一次冲突中无人护卫。虽然年少，新的藏巴汗丹迥旺波却颇具才略，他强化了权力，制定法律，统一度量衡。他汲取了以往失败的教训，寻求强大的军事力量支持，以打击格鲁派势力。

1634年，漠南蒙古首领林丹汗被皇太极出兵击败，退至青海。明王朝在与后金交战失利后，以重金收买蒙古各部，诱其共击后金。林丹汗是明王朝的重点拉拢对象，所得赏赐最多。后金出兵进攻广宁时，年纪轻轻的林丹汗向努尔哈赤发出警告，称将派兵钳制，结果却未派一兵一卒。

林丹汗是蒙古各部名义上的共主，具有一定的号召力，但他坐视后金攻打喀尔喀各部，又乘乱打劫，抢夺牧场，让蒙古各部心寒，导致众叛亲离。后金在收拾完喀尔喀各部之后，转而来攻林丹汗。交战中，林丹汗察哈尔部归降后金者有五千余，被斩杀者无算，无奈之下，林丹汗西逃青海。

林丹汗到了青海后，藏巴汗丹迥旺波派人说服他改信噶举派，又劝他率领蒙古军队前往西藏，作为奥援。林丹汗贪财，估计丹迥旺波没少花钱。转变信仰后，林丹汗"杀死大批在青海的黄教（格鲁派）僧人，或把他们监禁起来"。但林丹汗进入青海后，突然得病死亡，未能进入西藏。明朝与后金对林丹汗评价都极低，认为他"贪财物，无远志"。

林丹汗去世对时局具有一定影响。林丹汗是黄金家族的直系后裔，是蒙古各部名义的共主。林丹汗去世之后，其子向后金投降，献上元朝的传国玉玺，这标志着后金统一了内蒙地区。崇祯九年（1636）皇太极称帝，国号为清。林丹汗的去世，既使明王朝更为被动，也让丹迥旺波失去了盟友。

不过林丹汗在青海的同盟者喀尔喀蒙古首领却图汗同样信奉噶举派（红教），自然可以成为丹迥旺波的同盟者。却图汗早先在漠北蒙古的争雄中败北，转入青海发展。刚入青海时，他宣称对各教派都不会偏袒。在听说噶举派的许多神迹后，他欣喜若狂，又受同盟者林丹汗的影响，就改变了态度，开始敌视格鲁派。但另有一说认为，却图汗实际上信仰的是汉人的道教，伪称是噶举派信徒而已。

统治康区的白利土司是苯教信徒，尤其仇恨黄教，摧毁了康区的黄教寺院（西藏康巴地区），将大批僧侣抓捕入狱。藏巴汗、却图汗、白利土司三方一拍即合，遂结成同盟，"立誓要摧毁色拉、哲蚌、甘丹三大寺，消灭格鲁派（黄教）"。

1635 年，格鲁派派出温萨活佛向卫拉特蒙古各部求援，得到了和硕特部顾实汗的积极响应。早在 1610 年，一名土尔扈特贵族建议和硕特部首领拜巴嘎斯兄弟信奉藏传佛教。拜巴嘎斯早有皈依藏传佛教之意，只是此时尚未与西藏取得直接联系。此后在拜巴嘎斯推动下，1616 年，卫拉特各部领袖宣布皈依喇嘛教，并以达赖喇嘛为精神领袖，各部都献出了一个儿子去当朵内（贵族喇嘛）。

拜巴嘎斯此时无子，就收了名义子咱雅班第达，将送他去西藏当喇嘛。咱雅班第达在西藏学经二十二年后，返回卫拉特蒙古，传播藏传佛教。回蒙古后，咱雅班第达着力打击萨满教，凡是看到有人举行萨满教祭祀活动，都要捣毁并罚牛羊。

至 17 世纪，由于内部人口压力，和硕特部开始寻觅新的游牧地。藏传佛教内部的争执，为和硕特部进入青海、西藏，提供了契机。和硕特部领袖顾实汗看机会难得，表示愿意去青海。准噶尔部看和硕特部进入青海，可以减少争夺牧场的矛盾，又可向外扩张势力，也就加入此次行动。

顾实汗名图鲁拜琥，十三岁时就披甲上阵，击败大敌，威名远播，所向无敌。二十五岁时，卫拉特与喀尔喀部爆发大战，图鲁拜琥不畏艰险，前往喀尔喀，调停战事。正在蒙古部传教的格鲁派活佛对他"极为推重"，赠予"顾实汗（大国师）"的称号。哥哥拜巴嘎斯去世后，顾实汗娶了哥哥的遗孀，继承了和硕特首领的地位与遗产。

此年信奉噶举派的却图汗，派了儿子阿尔斯兰，领兵一万进入西藏。据说顾实汗特意扮成香客，带了些随从去考察西藏形势，好为进军做准备。走到通天河上游时，碰到阿尔斯兰，顾实汗向他解释了信奉格鲁派（黄教）的必要性，使他也信奉了格鲁派。但另有一说认为，阿尔斯兰的转变是格鲁派重金贿赂的结果。阿尔斯兰到了拉萨后，向达赖五世磕头，到哲蚌寺听讲经，又下令保护格鲁派。

阿尔斯兰入藏后的转变，让藏巴汗大惊，派人质问却图汗："你儿子不遵父命，应如何办理？"

却图汗回答得干脆利落："诱而杀之。"

　　却图汗迅速派人将正被财物给迷昏头脑的儿子杀掉，对藏巴汗表明了自己的决心。阿尔斯兰被杀后，顾实汗决定先发制人，用兵青海。1636年秋冬之际，顾实汗与准噶尔部巴图尔为正副统帅，统领卫拉特各部万人出发。此次用兵，取道伊犁，穿越塔里木盆地，抵达青海布伦格尔后休整。

　　次年年初，却图汗领兵三万迎战。经过多次小规模摩擦后，爆发了著名的血山之战，此战中，顾实汗以少击多，大破却图汗军，交战地的两处山冈被鲜血染红，此地后世以大小乌兰和硕（血山）出名。却图汗失败的重要原因，是此时青海天花病流行，降低了部队的战斗力。而刚刚进入青海的卫拉特部，相对受影响较小。顾实汗的长子率兵追杀却图汗残部，往东赶到哈尔盖，在冰滩上将其击溃。在今沙柳河地方的一个旱獭洞里，将却图汗捕杀。

　　民间传说："他（却图汗）隐藏在西边的山洞里，穿着蟒缎的裤子，要是脱掉他的裤子，屁股是封闭着的。"他们按老人所指的山洞去寻找，抓住了却图汗。这时领头的说："我们干脆把他杀了，把他的头带回去。"大家都赞同这样做，他们就把却图汗杀掉了。

顾实汗

取胜之后，为了感谢巴图尔出兵助战，顾实汗将自己的女儿阿敏尔兰嫁给了巴图尔，准噶尔部获得大量酬谢后，退出青海，返回原游牧地。

顾实汗发现青海水草丰美，土地广袤，遂决意将部落的大部分人口迁至青海，由此奠定了和硕特部对青海的控制。1638 年，顾实汗扮作香客，进入拉萨。达赖喇嘛在大昭寺为他举行了法会，授予他佛教护法王尊号。此次会晤，双方达成共同目标，先消灭康区白利土司，再入藏消灭藏巴汗。

顾实汗高屋建瓴，认为清朝此时势不可当，必将取代明王朝，必须与清国结盟。此后顾实汗派出侄孙带领使团到盛京朝觐，受到皇太极的隆重招待。

青海的却图汗战败后，白利土司统治下的康区，也爆发了格鲁派僧侣的抵抗行动。白利土司将军队分为五翼，清除在东部康区的格鲁派寺院。得悉白利土司要与藏巴汗丹迥旺波联合作战之后，顾实汗迅速用兵康区，激战一年后，俘虏并处死了白利土司。顾实汗出兵之后，一路奔驰，兵锋直抵云南木里土司统辖区域，取其土地，纳其赋税，受其顶礼，无人敢当。

1641 年夏，顾实汗乘胜向后藏用兵。得悉顾实汗用兵后藏消息之后，五世达赖却大力主和。在蒙古军队的压力之下，藏巴汗已开始与格鲁派和好。五世达赖获得了他想要的结果："格鲁派现在地位可以，应将刀剑化为铁水。"因为蒙古兵一旦作战失败，格鲁派将会遭到藏巴汗彻底打击。

可五世达赖的使者索南饶丹，却篡改达赖的意思，自作主张地表示，达赖同意顾实汗在消灭白利土司之后，入藏消灭藏巴汗政权。索南饶丹是五世达赖的大管家，梦想着消灭掉藏巴汗，然后自己成为西藏的世俗统治者。顾实汗对用兵西藏是求之不得，随即挥师进藏。

五世达赖得悉索南饶丹背着自己，邀请顾实汗入藏用兵后，大为恼火，准备亲自去拦住顾实汗。索南饶丹则主张消灭藏巴汗，二人相持不下。索南饶丹建议在吉祥退敌天女像前，投掷骰子占卜。

占卜的结果是，请顾实汗用兵入藏："从短期看不失为善策，但长远的结果不好。"

索南饶丹就道："暂时有好处就可以了，长远来说，所有人都是要死的。"

五世达赖不再坚持己见，下令格鲁派所有寺院，全力支持顾实汗。

顾实汗入藏之后，由于连续征战，且又分兵驻扎于青海，兵力明显不足。虽将藏巴汗丹迥旺波包围在后藏桑珠孜城堡，却久攻不下。又经过十个月的苦战，1642 年，藏巴汗丹迥旺波兵败被俘，被缝裹于湿牛皮中，投入江中淹毙，统治西藏二十四年的藏巴汗政权终结。

五世达赖亲自到后藏德庆地方与顾实汗会面。顾实汗赠送了一份不同寻常的礼物给达赖，即八思巴大师传下的曼朵法铃与绿宝石碗。此二物源自八思巴大师，是藏地宗教权力的象征，此前一直被藏巴汗所控制。顾实汗将从藏巴汗手中夺取的此二物转赠于达赖，其中饱含深意。八思巴大师是在蒙古忽必烈大汗的支持下，建立了西藏萨迦政权。

萨迦政权之下，宗教领袖的权力是建立在蒙古人的支持之上，他们享有很高的威望，但他们的权力仅仅是表面的而不是实有的。顾实汗希望让当日的一切重演，将达赖高高捧起，自己掌握西藏大权。年轻且政治经验不足的达赖，哪里能识破老狐狸顾实汗的花枪？达赖不得不在顾实汗的羽翼之下成长，并不时为顾实汗的统治营造出宗教法统，"至若汗王，早有预言指示云'七次战乱最末次，将出金刚手化身，立即能安藏疆土'，故知彼是秘密主金刚手菩萨化现力人主而游戏人间者"。

游戏人间的顾实汗控制青海、西藏之后，将青海划分给八个儿子，令他们在此放牧，作为后方基地。康区则交给孙子罕都总管，所得赋税被用来供养达赖、班禅及青海和硕特部的开销。顾实汗本人带了两个儿子坐镇拉萨，居中操控，和硕特骑兵则驻扎在拉萨外围，作为拱卫。顾实汗成为西藏三区（卫藏、安多、康区）之王，"其法令所及，犹如神圣白伞，大有遮天蔽日之势"。

和硕特部要统治卫藏、康区、青海，实力仍有不足，还得借助于达赖。顾实汗将后藏的赋税献给格鲁派作为宗教费用，尊达赖为全藏宗教领袖，又扶持起以格鲁派僧人为主体的政权。顾实汗所委派的，掌握政权的官员称为"第巴"（藏语"部落头人"意）。达赖的大管家索南饶丹，帮助顾实汗打败了藏巴汗，被任命为第一任第巴，以此作为酬谢。虽然第巴是名义上的行政首脑，不过新政权的重要政务须经顾实汗之手，经他盖章后才生效。

顾实汗是个手段高明的政治家，有着敏锐的眼光和明智的判断，当1644年清军入关，定都北京后。顾实汗立即派出朝贡团队，加强与清廷的关系，表示对清廷谕旨"无不奉命"。双方的关系以顺治十年五世达赖入京达到高峰。此年达赖入北京，觐见顺治，顾实汗也被册封为"遵行文义敏慧固始汗"，让他"光宣声教，作朕屏辅，辑乃封圻"。此后顾实汗以清廷为依靠，满、蒙、藏三方结成联盟，关系融洽，各得所需。

顾实汗进藏时已六十多岁，大权在握后在拉萨兴建了一座城堡式建筑，作为权力的象征。修建时，五世达赖等人也有考虑，一旦顾实汗离开西藏，格鲁派就会陷入危险，因此这座建筑应该建在拉萨与哲蚌寺、色拉寺的中间地段，便于防守。此后在拉萨洪山上开始建筑，今日布达拉宫白宫的建筑外形如同军事堡垒，缘起于此。此处也是松赞干布王宫遗迹所在地，可以满足藏人对七百余年前英雄王的崇敬之心。

顺治十一年（1654），顾实汗于拉萨病逝，享年七十二岁，顺治帝哀悼，认为他"归顺我国，克尽忠诚。常来贡献，深为可嘉"。临去世时，顾实汗的侄子鄂齐尔图，特意从卫拉特部赶到拉萨，见了叔叔最后一面。

在和硕特部的控制之下，西藏与清廷关系长期和睦，彼此相安无事，直到准噶尔人出来争雄。在明清鼎革的大变局中，卫拉特各部、青藏高原也经历了一轮新的政治洗牌。和硕特部获得了青海、西藏，准噶尔部获得了天山以北直至杭爱山的广袤草原。漠南漠北蒙古各部或是臣服于清国，或是另谋他途，最终清朝入关，成为中原之主，而整个西北的地缘政治格局，在此后的历史发展中又将发生巨变。

谋杀僧格

继承人问题，是蒙古各部持续内讧的诱因。蒙古各部没有实行中原王朝那样的嫡长子继承制，一直采纳的是诸子分封制。诸子分封制的好处是，要想成为草原诸部落的领袖，要想脱颖而出，就要经过不断的战争磨砺，并在战争中胜出。

父辈的荣耀，血统的高贵，在血腥的竞争中不能带来多少加分。只有在各部落的不断厮杀之中，锻造士兵强悍战斗力，塑造出百战名将。然后由一统各部的天之骄子，领着如狼似虎的铁骑，向着周边的农耕民族扩张征服。无休止的内耗，不断的轮回，这是草原民族无法避免的宿命。

1653 年，准噶尔部领袖巴图尔去世，由第五子僧格继承了统治权，僧格时年二十四岁。

巴图尔死前，将自己的领地划分了一半给僧格，其余一半分给了其他八个儿子。巴图尔的做法让当时人不解，因为这种分法太过于偏心。僧格的兄弟们都认为自己受到了不公平的待遇，愤愤不平。

巴图尔做出这样偏心的遗产分割，有诸多考虑。

如上文所述，和硕特部领袖拜巴嘎斯，在皈依藏传佛教后收了一名义子咱雅班第达，并送他去西藏学习佛法。咱雅班第达到西藏后侍奉达赖喇嘛，前后长达二十二年。1623 年，五世达赖受到威胁从哲蚌寺出逃。二十二岁的咱雅班第达划船渡河，背着七岁的五世达赖出逃。在逃难之中，在达赖的成长之中，二人结下了深厚的感情。1638年秋末，年已四十的咱雅班第达回到卫拉特部，宣扬佛法，度济众生。

刚到卫拉特蒙古时，咱雅班第达尚无名气，在义弟鄂齐尔图台吉的支持下，咱雅班第达打开了传教的局面，开始用蒙古文翻译佛经。由于咱雅班第达能用蒙古语讲经，适应了蒙古人的需求，此后各部贵族纷纷请他前去讲经。

巴图尔对咱雅班第达相当推崇，将他作为自己内政外交的顾问。在咱雅班第达指导下，巴图尔参与了《卫拉特法典》的制定，确立了藏传佛教作为蒙古人的唯一信仰。僧格是虔诚的佛教徒，曾立誓要将咱雅班第达翻译的蒙古文佛教经典抄写下来。咱雅班第达称赞僧格是"伟大的诺颜，喇嘛的虔诚信徒和亲人"。咱雅班第达对僧格格外青睐，在巴图尔耳边吹风美言，无疑提高了僧格的地位。此外，僧格迎娶了和硕特部鄂齐尔图的女儿，提高了自身的地位，壮大了实力。

最重要的一个砝码是，五世达赖支持僧格。五世达赖支持僧格，一是因为咱雅班第达支持僧格，曾患难与共的达赖自然也倾向于僧格。二是因为僧格的同母弟弟噶尔丹，此时正在五世达赖身边，并且是他最喜爱的弟子。

综合各种因素，巴图尔在分配领地属民时，给予实力最强，资源最多的僧格更多遗产也是情理之中。

僧格同父异母的两个哥哥，长兄车臣台吉、二兄卓特巴巴图尔对此分配方案大为不满，伺机发动战事。兄弟反目后，僧格在部落内也有同盟者，他得到了叔父楚琥尔的全力支持。

车臣台吉与僧格之间，有着说不清，道不尽的仇恨。

在一次远征哈萨克的战役中，车臣台吉得了天花。对蒙古人来说，天花是巨大的威胁，凡是部落中得了天花者，一律要被遗弃。车臣台吉的军队立刻撤营，将他一人留在帐篷里，甚至连一个仆人都没有。车臣台吉最终活了下来，却被哈萨克人当作一名普通士兵俘虏。

车臣台吉在哈萨克被当作奴隶使用长达三年，僧格以为大哥已死，就依照习俗迎娶了嫂子。到了第三年，车臣台吉对哈萨克人坦陈了自己的身份，并发誓，如果送他回准噶尔，此后将与哈萨克永保和平。

看着突然回来的哥哥，僧格大吃一惊，据说他采取了秘密手段，想将车臣台吉杀死。而车臣台吉对僧格更是怀恨在心，与弟弟以及亲戚们密谋对付僧格。

准噶尔部兄弟之间不和，和硕特部的鄂齐尔图、阿巴赖兄弟之间，也因为家产分配而闹僵。

鄂齐尔图是和硕特部领袖拜巴嘎斯的长子，叔父顾实汗带领部分和硕特部进入青海后，鄂齐尔图留在了天山以北，成为未入青海的和硕特部领袖，且是卫拉特四部的盟主，实力强劲。顾实汗去世之前，鄂齐尔图亲赴西藏，既是为了见叔父最后一面，也是为了谋求达赖授予他"车臣汗"的称号。

五世达赖初期拒绝了鄂齐尔图的请求，认为"若授予鄂齐尔图台吉与汗相符的印信，这对于施主（鄂齐尔图）脸面固然有光，但不符合汉地、西藏的习惯"。鄂齐尔图汗的女儿阿努，嫁给了僧格，故而全力支持僧格争霸。为了壮大僧格声势，五世达赖最终也同意赐给鄂齐尔图"车臣汗"称号。

阿巴赖台吉是拜巴嘎斯的次子，参加过顾实汗组织的进军青海之役。1656年，阿巴赖曾护送俄国使臣巴伊阔夫进京，受到顺治帝的接见。因为对哥哥鄂图尔齐的不满，阿巴赖坚定地加入了反对僧格一方阵营。

说起来，和硕特部与准噶尔部之间，可谓亲上加亲。顾实汗将自己的女儿阿敏尔兰嫁给了巴图尔。巴图尔的两个女儿分别嫁给了鄂齐尔图、阿巴赖。鄂齐尔图的女儿，又嫁给了僧格，关系真是乱如麻。可这亲上加亲的两个部落，兄弟之间厮杀起来，却是毫不留情。

咱雅班第达与义弟鄂齐尔图、阿巴赖二人，都保持了密切的关系。咱雅班第达返回卫拉特部时，不顾年迈体虚，四处奔走传教。鄂齐尔图曾问他，为什么不辞辛劳四处传教？咱雅班第达回答："除了传播黄教外，是为了筹集礼品与捐献品，以报答达赖、班禅及培育过他的西藏寺院。"

为了帮助他圆梦，鄂齐尔图就从所属部落中征集了一万匹马，送到汉地出售，所得钱财全部赠给咱雅班第达。有了钱后，1651年，咱雅班第达返回西藏，给各大寺院以大量布施。看着两个义弟关系僵硬，咱雅班第达在二人之间斡旋，想让兄弟和好。1653年，鄂齐尔图去西藏熬茶时，咱雅班第达就到阿巴赖营地居住。阿巴赖捐资修建的阿巴赖寺落成后，咱雅班第达到场主持了落成典礼。

由准噶尔部家族内部的分歧，演变成卫拉特各部间的混战。1657 年夏，双方阵营在额敏河畔对峙，只是由于鄂图尔齐爱好和平的儿子噶勒达玛拼死阻拦，暂时阻止了战争的爆发。

看着义弟分裂，老友的三个儿子也大打出手，咱雅班第达忧虑万分。在战争最终爆发之后，年迈体虚的咱雅班第达四处奔走，出面调停，双方才暂时偃旗息鼓。

1660 年冬，僧格、鄂齐尔图汗联军三万人，远征阿巴赖台吉游牧地。阿巴赖台吉不甘示弱，也聚集了三万人对抗。

咱雅班第达出面，劝告兄弟们还是不要打了，一起坐下来谈判。

面对义兄的劝告，鄂齐尔图汗发话："会谈可以，让阿巴赖来见面。"

咱雅班第达派出忠实的信徒作为使者，前去阿巴赖驻地，邀请他前来谈判。此时阿巴赖正忙于备战，拒绝了义兄的一片好心。

1661 年夏季，双方再次于额敏河开战。额敏河发源于巍峨的高山之上，山水流淌而下，凝聚成河，由东往西穿越塔城盆地。河水流经之处，山峦叠翠，草场绵延，一望无际，万千骏马可奔腾于此间，多少战事在此爆发。

在战场上，两军混战之中，僧格先是撞上了阿巴赖。就在阿巴赖摆开架势，准备痛快厮杀一场时，僧格出人意料地主动下马行礼，让出了一条路。看着僧格这般举止，阿巴赖也没法拿僧格开刀，就带了死士，寻到哥哥鄂齐尔图。

兄弟相见，分外眼红，阿巴赖人多，将鄂齐尔图围住，奋力砍杀。一番苦战后，鄂齐尔图侥幸冲出重围，身边将领战死甚多。当夜阿巴赖大营严阵以待，以防止夜袭。至拂晓时分，僧格突然领兵从阿巴赖大营背后发起攻击，鄂齐尔图也下令全军出击。儿子噶勒达玛又来劝老子，不要去和叔父厮杀。鄂齐尔图大骂儿子："你这样的小孩子懂什么，住嘴！"

阿巴赖被两面夹击，抵敌不住，就向额敏河入湖处逃跑，追兵也跟着进击。阿巴赖领了残兵败将逃跑，却不甘心失败。一行人逃到塔尔巴哈台山顶时，阿巴赖使出了萨满教的法术，用马祭祀并诅咒对手。塔尔巴哈台（今新疆塔城市），蒙古语为"多水獭"意。

塔尔巴哈台山中有阿巴赖修建的寺院，以寺院为中心，形成了一座坚固的堡垒。阿巴赖台吉败走后，领了人马直奔"阿巴赖寺"，依靠险要固守。阿巴赖被围困后，他所统领的游牧地被鄂齐尔图派兵攻占，属民牲畜都被瓜分一空。

被困于寺院中一个半月后，由于疾病流行，导致人畜大量死亡，阿巴赖损失惨重，就让自己的母亲，也是鄂齐尔图的继母从寺中走出求和。鄂齐尔图对继母表示："阿巴赖做了错事，我没错。我听你的话。"

鄂齐尔图的儿子噶勒达玛对于打仗毫无兴趣，和阿巴赖的儿子在两军阵前下起棋来。

鄂齐尔图、阿巴赖兄弟二人约了时间地点见面谈判，鄂齐尔图接受了阿巴赖的投降。当鄂齐尔图的儿子噶勒达玛带了四五个人，没有携带武器进入寺院时，被围困多日的民众都大叫："欢乐的太阳升起来了。"战胜之后，僧格、鄂齐尔图联军进驻阿巴赖寺，举行了隆重的庆功会。就如何处置阿巴赖的领地，双方意见不一，最后决定邀请咱雅班第达来主持会议。

咱雅班第达到了后，主张将阿巴赖的领地交还给他，"至少不能使他受苦"。僧格等人同意了咱雅班第达的意见，原封不动地归还了阿巴赖的全部领地及被夺走的财产与俘虏。由于阿巴赖在战争中损失很大，咱雅班第达特意派人给他送了一些马驼，以帮他渡过难关。战败后阿巴赖丢了脸面，就带了人马离开原先的游牧地，转向乌拉尔河流域发展，与早迁至此处的土尔扈特部爆发冲突。1672 年，阿巴赖战败后被俘，交给俄国人处置，部落中逃归者则投奔了准噶尔部。鄂齐尔图对于弟弟还是有所关心，派使者去土尔扈特部索要阿巴赖，此时阿巴赖已死在莫斯科。

阿巴赖寺之战后，咱雅班第达预备离开蒙古，前往西藏。鄂齐尔图等人竭力劝阻，咱雅班第达对众人说："我年纪大了，身体有病，一生之业的末期已至。不要劝阻我了。"咱雅班第达死在前往西藏的途中，他的弟子则到了拉萨，进献了一万种祭品。咱雅班第达在卫拉特蒙古文化史上占据了重要地位，他生前对蒙古文进行了改革，创造了托忒文。托忒文成为通行于中亚的文字，并留下了大量的历史文献资料。

击败阿巴赖后，僧格的力量得到扩充，地位更加稳固。僧格接连出击，东击喀尔喀，南征叶尔羌，西战哈萨克。在击败喀尔喀和托辉特部阿勒坦汗之后，僧格将他的右手齐腕斩断，并往他的喉咙里塞狗肉，加以凌辱。阿勒坦汗侥幸未死，后来成功出逃，投奔清国。1665年，在接见俄国使者时，僧格自信地说："我父亲死后，现在我僧格掌握了全部部落（兀鲁斯）。"

五世达赖对准噶尔内部的纠纷很是忧虑，卫拉特四部的政治变动，将直接影响到格鲁派的利益。五世达赖特意派出代表前往准噶尔部调解纠纷，在准噶尔一待十二年。当僧格占尽上风，囚禁了卓特巴巴图尔夫妇之后，达赖的代表出来调停。僧格答应：从监狱中释放卓特巴巴图尔夫妇，分给他们五十来户属民，让他平安驻牧。只要卓特巴巴图尔等人保证不做危害僧格的事，可以分出三分之一的部落给他。

在僧格的强大军力面前，两个兄长车臣台吉、卓特巴巴图尔掩饰住内心的不满，在僧格面前屈膝。怨恨被巧言所掩饰，杀机沉浸于美酒之中。1670年，放下戒心的僧格死在了兄长们手中。烛影斧声这般兄弟相残的事情，在历史上并不罕见。对于僧格的死因，据流传下来的托忒文历史文献中记载，僧格夜间熟睡后，被车臣台吉所谋杀。俄国使者在报告中却说：僧格是1670年被杀，凶手是他的胞兄卓特巴巴图尔，僧格是睡梦中被杀。

清人梁份的《秦边纪略》中，对此事有简略记载。"车臣部落日多，亲党日众，袭杀僧格，并其众，收其妻妾，旋改称汗。"虽然各方记载不一，僧格之死，必然与两个兄长有关。不过梁份的记录也有误，谋杀后车臣台吉、卓特巴巴图尔没有"并其众，收其妻妾"。

僧格被谋杀后，车臣台吉、卓特巴巴图尔没有立刻去攻击他的领地。这样，僧格的妻子阿努有了时间去给鄂齐尔图报信，僧格三个年幼的儿子策妄阿喇布坦、索诺木阿喇布坦、丹津俄木布也得以存活。

僧格死后，一个光彩夺目，兼具宗教权威与世俗魅力的人物走上前台，他将一统卫拉特，征战天山南北，挑战大清王朝，他就是噶尔丹。而此时的大清王朝，正忙于内乱，也无暇旁顾。

杀运方兴噶尔丹

巴图尔共有九个妻子，十个儿子。噶尔丹是巴图尔的第六子，与僧格是同一母所生。

自从皈依藏传佛教后，卫拉特蒙古各部首领，都要派出儿子前往拉萨学习佛经。噶尔丹生于 1644 年，刚生下就被认定是温萨活佛转世。

温萨活佛是温萨寺（安贡寺）的活佛系统，此处是格鲁派修行密宗教法的发祥地，地位十分重要。1627 年，三世温萨活佛前往蒙古传教，与蒙古各部头领接触较多。（活佛是指转世的喇嘛，呼图克图则指道行高深的喇嘛，二者存在区别。

1634 年，格鲁派受到藏巴汗威胁，就派温萨活佛前去蒙古部求援。在得到准噶尔部将派兵进入青藏高原的承诺后，温萨活佛心情大好，上马正要走时，发生了段趣事。巴图尔的妻子玉姆阿噶想再生个儿子，就跪在地上求温萨活佛帮忙。温萨活佛道："我是出家人，不能赐子给你。"玉姆阿噶就道："你已老了，请你归天后投胎到我胎中，可好？"温萨活佛曰："可也。"

此后温萨活佛在卫拉特蒙古、喀尔喀蒙古地区活动，并参加了 1640 年《卫拉特法典》的制定，甚至不远万里，前往伏尔加河流域为土尔扈特蒙古部传教。1643 年，温萨活佛随同土尔扈特人入藏，贡献了成千上万的重要礼品。次年，在拜见四世班禅时，温萨活佛突然亡故。

温萨活佛去世的当年，噶尔丹出生。温萨活佛足迹遍及蒙古各部，在各部中享有崇高威望，有着巨大影响力。格鲁派需要一名在卫拉特部出生的，温萨活佛的转世灵童，以保持对蒙古各部的影响力，此时噶尔丹来了。噶尔丹出生后不久，格鲁派就派人到准噶尔，将他认定为温萨活佛的转世灵童。

1656 年，十三岁的噶尔丹被送至藏学经。五世达赖记录："我接受了温萨活佛等人呈献的供养以及千百份礼品。我给诸位新客人传授了三部怙主随许法、长寿灌顶与马头明王随许合一之加持法。"

入藏之后，噶尔丹先是追随四世班禅学经，因为特殊身份，得到了额外的关照。1662 年，四世班禅以九十一岁高龄圆寂，噶尔丹转而跟随五世达赖学经。五世达赖对他也是特别青睐，传授了许多佛法。"所语密，虽大宝法王、二宝法王不得与闻。"

在西藏期间，噶尔丹与桑结嘉措相识。桑结嘉措出生在拉萨大贵族仲麦巴家族，叔父是第二任第巴，帮助达赖进行统治。桑结嘉措 1653 年出生，八岁时被送到布达拉宫，跟随五世达赖聆听佛法。五世达赖对他钟爱异常，特意为他聘请了当时的大学者为师，凡历史、天文、算术、医药、梵文，桑结嘉措无不通晓，更善于骑射。

五世达赖对他的厚爱，使民间流传着桑结嘉措乃是五世达赖的私生子的说法。顺治九年（1652），五世达赖进京之前，从哲蚌寺前往色拉寺，途中要经过仲麦巴府邸休息。当夜，由仲麦巴的贵妇侍寝，暗接胎珠，次年生下桑结嘉措。此段故事被美化为桑杰嘉措是"圣体化身的观音菩萨在那里遗落了一粒珍珠宝鬘上的宝珠"。

噶尔丹转到五世达赖身边学经后，与桑结嘉措朝夕相处，亲密无间，成为五世班禅最得意的两个弟子。至于《秦边纪略》中所载，噶尔丹在西藏时不好佛法，只喜舞枪弄棒，也是文人的遐想罢了。噶尔丹在西藏学经十年，具有很高的佛学素养，这在他回到准噶尔后，主持法事，翻译佛经等活动中的熟练自若中可以看出。1666 年，五世达赖为噶尔丹举办宴席送行，赠送了僧人用品、珍珠念珠等礼物。噶尔丹则将他在拉萨新建的一座住宅赠送给了五世达赖，达赖很高兴地接受了。

此后，噶尔丹随同到西藏朝拜的僧格夫人，一起启程返回准噶尔。

返回蒙古之后，噶尔丹的第一件事情就是为众多蒙古人受戒。此时鄂齐尔图汗那个爱好和平的儿子噶勒达玛去世，也由噶尔丹举行超度仪式。在草原上，喇嘛大多都是混吃混喝之徒，但人们把他们当成了博学之士。只要能一知半解地讲点藏语，或者能念用藏文写的典籍，就可以让人们膜拜。得到达赖、班禅亲自传授的噶尔丹，会说藏语，更能用藏文念典籍，其地位、名望蒸蒸日上。

噶尔丹在准噶尔部，除了从事宗教活动外，也对军事外交事务发表自己的见解。1668 年，噶尔丹对俄国使者表示，准噶尔人不会发动对俄国的战争。1669年，为了报复僧格使者被俄国当局关入监狱几乎饿死的耻辱，噶尔丹将俄国使者也关进地牢，使其尝到了饥饿的滋味。

1669 年年底，噶尔丹出发前往西藏熬茶，朝拜布施。他离开后，兄长之间决裂，僧格被谋杀。

僧格被杀后，僧格的妻子阿努立刻派人去向鄂齐尔图报信。鉴于自己的三个儿子尚年幼，无法主持局面，阿努派人进藏，请噶尔丹回来收拾局面。噶尔丹遂向五世达赖请求还俗，得到允许，遂紧急赶回准噶尔，收拾乱局。

"杀运方兴，汝乃出也。"达赖在噶尔丹临行如此对他说。此子果然是杀星，日后带来战事无数。

噶尔丹回到准噶尔后，首先迎娶了嫂子阿努，以继承僧格的遗产，获得鄂齐尔图的支持。卫拉特蒙古部落的习俗，寡妇可以改嫁，不受任何限制。但改嫁时不得带走子女及丈夫的财产，只能带走自己的财产。如果不改嫁，则可以嫁给小叔子，或者与喇嘛同居。同居时，喇嘛不得与其他人同居，要忠于寡妇一人。

噶尔丹又四处奔走，收拾僧格残部，积蓄力量。一夜，僧格失散的部众扎营时，突见火光千百，远远从东方来，众人都大惊，勒马持弓，严阵以待。火光靠近后，众人方才看清，却是噶尔丹手提长枪，纵马而来，"众审视惊奇，下马罗拜为神"。

在鄂齐尔图的支持下，噶尔丹出兵进攻车臣台吉，双方在阿尔泰山布阵。

车臣台吉勇武善战，号称捉野马如骑羊，部落之中都将他视为勇士，帐下有引弓之士万余。对于五弟噶尔丹，车臣台吉并不放在心上，亲自领了万骑迎战。开战时，车臣台吉将所部分为三支，纵马狂驰，烟尘遮天蔽日，声势浩大。

对长兄的这般气势，噶尔丹毫不为意，亲自领军冲击敌阵最厚实处，阵斩车臣台吉军百十骑。车臣台吉初战失利后，在金岭口依靠险峻地势防守。

噶尔丹令部将轮流仰攻，自己亲率了二十骑冲锋，呼声震天。噶尔丹一马当先，冲入敌军阵中，亲自将兄长擒拿。看着噶尔丹的雄姿，车臣台吉的部属皆下马弃弓，跪拜于噶尔丹之前。

击败车臣台吉之后，噶尔丹又一路追杀卓特巴巴图尔，直至青海。

噶尔丹能收拾僧格旧部，很快平息内乱，在于他的特殊身份。咱雅班第达去世后，噶尔丹成了蒙古地区地位最高的宗教领袖，在准噶尔部中享有崇高威望。噶尔丹在拉萨期间，也没有放弃骑射功夫，武艺精湛，在平息叛乱的战争中，噶尔丹上马控弦，纵横驰骋，为崇拜英雄的准噶尔人所敬佩。在蒙古各部皈依佛教之后，作为蒙古人精神领袖的达赖喇嘛对噶尔丹全力支持，更为噶尔丹提供了强大的号召力。

统一卫拉特

噶尔丹，这位"昨日既无自己领地，又无自己军队的喇嘛"，在返回准噶尔部，迅速击败两个哥哥之后，并没有停下用兵的节奏。噶尔丹的志向豪迈，他不单要统一卫拉特蒙古，逐鹿天山南北，更要问鼎中原。

此时的噶尔丹，虽然雄心万丈，又有达赖力挺，可是实力相对最弱。"噶尔丹众最贫苦，有一马者即称富。"因为力量不足，噶尔丹一度依附于弟弟温春台吉。噶尔丹以额尔齐斯河流域作为根据地，厉兵秣马，积蓄力量，待机出击。

噶尔丹第一个下手的对象，是叔父楚琥尔的儿子巴噶班第。楚琥尔虽然曾经支持僧格，但巴噶班第却不满僧格，转而支持车臣台吉、卓特巴巴图尔，引起了准噶尔内部的激烈争斗，据说巴噶班第也参与了谋杀僧格的密谋。

1671年，噶尔丹领兵击败巴噶班第。噶尔丹在打败巴噶班第后不久，派兵侵入叔父楚琥尔的领地，抢夺属民与牲畜。在西藏朝圣已近五个月的楚琥尔得到消息后，就请达赖喇嘛派人去调解。五世达赖对于弟子噶尔丹一直是鼎力支持，但也不能不给楚琥尔面子，就派人去加以调解。

1672年，噶尔丹成为准噶尔部首领，沿袭兄长僧格的"珲台吉"称号（珲台吉，汉语皇太子谐音），达赖特意给了他个带盒子的印章。

此年六月，噶尔丹派出的使者抵达拉萨，向达赖喇嘛进献了大量供品。此期间恰逢清廷内部三藩之乱，噶尔丹以为可以浑水摸鱼，达赖喇嘛派出使者告诫他："非时，非时，不可为。"噶尔丹遂暂时中断了策马南下的念头，转而经营本部，采取"远交近攻"之计。

楚琥尔实力雄厚，颇具名望，儿子被噶尔丹打败，自己的属地被侵略，对侄儿也开始不满。1673年，楚琥尔出兵击败噶尔丹。噶尔丹落荒而逃，投奔岳父鄂齐尔图。在老泰山庇护下，休养了一段时日，噶尔丹东山再起。

噶尔丹努力的目标是统一卫拉特各部，进而统一蒙古。战争离不开经济的支持，噶尔丹还俗后初期几年之中，致力于增强经济力量，这就需要与中原王朝进行贸易。准噶尔部以马匹、毛皮等物与中原地区贸易，获取所需要的白银、布匹、茶叶及各种手工品。不过初期噶尔丹与清王朝之间并无直接联系，贸易只能挂着老丈人鄂齐尔图的名义进行。

鄂齐尔图垄断了对中原的贸易，坐收万千财富，成为野心勃勃的噶尔丹的阻碍。鄂齐尔图也日益感受到女婿的威胁，1675年，他集合重兵出巡，意在警告噶尔丹。不想噶尔丹羽翼已成，丝毫不惧，开始公开挑战岳父。

对五世达赖而言，鄂齐尔图与噶尔丹之间的冲突，对他最为有利。顾实汗时期，第巴的权力凌驾于达赖之上，一位贵族嘲讽道："你能把蒙古军队引来攻打藏巴汗，却没有权力将一座寺院划归于己。"

1654 年，顾实汗去世，此后的子孙才能与威望都不能与他比拟，又为了汗位与牧场不断冲突，致使和硕特部对西藏的控制削弱。鄂齐尔图是顾实汗临终任命的和硕特部领袖，又得到了汗的称号。达赖的弟子噶尔丹，如果击败了鄂齐尔图，既可以削弱和硕特部对西藏的影响力，更可以促进格鲁派在蒙古部落中的传播。得悉翁婿二人发生摩擦后，五世达赖装模作样地派出使者前来调解，自然毫无成效。

就宗教层面而言，噶尔丹与鄂齐尔图也有矛盾。鄂齐尔图最亲近的是已经去世的义兄咱雅班第达。咱雅班第达去世后，他所创建的僧人集团，在卫拉特蒙古各部进行传教，保持着巨大的影响力。这些僧人集团，奉鄂齐尔图为中心人物，依附于他。噶尔丹欲一统卫拉特，自然不能容忍僧团为颚齐尔图助力，想将其铲除。

1675 年夏，鄂齐尔图联合楚琥尔，出兵七千人攻打噶尔丹。开战初期，颇为顺利，已归附于噶尔丹的一些小部落相继被瓜分。同年秋，鄂齐尔图派出两名使者，前往青海和硕特部搬兵增援。不想使者在途中被噶尔丹的手下擒获，噶尔丹看了信后，迅速出动，穿越戈壁，突然出现在鄂齐尔图的游牧地外。鄂齐尔图惊慌失措，连夜逃跑，为了掩护他出逃，部下战死者甚众。

鄂齐尔图一口气逃到了伊犁，噶尔丹沿路追击，攻占伊犁。攻占伊犁后，噶尔丹纵容属下对咱雅班第达僧团进行了抢劫，并横征暴敛。僧人们哀叹："珲台吉又偷又抢，逼迫人们交这交那，以种种方式扰乱我们。"噶尔丹出征时，又逼迫僧团僧人从军，使僧团的人数从七百五十人锐减到一百人。虽被屠杀、从军所逼迫，咱雅班第达僧团却没有屈从于噶尔丹，伺机逃往伏尔加河流域，投奔了土尔扈特人。

之后鄂齐尔图又逃亡到今新疆巴音布鲁克草原，组织了万余人的部队，企图

噶尔丹

反击。只是鄂齐尔图已没有往昔的号召力，开战后余部四散奔逃。1676 冬，噶尔丹彻底击溃了鄂齐尔图，楚琥尔也在赛里木湖畔被击败。

鄂齐尔图战败被俘后，噶尔丹将他安置到了偏远地区，于 1680 年去世。鄂齐尔图与顾实汗的第四子达赖乌巴什关系密切，二人一起游牧。鄂齐尔图战败之后，达赖乌巴什与儿子和罗理，带了人马辗转来到阿拉善地区。达赖乌巴什、和罗理向清国臣服，康熙三十六年（1697），被赐予爵位与印章，部落被命名为"阿拉善和硕特旗"，并规定此旗属于特别旗，不由盟管辖，由理藩院直辖。和罗理之子阿宝，被康熙看中，将女儿嫁给了她，地位更加牢固。阿拉善蒙古一支与清皇室关系密切，亲王爵位世袭罔替，成为蒙古各部中经久不衰的一支。

康熙十六年（1677），噶尔丹击败岳父鄂尔齐图后，"以阵获弓矢等物来献"。康熙帝看了后，"朕心不忍"，又不满噶尔丹炫耀武力，下令停收了准噶尔的贡物。

此时三藩之乱尚未平息，清廷不好与噶尔丹撕破脸皮。不过清廷也向噶尔丹提出警告，不得进攻青海和硕特部。

噶尔丹统一卫拉特部后，采取了系列改革措施。准噶尔汗廷是行政中枢，汗任命军政要员，颁布法律，做出重大决策。汗以"宰桑"作为辅政人员，代表汗处理内政外交事务。

1678 年，噶尔丹颁布法令，招徕逃散民众，并将他们安置在指定的牧场上游牧，牧民上缴税收。对于穷人则给予资助，如果头领手中困难，可以向"宰桑"求助。法令也规定，不得将外族人作为奴隶买卖，允许结束奴隶与主人之间的依附关系。通过这些措施，噶尔丹希望能与民休息，恢复国力。

但噶尔丹的主要目标仍是对外征战。凡打仗，国中人要轮流应征，参战时要自备物资。富裕者各备马十匹，骆驼三头，羊十只。窘迫者则备马五匹，骆驼一头，羊五只。噶尔丹时期，还第一次出现了铸造货币。准噶尔时期的货币以纯铜铸成，呈椭圆形，一端带尖，形似桃仁，中间无孔。经过努力，准噶尔汗国力强大，富庶甲于西域。噶尔丹时期，所部发展到二十余万户、六十余万人口。

扬眉吐气之后，噶尔丹喝水不忘掘井人，派人向老师五世达赖献上厚礼。据五世达赖记载："噶尔丹将一千五百座城镇、二百万人口奉献给我。"

为了给徒弟以更大的支持，1679 年，五世达赖派人去准噶尔，封噶尔丹为"博硕克图汗"。汗这个称号，准噶尔部从来没有人得到过，向来只有黄金家族的后裔才能称汗。称号随即派上了用场，噶尔丹以"博硕克图汗"名号，傲然雄视着那中原之主康熙。而此时的康熙正忙于平息内乱，无暇旁顾大漠草原。

无暇旁顾的中原

顺治元年（1644），清军入关，定都北京。眼光老辣的顾实汗立刻向清廷示好，称将听从大皇帝的诏令。顺治七年（1650），准噶尔首领巴图尔遣使入贡，僧格时期也继承了巴图尔的政策。

此时清廷对于准噶尔等部并无什么兴趣，默认他已经臣服。至康熙帝登基之后，漠南蒙古已归属，漠北蒙古表示臣服，只有漠西的卫拉特各部与清廷关系较远。清廷内部自身尚有许多隐患，也无心于卫拉特蒙古。

顺治初年，南明政权以西南为中心，双方金戈不断。将南明政权驱出西南之后，清廷以平南王尚可喜镇守广东，平西王吴三桂镇守云南，靖南王耿继茂镇守福建，形成了三藩并镇的局面。清廷之所以封异姓王，主要在于此时西南尚未平静，云贵边陲有李定国的大军，南明永历帝则逃避缅甸，福建、广东则面临郑成功的威胁，所以封王坐镇，"以藩屏周"。

清廷分封三藩，本意是保卫边疆，不想三藩渐次坐大。顺治十七年（1660），吴三桂向在云南的洪承畴问计，如何永保荣华富贵。洪承畴的回答是："不可使滇中一日无事。"此后，吴三桂不停用兵，唯有用兵，方能显示他的价值。持续的征战，供养的庞大私兵，导致天下财富半耗于三藩，"国赋不足，民生困苦，皆由兵马日增之故"。三藩在地方上培植亲信，排斥异己，扩张势力，尾大不掉，日益威胁着清廷。

康熙登基以后，对三藩是日夜难安，不断予以裁抑。康熙十二年（1673），借尚可喜年迈求归辽东之机，撤除了平南藩。此后吴三桂、耿精忠也申请撤藩，作为试探。朝廷中舆论多数认为，不可撤藩，以免激起吴三桂叛乱。康熙断然决定将吴三桂撤藩，认为他"撤亦反，不撤亦反，不若先发"。

三藩之中，实力最强的吴三桂上奏请撤藩，本意是要挟朝廷，等着下旨慰留，可以如明代沐氏一般，永踞滇中。吴三桂没有料到，康熙竟从其所请，真的下令撤藩，顿时恼羞成怒。此时他有造反的本钱，清廷开国的骁将相继故去，八旗兵在入中原之后，已失去了以往的战斗力。吴三桂则在边陲不断进行战事，所属亲军、镇将、健卒"皆百战之锐，素得其死力"。年轻的康熙帝，在吴三桂眼里不过是个"乳臭未脱"的毛头小伙子，哪里是自己的对手？

抽着云南巡抚朱国治的耳光，咆哮着"云南是吾自己血挣"，吴三桂不再顾及在京作为人质的儿子，终于起兵反叛。起兵之后，吴三桂初期势如破竹，以飙迅之势，占据云贵，攻入四川、湖南，士马饱腾，人心奋然。

鸣剑之心已非一日的耿精忠也不甘寂寞，在次年起兵响应吴三桂，攻陷全闽，又分兵入浙江、江西。至于三藩之中的尚可喜，却没有反叛之心。儿子及左右亲信让他造反时，老迈的尚可喜大骂："痴儿，汝翁食盐酱，多于汝辈食白米饭已矣，勿复言。"

三藩之中，尚可喜表态效忠清廷，更得清廷恩宠。尚可喜不想造反，可酗酒嗜杀，掌握实权的儿子尚之信却不这么想。出于对康熙没有满足其承袭王爵的怨恨，以及对老父架空自己的不满，尚之信"劫父叛降三桂"。

康熙十三年（1674）三月，吴三桂陈兵长江南岸，吴三桂自己坐镇常德。然而，到了长江边，吴三桂却按兵不动，想借助兵威，一方面让康熙释放儿子吴应熊，另一方则想请五世达赖居中调节，达成"裂土罢兵"。

此年四月，五世达赖在接见清廷使者时表示："我闻吴三桂反叛，摇动人民，心甚忧闷。"在清政府调遣蒙古军队讨伐吴三桂一事上，达赖认为，卫拉特蒙古的军队战斗力虽强，但难以驾驭，且到了中土后，不适应炎热气候，又容易感染天花，委婉地拒绝了调遣兵马的要求。

康熙的使者四月份刚走，吴三桂的使者随后就到。至于使者进藏的目的，不外是与五世达赖结盟，以威胁清廷。就是否接见吴三桂使者，西藏内部存在分歧，五世达赖认为，依照西藏的习惯，接待来使是必须的礼节。五世达赖接见了来使，并接受了礼物与书信。此后，吴三桂又派出两批使者入藏，都得到了达赖的接见。

虽然与吴三桂保持来往，五世达赖与蒙古首领进行了多次讨论，认为不出兵会导致清廷不满，最终确定派兵进攻吴三桂。听说五世达赖要调遣蒙古兵入四川进剿后，康熙大喜，下令四川地方的文武官员，要协助好蒙古兵。不想蒙古军队出发后，并没有按照计划由四川进入云南，进剿吴三桂，反以云南天气炎热为由，在陕甘边界滋事。此时陕西提督王辅臣叛而又降，降而复叛，反复无常，蒙古兵的到来，更让事态复杂。

康熙十四年（1675）四月，吴三桂军力如日中天，达赖派出使者到京调停：

"若吴三桂力穷，乞免其死罪。万一鸱张，莫若裂土封侯。"

康熙当即拒绝，并指出："朕乃天下人民之主，岂容裂土罢兵？"不过康熙也答应，如果吴三桂投降，可以免其死罪。

达赖的行为，让康熙大为不满，只是此时战局不利，暂时隐忍。吴三桂与达赖，此后继续保持了密切联系，康熙下令察访吴三桂与达赖的书信，随得随缴。1678年，对于外界风传西藏与吴三桂勾结一事，达赖方面解释，因为吴三桂派遣使节来藏，馈赠礼物甚多，达赖方面派出使节回赠了珊瑚、琥珀等礼品，这只是普通的礼尚往来，并未派兵参与举事。

内乱纷扰，战火连绵之际，边陲却又不安宁，蒙古部也生出波澜。察哈尔林丹汗死于青海之后，儿子额哲投降清廷，并献出元代传国玉玺。皇太极将额哲与其弟弟阿布奈封为亲王，并将公主嫁给二人。阿布奈对哥哥臣服清廷一直不服，至康熙时因为不礼敬清廷，被送到盛京羁押，阿布奈的长子布尔尼承袭了亲王爵位。

虽然清廷予以厚待，可察哈尔后裔是黄金家族的直系，布尔尼怎会满足于此？他一直待机而动。三藩之乱后，京师一带兵马被大量调动，京师之中也开始空虚，甚至看守城门的也只是些小孩。布尔尼亲王与弟弟罗不藏想乘机反清，恢复蒙古汗位。

康熙十四年（1675），清廷抽调察哈尔蒙古左翼四旗，驻到河北宣化。此四旗在布尔尼的煽动下发生叛变，一路杀到张家口。此时京师防守力量空虚，临时集中了京师满蒙王公、八旗子弟的随从及家奴，发给武器，勉强凑了上万人，出京迎敌。为了鼓励这支乌合之众卖命，统兵的大学士图海，沿途纵容属下抢劫，又宣传自元朝以来，察哈尔蒙古积累财富不计其数。这群乌合之众听了鼓动后，人人眼红，开战后奋勇争先，竟然将精锐的察哈尔蒙古兵击败。布尔尼与弟弟带了三十余人逃跑，之后被捕杀。

布尔尼亲王叛乱所带来的震撼，不输三藩之乱。康熙愤愤道："国家于察哈尔不薄矣。"布尔尼兄弟是公主所生，爵为亲王，于国为至戚，却以至戚而反清。布尔尼所想恢复的蒙古汗国，更让他心生警惕。

康熙十六年（1677），在扭转了战局后，康熙第一次巡幸塞外。此后直至康熙六十一年（1722），共巡幸塞外五十六次，其中巡视蒙古部有三十二次，可见康熙帝对蒙古部的重视。

就在康熙十四年（1675）年五月，噶尔丹击败鄂齐尔图后，领兵欲侵青海，行军十一日后撤回。此次撤兵的原因，噶尔丹致书甘肃提督张勇："西海，向系我祖与伊祖同夺取者。今伊等独据之，因系将军所辖之地，不敢轻举。"西海，即青海；伊祖，和硕特部顾实汗也。十月，清廷得到消息，鄂齐尔图残部进入甘肃，寻求庇护。甘肃提督张勇判断噶尔丹可能用兵来追，或者用兵喀尔喀，遂严令官兵做好准备。

此时的陕甘地区，受三藩之乱冲击，刚刚趋于稳定，如果噶尔丹用兵，将会带来新的动乱。康熙指示张勇，不必干涉蒙古部战事，如果有可能的话，就规劝彼此相互为善，各自收兵。至十二月，肃州躲避战乱的蒙古各部，已有庐帐万余，"若辈皆为噶尔丹所败，自西套来奔，穷困异常"。康熙正忙于平定三藩之乱，也怕边陲生出事端，就指示，如果有入塞者就劝阻退回，但不得加以妄杀。

康熙十七年（1678），边境上又有消息传来，噶尔丹将攻西海，"闻噶尔丹有三月内举兵"。康熙下令张勇、孙思克等将领："整饬我军，严加防护。一面放噶尔丹过，一面奏闻。"如果噶尔丹强行进入边境线内，则予以迎击。结果此年只是虚惊一场，因为人心不一，且青海路远，噶尔丹没有用兵。此时青海和硕特部深刻感受到了噶尔丹的直接威胁，需要依附清朝才能得到保护，"渐为内附之始"。

康熙十八年（1679）七月，张勇奏报，噶尔丹将侵吐鲁番，前哨已至哈密，去肃州仅十余日。八月，张勇再上奏，噶尔丹已用兵天山之南。九月，噶尔丹以刚刚到手的"博硕克图汗"之号，向清廷贡献锁子甲、鸟枪、马、貂皮等物。噶尔丹此时征服了天山南路，故以五世达赖所赐封号向清廷炫耀。

有清一代，对于天下大势有着清晰的主线，既然要经略中原，就要联盟蒙古各部；要得到蒙古支持，就要控制住藏传佛教；要控制藏传佛教，则必须保持对西藏的影响力。噶尔丹此举，炫耀了自己与达赖、与西藏的密切联系，间接显示了实力，这触犯了清廷的大忌。

此时清廷正忙于平息三藩之乱，对噶尔丹此举隐忍不发。虽然清廷称"从无以擅称汗号者，准其纳贡之例"，但"噶尔丹台吉敬贡方物，应准其献纳"。称噶尔丹为"台吉"，而不称"汗"，也是文字上的胜利。

驱驰天山南北

叶尔羌国，是成吉思汗后裔于 1514 年创建的国家，其疆土囊括了今新疆大部分地区，首都设在叶尔羌（今新疆莎车县）。叶尔羌国信奉的是苏菲教派的分支什克什班底教派，该派祈祷时不是苏菲派的呼喊，而是低声诵读。

16 世纪时，中亚什克什班底派第五世教长死后，教派分裂成以长子玛为首的白山派与以四子为首的黑山派两大和卓势力。"和卓"，意为圣人后裔。四子的母亲出生在喀什噶尔，遂在 1560 年回到母亲的故国叶尔羌传教。

来到叶尔羌汗国后，经过几代人传教，黑山派在叶尔羌汗国取得了统治地位，并利用宗教干涉军政事务，影响世俗政权。1620 年之后，白山派也开始进入叶尔羌国传教，但遭到黑山派打压，无法取得进展。之后叶尔羌汗国发生内乱，在黑山派支持下，阿布都拉汗成为新的大汗，并继续支持黑山派。

新大汗的长子尤勒巴尔斯，坐镇喀什噶尔地方，他野心勃勃，认为自己才是汗国的真正统治者。1650 年，利用父亲阿布都拉汗动身前往麦加朝圣之机，尤勒巴尔斯发动政变。不想父亲迅速返回叶尔羌汗国，平息了政变，尤勒巴尔斯得到了父亲的宽恕，继续在喀什噶尔经营自己的一亩三分地，政变的其他参与者则被严厉惩罚。尤勒巴尔斯转而寻取白山派的支持，甚至将自己的姨妈嫁给了白山派领袖，予白山派的发展以全力支持。

日益强大的准噶尔部首领僧格出动精兵五千，进攻叶尔羌国。阿布都拉汗调集了叶尔羌国内所有军队前去迎战。为了向父亲表示忠心，尤勒巴尔斯汗也从喀什噶尔带了援军参战。双方在尼雅（今新疆民丰县）交战，僧格指挥军队发起三次冲击，都被击退。战事僵持后，僧格提出议和，阿布都拉汗同意，双方遂各自撤军。

尼雅之战中，尤勒巴尔斯统率的喀什噶尔军发挥了关键作用。战后，尤勒巴尔斯凭借战功，要挟父亲，想任命自己的两名亲信，分别担任首都卫戍司令和宫廷侍卫长。阿布都拉汗再愚蠢，也不会将关系到自身安全的两个关键职位交出。此次尤勒巴尔斯不同于上次政变失败后的诚惶诚恐，实力强劲的他带了大军返回喀什噶尔，并在白山派支持下与父亲公开对抗。

此后叶尔羌汗国内部，宗教上分裂为黑山派、白山派，世俗政权上分裂为叶尔羌与喀什噶尔，双方展开争斗。白山派日益强大之后，开始打击黑山派，而心力交瘁的阿布都拉汗已无力给黑山派提供保护。黑山派领袖甚至跑去了阿克苏，投奔阿布都拉汗的次子努尔·丁，以寻求庇护。

在儿子的压力下，阿布都拉汗只保留了叶尔羌城，将和田分给了尤勒巴尔斯的儿子，将其他地方都给了尤勒巴尔斯。但尤勒巴尔斯却不满足于此，在首都安插亲信，收买大臣，密谋反叛。

尤勒巴尔斯的作为让阿布都拉汗愤怒无比，决心要以狠辣手段对付儿子。1666 年，他在叶尔羌处死了尤勒巴尔斯的女儿，不久又命令在和田的亲信毒死了自己的亲孙子，并准备好军队来叶尔羌支援。和田的亲信们带着军队来到叶尔羌后，阿布都拉汗又命令在阿克苏的努尔·丁带兵前来。大兵在手后，阿布都拉汗对有嫌疑者展开了血腥屠杀，巩固后方，消除隐患，之后又领军讨伐儿子尤勒巴尔斯。

尤勒巴尔斯派了一部分军队去迎战，自己则在深夜带了一些亲信逃离喀什噶尔，投奔了和硕特部。攻下喀什噶尔后，阿布都拉汗将城市赏给了努尔·丁。作为黑山派的忠实信徒，努尔·丁下令在城内展开屠杀，刀锋之下，落下的皆是白山派的头颅。

努尔·丁获胜之后，不可一世，建议父亲乘胜进军，结果死在行军途中，阿布都拉汗就领了军队返回叶尔羌。逃走的尤勒巴尔斯，看到弟弟死掉，以为机会来了，在和硕特部鄂齐尔图的大兵支持下返回喀什噶尔。经历了黑山派的屠杀之后，喀什噶尔涌动着不安的暗流，看到旧主归来，自然欢欣鼓舞，准备迎接他攻城。可尤勒巴尔斯跑到了喀什噶尔城下，忧虑没有把握攻城，就带了军队撤走。

当尤勒巴尔斯进攻喀什噶尔的消息传来后，老父又惊又怒，此时他手下只有不到两千名军队。经过思量之后，阿布都拉汗带了亲信和家臣，取道印度，去麦加朝圣，以体面的方式放弃了汗位，最后死在异国他乡。阿布都拉汗一走，黑山派也都逃离了叶尔羌，前往阿克苏。

跑到阿克苏的黑山派缺乏世俗领袖，眼看着江河日下，将要被白山派打垮。突然有人想起来，阿布都拉汗的四弟伊思玛业勒，此时正在卫拉特辉特部流亡，可以请回来作为领袖。经黑山派的强烈呼吁，在辉特部的护送下，伊思玛业勒来到阿克苏，被拥戴为汗。阿克苏成为反尤勒巴尔斯及白山派的大本营，并决定向叶尔羌进军。

阿布都拉汗弃国出走后，喀什噶尔、叶尔羌两城都人心惶惶，前途难测。经过支持者持续不断宣传，尤勒巴尔斯被塑造成了能带来和平与希望的使者，被两地民众拥戴，迎接着他的到来。阿克苏方面派出的军队，虽然在叶尔羌城外击败了尤勒巴尔斯，可眼看着他领了溃军，夹着尾巴而逃，却得到叶尔羌城内民众的热烈欢迎时，也无可奈何，只好返回阿克苏。

在白山派和卓的扶持下，在民众们的欢呼声中，尤勒巴尔斯宣布自己为叶尔羌国新的大汗，随即对黑山派进行了大规模迫害，又派兵讨伐阿克苏。曾经的对手僧格，这次主动出兵，支持尤勒巴尔斯，辉特部也不甘示弱，派兵援助阿克苏。虽然辉特部名义上依附于准噶尔，可当实力强大之后，狂烈的野马将会挣脱一切羁绊。

尤勒巴尔斯汗与僧格的联军，大获全胜。眼看着天山南路一统在即。尤勒巴尔斯不是笨人，他明白引狼入室的代价，自己将成为僧格的傀儡。为了摆脱控制，在往阿克苏进军途中，他向僧格表示，自己将放弃汗位，前往麦加朝圣，并服侍弃国出走的老父。

僧格毫不客气，随即扶持出了一个新的傀儡，只要他具备大汗家族的血缘即可。对于要返回叶尔羌的尤勒巴尔斯，僧格派亲信带了一千名精兵护送。这名亲信厄尔喀是名突厥人，且是黑山派的虔诚信徒。到了叶尔羌后，他发现尤勒巴尔斯并不准备放弃汗位出国，而且在白山派支持下，屠杀黑山派信徒。"黑山派教徒的号叫，引起了他的怜悯"，厄尔喀领军冲入王宫，杀死了尤勒巴尔斯，将他的儿子阿布都·拉提甫立为新的大汗。

若只是城头变幻大汗旗，事情也就简单了，可大汗位置的背后，还有教派之争。看着黑山派得势，白山派起来反扑，厄尔喀不支，就向阿克苏的黑山派及伊思玛业勒汗（阿布都拉汗四弟）求援。僧格此次入天山南路，本来是要打击阿克苏的黑山派，不想几番周折，竟然属下与黑山派又走到一起。得到进军叶尔羌的邀请后，黑山派首领亲自领了无数信徒从军，跟着伊思玛业勒汗，一路杀到叶尔羌城下。水源被截断后的叶尔羌守军口干舌燥，无心打仗，就开城投降。白山派则护送阿布都·拉提甫出城，逃亡喀什噶尔。

1670年，伊思玛业勒汗在黑山派拥戴下进入叶尔羌，成为叶尔羌大汗。伊思玛业勒汗当了汗后，第一件事就是派兵前往喀什噶尔，处死了逃亡在此的尤勒巴尔斯诸子，并血腥镇压白山派。

故事并未完结，血雨腥风之下，白山派和卓阿帕克出逃。他怀抱着复仇的梦想，四处奔走。可势单力薄的他要想复仇，必须有强大外力支持。阿帕克取道克什米尔，几经辗转，到达西藏。在西藏，阿帕克成功博得了达赖的欢心。达赖写了封信，让他去找噶尔丹，信中要求噶尔丹确立阿帕克在天山南路的统治地位。

噶尔丹兼并了天山以北的卫拉特诸部之后，正欲进军天山之南。1679年，噶尔丹征服了叶尔羌汗国东部的吐鲁番、哈密，正准备继续用兵，此时阿帕克来求援。1680 年秋，在白山派的响应下，噶尔丹一路攻克阿克苏、喀什噶尔、叶尔羌。叶尔羌城破后，伊思玛业勒被俘，后送至伊犁关押，至此叶尔羌汗国灭亡。

在南疆，噶尔丹以叶尔羌汗国成员为新汗，又扶持白山派阿帕克作为傀儡，"总理回地各城"，"为准噶尔办理回务"。为了报答噶尔丹，阿帕克尽力搜刮，每年都缴纳大量贡赋。为了防止南疆各地出现叛变，南疆贵族与和卓，都要派自己的直系家属到伊犁作为人质。在伊犁生活的人质，每数年可更换一次。

天山之南的攻克，扩大了噶尔丹的统治区域，增加了税源地，也扩充了兵源。借助于丰裕的财力，准噶尔制作精良的连环锁甲，"轻便如衣，射可穿，则杀工匠"。同时利用天山南路制造火器，训练士兵，"令甲士持鸟炮短枪，腰弓矢佩刀"。兵强马壮的噶尔丹，在 1681 年派兵攻打哈萨克部。

哈萨克一直是准噶尔的劲敌，噶尔丹的父亲巴图尔就在哈萨克吃过大亏。1680 年，扬吉尔之子头克汗成为哈萨克首领，此时哈萨克已经历了多年的分裂与战乱。头克汗励精图治，恢复国力，制止了部落间的流血冲突，加强了中央集权，完善了经济制度。

为了争夺巴尔喀什湖一带丰饶的草原牧场，哈萨克与准噶尔冲突多次。至头克汗时期，此处草场基本被准噶尔所控制。噶尔丹要扩充力量，就要打通前往中亚地区的贸易通道，而这些通道上的主要贸易城市，都掌握在哈萨克手中。在攻下南疆后，噶尔丹转而挥师西进，直逼哈萨克汗国。

为了名城赛里木，噶尔丹先后三次用兵。"人烟稠密，树木长茂，流水环绕，五谷蕃殖"的赛里木既是中亚的贸易中心，也是难得的农作物出产地。赛里木城以高墙围绕，城墙周围有难以攻破的护城河，设有重兵防护。

卫拉特蒙古骑兵善于野战，骑射功夫惊人，缺点则是攻坚能力不足。1682 年冬，噶尔丹兵至赛里木，将城市围困。此年噶尔丹在赛里木过冬，持续围城。哈萨克以缴纳贡赋，信奉藏传佛教为条件请降，噶尔丹允降，领了兵入城。至半夜，哈萨克人的援军赶至，城中哈萨克守兵群起响应，内外合攻，火光漫天。

噶尔丹带了手下溃走，此时积雪过膝，人马陷入其中不能脱，城中尾随追击，死伤无数，噶尔丹跃马持枪，狼狈逃脱。噶尔丹战败后，却未失锐气，征兵训练如初，并派人威胁哈萨克："不来降，则自今以往，年年用兵，夏蹂躏农田，秋天烧庄稼。今我年未满四十，至头发白牙齿落，也决不罢休。"

1684 年，噶尔丹再征柯尔克孜，又派侄子策妄阿喇布坦攻打赛里木。策妄阿喇布坦是僧格的长子，一直依附于叔父噶尔丹，此战中他展示了出色的军事能力，于夏季攻克赛里木。噶尔丹则乘胜而进，将黑海北岸的小国诺盖灭掉。

此后噶尔丹又攻克哈萨克重要城市塔什干，只是噶尔丹的注意力东移，用兵喀尔喀蒙古，方才停止了对哈萨克草原的扩张。至此，巴尔喀什湖以东、以南地区的草原，都被噶尔丹控制，伊犁河谷成为噶尔丹的私人领地。

攻克赛里木后，头克汗的儿子也被俘获，作为人质扣押。噶尔丹并不知道，他的恩师五世达赖，此时已经去世两年，掌握西藏局面的则是他的密友桑结嘉措。在老友的力挺之下，噶尔丹意气风发，挥师直扑喀尔喀。

雪域盟友

自 1654 年顾实汗去世后，两任继承人达延汗、达赖汗才能平庸，对五世达赖言听计从，使和硕特部在西藏的权威降至名义上的存在。1669 年，五世达赖将原先和硕特王公任命第巴的权力，转到自己手中。和硕特王已失去了对西藏内政的干涉权，只是参加一些宗教活动。

1669 年，第三任第巴辞职，达赖曾想让桑结嘉措接任。十七岁的桑杰嘉措以自己年纪太轻，阅历不够为由推辞。十年之后，第四任第巴辞职，达赖再次推举桑杰嘉措。为此，五世达赖专门发布了文告，向三大寺僧众介绍了桑结嘉措的虔诚与优异学识、干练能力，要求僧众支持他继任第巴。

此年桑结嘉措成为第五任第巴。在达赖的支持下，桑结嘉措获得了更大的权力。桑结嘉措将政务处理得井井有条，自己则不时扮作平民，混入酒肆狂饮。他在民间私访时，酒酣的民众告诉他："我就会喝酒，其他事情都是第巴的。"

噶尔丹击败鄂齐尔图后，"西套厄鲁特既溃，或奔依达赖喇嘛，或被噶尔丹掠去"。对达赖而言，鄂齐尔图被击败，无疑削弱了和硕特部实力，噶尔丹力量的增强，等于是达赖力量的增长。

康熙十九年（1680），新任喀尔喀蒙古首领厄尔德尼济农遣使向清廷进贡。理藩院以达赖喇嘛的来文中还没有提及厄尔德尼济农，准备退回贡物，待向五世达赖查明后再定。康熙得知后，训斥理藩院："外藩蒙古头目进贡，何必依据达赖之文有无？若必据此为证，似在我疆内之外藩蒙古悉惟达赖之言是听矣？"康熙规定，此后蒙古首领进贡，不必再以达赖的封号为依据。

清代将由中央委派大臣、都统、将军直接节制的蒙古各旗，称为"内藩"。由理藩院监管的蒙古各部称为"外藩"。对于外藩，比照满人亲贵的爵秩，分别授予亲王、郡王、贝勒、贝子、镇国公、辅国公六等爵位。六等爵位之外另设台吉、塔布囊，对成吉思汗黄金家族成员，分别授予一、二、三、四等台吉爵位，非黄金家族的蒙古贵族，则分别授予一、二、三、四等塔布囊爵位。

康熙二十年（1681），三藩之乱平定。在云南，清军查出吴三桂孙子吴世璠给达赖喇嘛的书信，许以鹤庆、丽江二地，请出兵援助。1682 年，康熙派出使者，分别前往西藏与准噶尔，告之战胜的消息，同时也是炫耀武力。对康熙的来使，达赖表现得极为恭敬，可能是忧虑三藩之乱期间，达赖曾帮吴三桂上书。

康熙二十一年（1682），五世达赖去世，终年六十八岁。四世班禅早在 1662 年去世，此时的新班禅还年轻，"不谙政事"，达赖死后将出现宗教权威上的真空，这又将直接影响到政治格局。五世达赖在世时，凭借着他的崇高威望，西藏地方

"不生一事，俱各安静"，如果公布死讯，必然会带来波澜起伏。

此外，因为不丹打击格鲁派僧人引发的争端已持续多年，五世达赖派遣蒙藏联军进入不丹。靠着达赖喇嘛的声望，才组织起了这支联军，如果公布死讯，将会影响战局。更深一层的考虑是，桑结嘉措是靠着达赖的支持才获得了权力，公布死讯无疑会削弱自己。

桑结嘉措决定暂时秘不发丧，称达赖闭关修炼，居高阁不见人。达赖身边的近侍都发誓，将隐瞒五世达赖去世的消息，直到新的转世灵童坐床。此后五世达赖去世的消息，竟被掩盖了十余年，官员与民众都相信达赖在静坐，不能被打扰。仆人们像往常一样送去饭盒，一切都安排得如同达赖活着时一样。人们可以听到达赖房间里的铃声，以为他在念经。在公共场合，他的衣服被放在宝座上，供人们膜拜。

不过也有无法推辞的人。蒙古来的使者有重要事务需要见达赖时，被安排在达赖的私室单独接见。这里有一位名叫朗杰扎仓的喇嘛，假扮五世达赖，按照礼节举行接见仪式。蒙古的使者从来没有在近处见过达赖，根本不会产生疑心。觐见过达赖的使者，四处散布达赖仍在静坐，并牢固地掌握着权力。朗杰扎仓长期扮演达赖，觉得疲惫不堪，曾寻机逃脱，被抓获后一顿暴揍。自然打人不打脸，若是冒牌达赖满脸伤痕，让信徒产生出护主之心，岂不更加麻烦？

桑结嘉措的保密措施做得极好，不但清廷一无所知，蒙古王公也被蒙在鼓中。经过秘密寻访，1685年，桑结嘉措确认了仓央嘉措作为转世灵童，并交由五世班禅培养。桑结嘉措大权独揽，苦于手中没有兵权，此时他的同门师兄噶尔丹正在大漠上崛起。

桑结嘉措交好噶尔丹，引为外援，以对抗和硕特。1688年，噶尔丹对喀尔喀用兵。通过自己的第巴身份，借助达赖的名义，桑结嘉措以各种方式支持噶尔丹对喀尔喀的军事行动。

康熙二十八年（1689），康熙派伊拉古克三作为代表，进入西藏，与达赖喇嘛的使者一起处理喀尔喀问题。伊拉古克三，蒙古语意为"胜利者"，上文提到的咱雅班第达也拥有这个称号。这名伊拉古克三呼图克图也是准噶尔人，康熙二十六年（1687）被康熙授予总管京城喇嘛的资格。在拉萨，伊拉古克三向桑结嘉措表达了自己对达赖的忠心，也对噶尔丹表示了支持。经过商议之后，决定派遣济隆呼图克图与伊拉古克三一起，假装前去劝说噶尔丹。

桑结嘉措同时派出使者前往北京，传达"五世达赖"的意见。使者到北京后，向康熙报告："我出行时，往达赖喇嘛所，未见。第巴出来语我曰：达赖喇嘛令奉圣上，但擒土谢图汗、哲布尊丹巴畀噶尔丹，则有利于生命。"对此康熙大为不满，怀疑不是达赖喇嘛之言："如是喇嘛之言，何不具疏来奏乎？朕心疑之，特撰敕遣询。著将此项原由明白具本回奏。"

伊拉古克三、济隆一行，在1689年年底到达噶尔丹营地，二人并未劝告噶尔丹罢兵，反而与他一起策划如何以追击喀尔喀为名，进入漠南蒙古，并每日里为噶尔丹念经祈祷。至出兵后，伊拉古克三、济隆二人，尾随噶尔丹，一路做法事帮助打气。伊拉古克三更利用宗教身份作为掩护，在呼和浩特、张家口、北京等地安插亲信喇嘛，为噶尔丹搜集情报。在此后的乌尔会河、乌兰布通战役中，噶尔丹对清军分几路出兵，出动多少兵马，都了如指掌。

伊拉古克三返回后，康熙觉察他有问题，派人加以监视。康熙三十一年（1692）七月，伊拉古克三带领弟子出逃，投奔噶尔丹。伊拉古克三出逃后，清廷将他在各地的据点清除，没收了财产，将他的弟弟及妻子驱逐出境。

噶尔丹进入漠南蒙古，与清军大战时，桑结嘉措利用五世达赖的名义，命令青海蒙古各部，屯兵河州、西宁一线，声援噶尔丹。

康熙三十三年（1694），桑结嘉措以五世达赖的名义，致书康熙帝："因已年迈，国事决策第巴，乞赐封爵。"英明的康熙帝没有觉察到其中的猫腻，大方地赐给了桑结嘉措一方金印，封他为王。康熙知道桑结嘉措与噶尔丹的秘密联系，他也忧虑所有蒙古人在宗教的旗帜下联合起来发动战争。对桑结嘉措，对"五世达赖"，只能先拉拢绥靖。绥靖并不能抑制噶尔丹进军的步伐，喀尔喀蒙古，已直接处于准噶尔兵马威胁之下。

第二章
圣上君南我长北

兵指喀尔喀

1688 年，噶尔丹领兵东进，兵指喀尔喀蒙古。

早在 1638 年，漠北的喀尔喀蒙古向清廷称臣，献"九白之贡"，即白驼一，白马八。至 17 世纪初，喀尔喀分为土谢图汗、车臣汗和扎萨克图汗三部，其中土谢图汗、车臣汗为左翼，扎萨克图汗为右翼，三部互不相属，各自独立，彼此争雄。喀尔喀一度非常强大，人数不少于六十万户，每年卖给北京的马就不下十万头。

喀尔喀蒙古参与了 1640 年的会盟，缔结了《喀尔喀—卫拉特法典》。此后喀尔喀策反漠南蒙古苏尼特部出逃，引起清廷出兵讨伐。在清廷的强大攻势下，土谢图汗、车臣汗遣使谢罪，双方关系得到改善。喀尔喀右翼扎萨克图汗则继续采取敌视态度，与清廷作战，但独木难支，也在 1657 年遣使来朝。

喀尔喀蒙古三部之间，分裂仇杀多年，右翼的战败者出逃后纷纷投奔噶尔丹。噶尔丹借着给予右翼保护的名义，加快对喀尔喀的渗透。喀尔喀蒙古的内乱，为噶尔丹提供了干涉契机，清廷不想让噶尔丹扩张势力，就出面调解喀尔喀蒙古的内部纠纷。

康熙二十三年（1684），康熙派出使者前往西藏，请达赖喇嘛派人至喀尔喀调解纠纷。此时五世达赖已经去世，桑结嘉措以达赖的名义，派人去喀尔喀调解，不想使者途中病逝。次年清廷又要求达赖派人调解，桑结嘉措只好从命。使者抵达喀尔喀后，于 1686 年召集喀尔喀各部首领举行会盟，噶尔丹也派出使者与会。

此次会盟的本意是调解各方纠纷，在佛像下，在达赖的使者面前，各部头领发下重誓，将尊重会盟期间对各种争端的处理结果。会盟期间，喀尔喀蒙古的哲布尊丹巴，与达赖的使者争夺上座。这让噶尔丹大为不满，指责他倨傲无礼，并对他留下极深成见。

哲布尊丹巴是喀尔喀蒙古的宗教领袖，地位崇高，与前藏的达赖、后藏的班禅、内蒙的章嘉并称为"黄教四圣"。1639 年，土谢图汗利用西藏多罗那他活佛圆寂之机，将自己五岁的二儿子确立为转世灵童，是为一世哲布尊丹巴呼图克图（呼图克图之意见上文）。顺治六年（1649），哲布尊丹巴到西藏学经，拜四世达赖、五世班禅为师，并得到了达赖的正式承认。

哲布尊丹巴到西藏学习八年，回到喀尔喀后自称活佛。哲布尊丹巴为人傲慢，在所有的场合都要占据上风，这让同为活佛转世的噶尔丹不满。哲布尊丹巴的哥哥，新任土谢图汗，曾出兵帮助鄂齐尔图与噶尔丹交战。噶尔丹对这兄弟二人是恨之入骨，此后屡次对喀尔喀用兵，一定程度上也与这兄弟二人的私人恩怨牵涉在一起。

至执行会盟裁决时，左翼却耍起了赖皮，只肯归还抢夺的右翼一半人口，双方矛盾激化，剑拔弩张。1687 年秋，土谢图汗出兵偷袭扎萨克图部，将扎萨克图汗俘虏后扔到水中淹死。哲布尊丹巴则展示了扎实的毒舌功夫，接二连三地给噶尔丹写信，信中满是辱骂与威胁的内容。噶尔丹哪肯受此屈辱，集结军队，准备报复。

眼看着准噶尔与喀尔喀的战事一触即发，康熙二十六年（1687）九月，康熙再请"五世达赖"派人调解噶尔丹与喀尔喀左翼的矛盾。

桑结嘉措虽然派出了使者，可从拉萨到草原，需要漫长的时间。就在使者行进时，突然发生了大事。次年正月，土谢图汗袭杀噶尔丹弟弟多尔济扎卜。噶尔丹对天发誓，要为弟弟报仇，吞掉喀尔喀蒙古。

此年春季，噶尔丹出兵三万，越过杭爱山，讨伐喀尔喀。喀尔喀蒙古此时处境不利，俄国哥萨克步步进逼，已在喀尔喀人的眼皮底下建起堡垒。此年年初，土谢图汗部调集军队，在北线进攻俄军，三百名俄军驻守的堡垒被八千喀尔喀人团团包围。面对噶尔丹的进攻，土谢图汗不得不调兵，削弱了进攻俄军的力量。

噶尔丹攻打左翼，土谢图汗部出动五千人迎战，大败而逃，仅八人幸免于难。噶尔丹侄儿所统帅的另一支军队，则直取左翼宗教中心额尔德尼召。额尔德尼召巨大的古建筑被毁，佛像被破坏，佛教典籍被焚。

土谢图汗带了亲信，沿途狂奔逃窜，未曾逃离的家族成员全被斩杀。噶尔丹继续用兵，攻打车臣汗部，车臣汗部一触即溃。准噶尔的游骑在各处游弋，他们接到命令杀死遇到的所有喀尔喀人。

自噶尔丹用兵之后，喀尔喀各部惊恐，舍弃庐帐、器物、马匹牛羊，纷纷南下逃跑，昼夜不绝。哲布尊丹巴一直是俄国人拉拢扶持的对象，此次战败之后，他却选择了投奔清国。哲布尊丹巴告诉喀尔喀人："俄罗斯素不信佛，俗尚不同，视我辈异言异服，殊非久安之计。莫若携全部内徙，投奔大皇帝。"

此场战事，喀尔喀本是清廷多年的纳贡之国，清廷有保护的使命。但忙于内乱的康熙一直没有出兵保护喀尔喀，主要以调解为主。

当喀尔喀部战败出逃，投奔清朝时，康熙派人到噶尔丹大营，许诺将喀尔喀逃民"逐出七旗，使归故土"。八月，噶尔丹领兵与土谢图汗再次决战，当夜夜袭大营，彻底击溃土谢图汗。土谢图汗部南下而逃，投降清朝。自噶尔丹用兵之后，喀尔喀部有近十万人南下投奔，让康熙大吃一惊，遂转变态度，决定将喀尔喀蒙古收容，保留首领的汗号，对各部加以安置。

康熙派使者劝告噶尔丹，停止战争，以免边境动乱。不想噶尔丹此时已不将天朝大皇帝放在眼里，他道："我于此仗达赖喇嘛之灵，来毁其居。"又告诉康熙，如果喀尔喀土谢图汗及哲布尊丹巴来投奔，你或者拒绝不纳，或者擒拿后送给我。

康熙担忧噶尔丹与俄国人联盟，影响在尼布楚的谈判，故而对噶尔丹以安抚为主。而俄国人在战争期间，一直扬言给予了噶尔丹大量支持，甚至声称要派出六万枪手援助噶尔丹。不过俄国军队只是在边境线上驻扎，未曾深入，更未派出一兵一卒支持噶尔丹。

清廷再派出使者至噶尔丹处，却未明确回答噶尔丹索要哲布尊丹巴兄弟的要求。康熙借口路途遥远，情况不清，让噶尔丹"明白具本"，将自己的要求，仔细写清楚。噶尔丹则当着清国使者的面大骂哲布尊丹巴兄弟，表示必须消灭他们："今若灭此，想中华皇帝与达赖喇嘛之心亦得安矣。"

康熙此时转变了想法，看着前来投奔的喀尔喀有各部十余万人，可资利用，就决定全部接受，分别予以安置。此时喀尔喀各部穷困不堪，一无所有，清廷紧急调集钱粮，加以接济。

喀尔喀蒙古战败后，也有大量民众北上投奔俄罗斯，并被俄罗斯用作了在西伯利亚的军事力量。康熙二十八年（1689），清国与俄罗斯在尼布楚进行谈判时，有六七千喀尔喀蒙古人不想被俄国利用，对尼布楚发起攻击，想投奔清国使团。此次事件，也促使俄国早日签署了《尼布楚条约》。

随着土谢图汗部成为清国的属民，喀尔喀蒙古也被视为清国的疆域，康熙要让噶尔丹明白，你不能在清国的属地上放肆。康熙不再掩饰，开始主动干涉喀尔喀事务。车臣汗部头领在出逃后不久去世，他的遗孀请求康熙帝接纳她的儿子，并封他为汗。康熙同意了要求，封了新的车臣汗，这在过去，是达赖所拥有的权力。

四月，清国派遣理藩院尚书阿喇尼出使准噶尔汗国。此次出使，是一个转折点，此前清廷先忙于平定三藩之乱，后又与俄国在雅克萨交战，对噶尔丹以笼络为主，自此之后转为武力平定。

康熙帝在谕旨中，首先指出噶尔丹与喀尔喀开战，错在喀尔喀。所以你噶尔丹焚毁喀尔喀地方庙宇，毁灭佛像，朕亦不深责尔。但喀尔喀人战败后，举国前来归附于朕，"朕统御天下，来归之人，若不收抚，谁抚之乎？"康熙指出，车臣汗的儿子承袭汗位后，希望噶尔丹能尽释前嫌，互市贸易，永远和平。

康熙帝明白地传达了信号，喀尔喀举国来投奔，已成为清国的一部分，此后你噶尔丹不能再与清国争夺喀尔喀。鉴于噶尔丹势力已成，康熙帝也预备了强硬的一手，如果噶尔丹不听话，准备断绝每年的贸易。同时康熙帝派人至西藏，请达赖喇嘛派出使者，劝说噶尔丹放弃索要投清的喀尔喀人。

八月初七，理藩院尚书阿喇尼抵达噶尔丹营地后，二人行抱见礼，噶尔丹问候："尔旅途辛苦乎？"

阿喇尼回答："不甚辛苦。"

在礼节性见面之后，双方开始了正式谈判。噶尔丹认为，既然清廷认为喀尔喀应对战争负责，就该将哲布尊丹巴交给自己处理。而康熙也曾经许诺将投奔来的蒙古人"逐出七旗，使归故土"，怎能说话不算数？

阿喇尼则追问："如果将投奔清国的喀尔喀人遣送出，在达赖喇嘛处的喀尔喀人也遣送出，则在你准噶尔的喀尔喀人，如何处理？"

噶尔丹答道："若将众喀尔喀尽行遣出，吾处喀尔喀亦将遣出。"

面对噶尔丹再三追索哲布尊丹巴、土谢图汗，阿喇尼表示："哲布尊丹巴、土谢图汗等，穷迫亡命来归。我皇上为统驭天下中国之主，此一二人之命，有不思生全之者乎？"

噶尔丹称："圣上宽宥小人，赐敕书，我无言以奏。若不惩处（二人），岂不放过恶人乎？"

看着噶尔丹坚持己见，阿喇尼就让他将这些想法写下来，好向康熙奏报。噶尔丹写了奏疏，索要二人，并称："兵甲无常，孰保无事？"

阿喇尼看噶尔丹的想法与康熙完全是南辕北辙，必然会爆发冲突，就劝他放弃索要二人。噶尔丹坚决拒绝，并请将他的想法如实奏报，如何处理，由圣上明鉴。

阿喇尼转而问他，如果达赖喇嘛派使者来劝你放弃索要二人，你会怎么办？噶尔丹答："若为同一事情而来，不会改变已有之主张。"

十月十二日，阿喇尼返回北京，未能达成出使目的。阿喇尼在噶尔丹营中前后七十八天，得以近距离观察噶尔丹的情况。阿喇尼回京时给康熙帝带来了一个利好消息，噶尔丹侄子策妄阿喇布坦，带了人马分裂出走，并击败了追击的噶尔丹。阿喇尼回京不久，达赖使者也至北京，传达了五世达赖的意思。此时五世达赖已死，桑结嘉措幕后操控，借五世达赖之口劝告康熙擒拿土谢图汗、哲布尊丹巴，交给噶尔丹，如此"则有利于生灵，此两人身命，我当保全之"。

为了说服五世达赖，康熙透露了准噶尔发生内乱的消息："言噶尔丹败于策妄阿喇布坦。下人散亡略尽，又极饥窘，至以人肉为食。"康熙希望以此让达赖放弃支持噶尔丹，可五世达赖已死，在幕后操作一切的桑结嘉措，将赌注压在了噶尔丹的身上，对他的争霸予以了全力支持。

击败噶尔丹，让康熙欣喜若狂的策妄阿喇布坦，乃是僧格的遗子，此时崛起于草原之上。

草原代有英雄出，一代新人胜旧人。

侄儿策妄阿喇布坦

据五世达赖自传中记载，僧格被杀时，长子策妄阿喇布坦只有四岁，策妄阿喇布坦的两个弟弟年龄更小。依靠着叔父噶尔丹的庇护，兄弟三人逐渐成长。在兄弟们的童年记忆中，留下的印记都是叔父战无不胜的故事，毫无疑问，噶尔丹是他的英雄。

马背上的蒙古人，生活总是在游牧中度过，他们不断迁徙，寻找适合的地方扎营。夏天，他们会选择临近江河或湖泊的地方。冬天则会退到山坡丘陵，或者到高地的背风面去，以躲避寒冷刺骨的北风。冬天，由于远离水源，雪是饮用水。

蒙古人的生活，与中原相比，是粗糙乃至落后的。他们不修边幅地住在帐篷中，肮脏龌龊，举止粗野，到处是牲口的恶臭。他们用牲口的粪便作燃料，因为草原上少有木柴。他们不肯种地，唯一的生活来源就是牲畜。他们生活中最珍贵的物品就是茶，可这些价格昂贵的茶，却还是中国最粗、最劣的茶叶。他们饮用马奶酒，酒性极劣但有营养，他们喝得醺醺大醉，却快活无匹。他们能骑马，能引弓，能打仗。

策妄阿喇布坦是头领的遗子，生活条件相对较好，也不过帐篷稍微大些，马匹稍微精良些而已。叔父噶尔丹依照蒙古习俗，娶了嫂子阿努，成了准噶尔的首领，并以僧格留下的力量，东征西战。可年幼的策妄阿喇布坦却是僧格的继承人，是准噶尔部的天然领袖，保留着对僧格属民领地的统治权。叔父噶尔丹所发布的一系列命令，都以二人的名义共同发布。不过，当叔父统一了卫拉特，征服了叶尔羌，被达赖封为汗后，就不再与侄儿联名发布了。

蒙古人十三岁成年，可披甲上阵，娶妻生子，同年龄的中原少年，却还在淌着鼻涕，之乎者也呢。和硕特部顾实汗十三岁时，就领兵取得大胜，父亲僧格十四岁时，就已成婚。

在噶尔丹频繁的对外征战中，策妄阿喇布坦也早早地披甲上马，冲锋陷阵。1679 年，十三岁的策妄阿喇布坦准备娶妻了。他的妻子是鄂齐尔图的孙女阿海，二人早已定下婚约。虽然鄂齐尔图此时已被打败，可他无比的名望，显赫的家世，让草原上的任何部落头领，都愿意迎娶他家族的女性。

策妄阿喇布坦对于此场婚事，自然无比喜悦，不想到手的媳妇，突然之间飞了。抢走他妻子的人，正是叔父噶尔丹。噶尔丹也爱上了阿海，就将她抢走。策妄阿喇布坦与弟弟索诺木阿喇布坦对此感到伤心和耻辱，索诺木阿喇布坦极其气愤，建议哥哥独立出去，恢复父亲之位。

而据耶稣会士张诚的记载，此次夺妻之争中，策妄阿喇布坦一只眼睛被弄瞎。可以想象，血气方刚，愤愤不平的兄弟二人提了刀剑，闯入叔父噶尔丹帐中责问。一番冲突之中，策妄阿喇布坦丢了一只眼睛。

抢走了侄儿的媳妇，弄瞎了侄儿的眼睛，噶尔丹心中也有所愧疚。为了补偿侄儿，噶尔丹将水草肥美的牧场博罗塔拉赐给侄儿，又将南疆的吐鲁番、哈密也给了侄儿作为领地。母亲阿努为了避免冲突，就帮儿子又重新订了门亲事，女方乃是和硕特蒙古顾实汗之孙女。

1684 年，策妄阿喇布坦领兵远征哈萨克，攻克了名城赛里木，擒获了哈萨克头克汗的儿子，并将他拘禁在自己的营帐内。1688 年，噶尔丹用兵喀尔喀时，头克汗的儿子成功出逃，策妄阿喇布坦一路追击，将他再次俘获。

随着时间的推移，噶尔丹发现侄儿成了自己的最大威胁。尽管噶尔丹创立了准噶尔汗国，依照蒙古部传统，在策妄阿喇布坦成人之后，噶尔丹就该将汗位交还给侄儿。而立志于创设政教（喇嘛教—蒙古帝国）合一大帝国的噶尔丹，怎肯拱手让出汗位？期待着噶尔丹雄起之后，入藏清除和硕特部的桑结嘉措，也不会容忍策妄阿喇布坦挑战噶尔丹的地位。

策妄阿喇布坦在战场上的功绩，提高了自己的威望，却带来了叔侄二人的分裂。谣言风传，策妄阿喇布坦与弟弟准备谋反。当噶尔丹从喀尔喀战场返回之后，西藏派来的一名喇嘛在他耳边吹风："你侄子有夺权叛变之心，即刻除掉为好。"在噶尔丹身边安插喇嘛，也是老同学桑杰嘉措的安排，以监控噶尔丹。

康熙二十八年（1689），策妄阿喇布坦二十三岁，去年他刚刚迎娶了妻子。大概害怕儿子的媳妇又被叔父给抢走吧，母亲阿努亲自领兵千人，去青海为儿子迎娶新娘。策妄阿喇布坦后来死于这名新娘之手，后裔更是诸多争执，这却是后话了。

此年春，噶尔丹派出刺客，准备杀掉策妄阿喇布坦。在行刺的当夜，策妄阿喇布坦恰好不在，弟弟索诺木拉布坦被毒杀。

数日之后，策妄阿喇布坦回来后，噶尔丹告诉他："你弟暴病死了。"

策妄阿喇布坦伤心之余，却未曾提防噶尔丹。一名叫阿朗扎巴的喇嘛偷偷告诉策妄阿喇布坦："你弟是被秘密杀害的。你若不逃，也必死无疑。"

策妄阿喇布坦带了七名父亲僧格的旧臣及阿朗扎巴出走，沿途大批的准噶尔人追随他，很快就集结了五千人。仓促之间，策妄阿喇布坦也能带走五千人，这些人的忠心可想而知。噶尔丹顿时意识到，侄儿的翅膀已硬，必须加以铲除。

噶尔丹立刻带了两千兵马一路追击。在乌兰乌苏，噶尔丹追上侄儿，问他："尔何所恨而来？"

策妄阿喇布坦见叔叔还在装糊涂，将多年的怨气倾诉而出："我原议婚之妻，尔取之。我亲弟，尔杀之。又恐杀我，故畏惧而来。"

乌兰乌苏在今新疆沙湾县东，此处四面皆山，地方狭隘，易守难攻。策妄阿喇布坦早就有所准备，要一泄多年被噶尔丹压迫的怨气，他所统领的军队竖起大纛，吹起战号，一鼓作气将噶尔丹击败。

此次叔叔和侄儿的纷争，很快传遍了准噶尔部。小牛犊竟然击败了所向无敌的老公牛，人们对策妄刮目相看，他不愧是巴图尔、僧格的后裔。噶尔丹春天遭遇到的败绩，到了秋天，被清国使者阿喇尼探悉，一番添油加醋后，向康熙加以汇报。

击败噶尔丹后，策妄阿喇布坦返回自己的领地博罗塔拉。博罗塔拉在今天的乌鲁木齐与伊犁之间，水草丰盛，土地肥沃，是块极好的游牧地。策妄阿喇布坦在此地休养生息，招募僧格旧部，等待着机会，好给叔父以沉重一击。

噶尔丹的雄心壮志，屡屡征战，想创建政教合一帝国的梦想，在准噶尔内部遭到很多人的反对。故而当具有汗位继承权的策妄阿喇布坦起来对抗噶尔丹后，很快得到了有力支持。

策妄阿喇布坦的另一个弟弟丹津鄂木布，得悉噶尔丹的密谋后，却没有出逃，一直留在噶尔丹的身边效力，成为噶尔丹为数不多的几个心腹之一。

策妄阿喇布坦与叔父分家之后，抢占了丰茂游牧地，控制伊犁河流域，截断噶尔丹后路。此时的噶尔丹内有叔侄分裂，外又面临清廷贸易封锁。

噶尔丹掌握卫拉特部之后，与内地的贸易更加频繁。准噶尔使团入京贸易，经由天山北路至西套，再经黄河河套北岸至归化城，最后抵达张家口，途中经过多个部落，天性好斗的蒙古人不断劫掠骚扰。

康熙二十二年（1683），鉴于噶尔丹派出的使团沿途骚扰。清政府限定，持有噶尔丹公文的使团，每次只能二百人进入长城。其余只准在张家口、归化两城进行贸易。噶尔丹每次派出的使团，浩浩荡荡，达三千人之多，以押送马匹，进京贸易。此番限制，卡住了他的经济命脉，就与清廷交涉，要求依照旧制进行贸易。

康熙二十七年（1688），噶尔丹大举侵入喀尔喀蒙古后，清廷彻底中断了与准噶尔的贸易。噶尔丹频频要求恢复贸易。康熙二十九年（1690），随着噶尔丹的南下，康熙指示将噶尔丹在归化城的商队与马匹，加以扣押。

贸易的封锁，加上策妄阿喇布坦占据了丰茂的游牧地，噶尔丹不得不移动到科布多一带。此时草原上的旱灾，予他以沉重打击。康熙二十八年（1689）五月，康熙提到，噶尔丹"迫于内乱，食尽无归，内向行劫"。六月，清廷的情报指出，驻扎在克鲁伦河的噶尔丹"粮尽，杀马为食"。

此年秋，噶尔丹再次对喀尔喀各部用兵，滚滚洪流，铁骑森森，已经残破的喀尔喀蒙古，在噶尔丹的进攻下，纷纷出逃。康熙帝本期望五世达赖出面，让噶尔丹稍微收敛。不想此时的桑结嘉措，打着达赖的旗帜，支持噶尔丹用兵，以牵制西藏和硕特部。康熙二十九年（1690）七月末，噶尔丹以追击喀尔喀为名，闯入内蒙。噶尔丹军甚至进入康熙帝为逃奔前来的喀尔喀人指定的避难地，将他们杀掉或是掳掠为奴。

当噶尔丹领兵进攻喀尔喀时，将大本营安置在科布多地方。科布多土地肥沃，可耕可牧，是交通要道，蒙古用兵时，男子在前方从军，妇孺在后方经营畜牧，供应前方。就在噶尔丹忙于交战时，侄儿突然出兵，袭掠科布多，"尽收噶尔丹之妻子、人民而去"。

乌尔会河之战

1689 年年底，噶尔丹带了两万人离开科布多大营，东征喀尔喀。

噶尔丹入喀尔喀，表面目的是寻仇，索取土谢图汗、哲布尊丹巴，深层动机则是劫掠牲畜与人口。进入喀尔喀境内后，噶尔丹军四处劫掠，掠夺了大量人口、牲畜。噶尔丹喋喋不休地向康熙索要土谢图汗，更想将喀尔喀部要回，以弥补漠北草原的荒芜状况。噶尔丹不断向康熙提出"将喀尔喀七旗发回于故土"，只是清国怎会让他吞没蒙古各部？

康熙二十九年（1690）三月，清军前方斥候发来探报，噶尔丹进入喀尔喀后，如入无人之境，沿途抢劫畜牧与人口，喀尔喀人纷纷南逃。康熙派出阿喇尼前往前方处理战事，收集情报。康熙指示阿喇尼，如果噶尔丹尾追南逃的喀尔喀人，可以调兵防卫。除了调动八旗士兵外，清廷也命令已依附清廷的车臣汗部领袖吴默特，配合清军迎战噶尔丹。车臣汗部与噶尔丹有着深刻大恨，自然愿意出力。

理藩院中精挑细选出了一名得力官员，派往策妄阿喇布坦营中宣读诏书。虽然不知道策妄阿喇布坦为何与噶尔丹闹翻，康熙还是对他的遭遇表达了深切的同情，"朕甚怜之"，又赐给了各色绸缎二十匹，作为安慰。康熙遣使安抚，目的自然是与策妄阿喇布坦结盟，共同对付噶尔丹。策妄阿喇布坦后面的表现，也没有让康熙失望，对得起二十匹绸缎的价格。

噶尔丹多年征战，杀敌无数，各路仇家此时纷纷出山，投奔清廷，好报仇雪恨。噶尔丹叔叔琥尔的儿子，带领子弟十余人，弓箭手五百余人，"来投皇上"。扎萨克图汗的儿子被噶尔丹软禁在阿尔泰山之南，也乘机逃跑，投奔清国。

此年四月，一队八九十人的俄罗斯使团抵达北京宫廷，一方面他们带来了将切实履行《尼布楚条约》的信件，另一方面则是为了兜售六十车的皮毛。针对噶尔丹与俄罗斯联盟的传言，清廷召见了在京的俄罗斯使者，提出警告。并命俄罗斯使者派出善驰者二人，快马飞奔至尼布楚告诫远东俄军头目，不得轻举妄动。

至五月，阿喇尼查探到噶尔丹军队主力的方向。在当时条件之下，奔腾在草原上的骑兵，如同在大海里游弋的鱼，很难捕捉其踪迹。阿喇尼同时得到未经证实的消息，噶尔丹即将请兵于俄罗斯，会攻喀尔喀。

噶尔丹领着孤军，带了掳来的人口、牲畜及辎重，一路南下，各处的喀尔喀部则纷纷南迁。六月十四日，噶尔丹抵达乌尔会河东岸，劫掠人马。喀尔喀车臣汗投奔清国之后，即被安置在此处，噶尔丹气势汹汹杀来，找老仇家寻仇。

康熙以兄裕亲王福全为抚远大将军，出古北口，以弟恭亲王常宁为安北大将军，出喜峰口，定于七月初四出兵。从北京出兵到乌尔会河需要二十天，此时在前方的只有阿喇尼所部。康熙知道阿喇尼统领的兵力薄弱，不足以与噶尔丹对抗。兵贵神速，康熙不停催促早日出兵，可此时军中缺少火器、马匹，需要到各处马场取马，至各地调集火器。尽管清廷费了很大心思，还是未能提前出兵。

在清军援军抵达之前，阿喇尼已经出兵前往乌尔会河（今名乌拉盖河）。六月二十一日黎明，轻装上阵的两万清军抵达河畔，目力所及范围内，可以看到噶尔丹大营。

阿喇尼从军中精选了两百名蒙古勇士，作为前锋，攻打噶尔丹大营，又出动五百名喀尔喀蒙古兵，准备从后方驱赶噶尔丹掠夺的人口与牲畜，以扰乱其后路。不想喀尔喀蒙古兵跑到后方一看，这里被拘押的都是自家的亲人，还有大批自家的牲畜。喀尔喀蒙古兵不是忙着去和失散的亲人抱头痛哭，就是拉着自己的牲畜往回走，也没谁想起来要去找噶尔丹拼命复仇。

噶尔丹随即全军出动，占据高处列阵，军中竖起绿色大纛，上书喇嘛经咒，迎风招展。噶尔丹将全军分为左右两翼，同时散出骑兵，预备包抄。噶尔丹列阵时，呈现出一个口袋型，以待清军钻入。口袋型布阵，不利于防守，但噶尔丹一来占据高处，二来有大量火枪可以依赖，也不惧清军。

此时的战争，已与当年成吉思汗时有所不同，由于火器的运用，骑兵、步兵战法也有了改进。噶尔丹军前布阵的都是火枪兵。南疆的精湛工匠，俄罗斯的军火供应，使准噶尔军中能大量装备火器。

清军火枪营此时尚未赶到战场，在进攻中处于下风，只能以密集阵营向前推进，进入口袋。清军以喀尔喀兵为前锋，喀尔喀人在噶尔丹的屡次打击下，早已丧失斗志。此时被清军放在前方做肉盾，更无心拼命了。噶尔丹军一阵火枪射击之后，喀尔喀兵一哄而散。

凭借着弓、矛，清军与噶尔丹从黎明打到了午后，此时噶尔丹派出的骑兵，绕至清军两翼包抄。清军大败，此战中，清军一名统帅当场毙命，另一名统帅在十五人掩护下逃窜，清军大车五百辆及全部辎重被缴获。

俄国使者基比列夫，随后跟着噶尔丹到交战现场观看，他在报告中写道"博硕克图汗将中国兵杀得一个不剩"。不过基比列夫在报告中也指出："草原上被博硕克图汗洗劫一空，残余的蒙古人在山沟与草原上饥饿流浪，并且人相食。"

战后噶尔丹进入乌珠穆沁盆地，得到了充足补给，乌珠穆沁有内蒙最肥沃的牧场，饲养着大批肥壮的驮马牛羊。在此处，噶尔丹补充了大批的骆驼、毡子。他又将眼光盯上了肥硕的乌兰布通，此处牲畜弥漫山谷间，时人记载，历行八日，犹络绎不绝。

乌尔会河清军惨败，导致喀尔喀蒙古更加畏惧噶尔丹，四处逃散，沿途劫掠。北方边境，一片混乱。清军是第一次与噶尔丹交战，大败之后，产生畏惧心理。康熙也令各处守将，收集兵马，严禁擅自开战。

噶尔丹则豪气万千，不再畏惧康熙："今虽临以十万众，亦何惧之有！"

噶尔丹领兵深入，进逼至京师七百里的乌兰布通。京师震动，人心惶惶，城内各处戒严，旗人牛录带了枪手八名巡逻。京师内外商店关门，米价暴涨至三两。

噶尔丹至乌兰布通后，见此地山林深堑，遂依险扎营，坐待清军。清军方面，鉴于上次阿喇尼战败的教训，"多发精兵，尽发火器"。康熙从盛京、满洲、西安及京师，抽调劲旅作为主力，喀尔喀各部则用作辅攻。清军抽调了各种大炮，如子母炮、行炮、铁心炮等，以在火力上压倒噶尔丹。用于运输的骆驼有三千，马匹八百，战马更不计其数。

由于皇帝出征，牵涉大局，康熙按住了自己亲征的念头，命长兄福全代替自己出征。清军将领队伍极其豪华：兄裕亲王福全，弟恭亲王常宁，皇长子胤禔，简亲王雅布，内大臣佟国纲、佟国维、索额图、明珠、阿密达，等。出兵时，清军营盘四十座，连营四十里，阔二十余里，首尾联络，屹如山立。

七月二日，大军出征。出征时的仪仗队伍威严雄武，却没有鼓角吹奏，多少有点悲凉意味。在最前列的是十匹引马，马鞍、马鞯都很朴素，皇帝、皇子走在前面，然后是手持朱漆点金的兵刃，矛戟下有豹尾作为装饰。沿途经过的道路，都扫除干净，洒过水。城门、店铺一律关闭，禁止行人同行，士兵腰悬刀剑，手持净鞭，驱散行人。

八月初一，乌兰布通大战爆发，战事持续了一天。

乌兰布通之战

京师之中的康熙，虽没亲自到前线指挥，也按捺不住，出塞围猎。走到博洛河屯（河北隆化）时，患上重感冒，坚持了三日之后，因为病情加重，不得不返回京师。康熙此时返回京师，在民间被风传为被噶尔丹军用箭射伤，至日本长崎进行贸易的中国商船，更将谣言传到了日本。

虽然不能到前方，可康熙的心时刻都在挂念着前方。噶尔丹带来的威胁，超过了他曾经的敌人鳌拜、吴三桂、台湾的郑氏家族。康熙之所以如此重视噶尔丹，在于他知晓蒙古骑兵无与伦比的战斗力，只是蒙古各部多年的内耗，让他们失去了南下经略的机会。如果噶尔丹一统蒙古各部，带着狼虎般的健儿南下，八旗子弟能抵挡多久，是个极大的疑问。

乌兰布通距离北京七百里，开战后的第三日，康熙收到前方统帅福全的战报，称此战大捷。

焦虑万分的康熙，看完奏报之后，露出了难得的笑容。当日他焚香谢天，不胜喜悦。他指示福全，噶尔丹孤军深入，清军在人数装备上都占优势，应该抓住机会，彻底将其铲除，"一举永清，勿留遗孽"。

然而，福全的第二份奏报，却让康熙大为疑惑，既然清军取胜，噶尔丹据险困守，怎么还会派出使臣前往清军营中，索要土谢图汗和哲布尊丹巴？更奇怪的是，这名使臣竟然是达赖派在噶尔丹军中的济隆呼图克图，他带着七十名弟子，旁若无人地进入清军大营。若是福全取胜，济隆呼图克图入清军营中，只能是低声下气地帮噶尔丹求和，怎么会高调地要人？而福全的应对则更为失策，他竟然"檄各路领军诸王大臣，暂止追击"。

康熙开始愤怒，福全必然在奏报中有所隐瞒，如果八月初一大获全胜，则断然不会出现第二份奏报中的情况。乌兰布通之战，真相到底是什么？

七月四日，常宁从北京出发，出喜峰口。七月六日，福全领兵从北京出发，出古北口。常宁军负责西路，与福全形成两翼包抄态势，防止噶尔丹西窜。另有沙津、班第、苏尔达等军，一路迂回，负责切断噶尔丹退路。

七月二十四日，阿喇尼军与福全军会合。马思喀所带领的一支精兵，此前也与福全会合。至常宁军队抵达后，清军将士加上仆役，总数约十万。

清军主力于七月二十七日赶到乌兰布通，双方相距仅三十里。清军各营随即挖掘壕沟，修建营垒，严密防守，士披甲胄，马不卸鞍，严阵以待。马思喀带了炮火营作为前锋，与噶尔丹军哨兵彼此相望，此后三日，双方对峙，未曾动干戈。

二十九日，噶尔丹军中派了一名喇嘛，到清军大营前求见，称有事前来，被福全拒绝，又号令三军，严整旗鼓，准备开战。

八月一日黎明，清军全军出动。太阳升起时，遥遥看见噶尔丹军已在山冈上布阵。

山冈之上，噶尔丹军以骆驼布阵，上千匹骆驼被困住四足后，卧于地面。骆驼背上加了箱垛，用毡布吸水，覆盖于箱垛之上，使之形成城垛形状。在骆驼及箱垛间隙之间，士兵将火枪、长矛准备好，等着清军的进攻。

清军从南到北布阵，密密麻麻集中于原野之上。清军以马思喀、李林隆打头阵，二人所统带的都是火器营。

此次清军火器营装备有各式大炮，准噶尔军中则缺乏大炮这类武器。因为行军需要，清军只能携带小型火炮。开战后，清军在阵前以大炮先行轰击，被铁弹击中的骆驼，血肉四绽，毙命之后，则成为噶尔丹军的掩体。

清军战前做了充分准备，从各地调出火枪营至前方。抽调直隶巡抚、天津镇三屯营协标下火器营官兵一千，汉军鸟枪兵一千五百，又增派八旗火器营兵一千人。清军阵中的炮兵、鸟枪兵，数量在五千余名。

此时清军所用的火枪，仍然是用火绳点燃的火绳枪，至于更为先进的燧发枪，只能深藏在宫廷之中，供皇帝、皇子们狩猎时使用。噶尔丹通过俄国人的关系，倒是弄到了一些燧发枪，燧发枪的好处是不畏风雨，装填速度快。

清军在火器数量上占据了绝对优势，但这种优势并未能转化为战场上的优势。噶尔丹的布阵相当高明，他占据了山冈，山冈侧翼又有泥沼，不利于清军机动迂回。要想突破，只能正面进攻，而在正面，又有一条河流作为天然屏障。

清军在正面只能依赖于火炮的轰击，予噶尔丹军以杀伤。马思喀战后记载了当时的战况："炮火齐发，自未至戌，声震天地。"

清军在前线的大炮不超过十六门，且都是安置在马背上可以快速行军的小型火炮。至于炮击的效果，以当时的制炮技术，很难达成炮火持续射击，战果有限。一排排的鸟枪手列在前线，配合大炮，隔河射击。开战后，清军声势浩大，战阵看起来场面惊人，却未能打开局面，噶尔丹军岿然不动。

噶尔丹立在乌兰布通山峰峰顶，居高临下，指挥作战。

西藏来的济隆呼图克图，此时也派上了大用场，他不停地为噶尔丹军祭旗诵经祈祷，鼓舞士气。看着统帅威风凛凛，又有高僧作法助力，噶尔丹军无比亢奋，战志高昂。士兵们忙碌地进行着装火药，填弹，射击，至于精准度，在这种战事之中，根本就不被考虑。漫天撒下的弹丸，总能捕捉到清军士兵。只是噶尔丹军没有意料到，在当日战事收尾时，他们的枪弹，收获了一个高价值目标。

清军在正面主攻时，分兵从左右翼进攻，以突破防线。右翼清军进攻后，被泥沼所阻滞，不得不退回原处。左翼由康熙的亲舅舅，内大臣佟国纲、佟国维指挥。

左翼沿着萨里克河畔发起攻势，进攻时，佟国纲在河岸上被俄国人制造的滑膛枪击中，当场阵亡。主将战死后，左翼的攻势停息，猛将格斯泰此时展示了他的勇猛。他跨上了一批雄峻的白鼻马，挥舞战刀，冲入敌军阵营，左冲右击，来回决荡，出而复入三次。格斯泰的好运并没有维系多久，不久他就被团团围住，力战身亡。格斯泰属满洲瓜尔佳氏，在平定三藩之乱中立下战功。出师之前，康熙赐马，格斯泰挑了匹白鼻马。有人告诫他，白鼻马对主人不利，格斯泰云："效命疆场，吾夙愿也。何忌？"

前锋统领迈图，也战死于冲锋之中。清军看着主将接连战死，群情激愤，卖命死战，踊跃递进，在掌灯时分杀入噶尔丹军营垒。此时夜色已黑，噶尔丹军随即退至山顶，依靠山险，乱放鸟枪，以火力阻滞清军进攻。清军力战已殆，内大臣阿密达力主撤兵，并扬言皇上不会因为撤兵而杀我等。全军仓皇撤退时，"进退之际，海螺未鸣"。

此战中，前方的大臣如索额图、明珠等人，表现平平。大臣们甚至挑选了军中勇士数百人，用作近身防护。勇士以为将自己挑选出来是为了激战或追击，不想竟然是用作私人保镖，共生怨恨。更有正白旗副都统色各印，临战之时，两腿发抖，不肯上马作战。色各印的家人看不下去，愤愤道："身为二品大臣，如此临阵退却，归去何以见人？"就硬扶色各印上马，不料色各印竟然躺倒在地装死，又一头钻入草丛中不肯出来。家人无奈，只好让他回营。回营后色各印仍战栗不已，披了一身甲胄，钻到被子中去，一夜都没敢起床。"伊等所管兵丁，无不耻笑。"

为了掩饰败绩，福全在战报中称"大败贼众，斩杀甚多"，甚至称噶尔丹可能死于战事中。

次日，噶尔丹整理军队，据险坚守。福全在昨日吃了大亏，佟国纲又战死，心中悲戚，无心发动强攻，就让全军休息。噶尔丹此时已是强弩之末，虽然他在八月初一的战事中占据了优势，但从全局来看，清军已对他形成了包围。而他孤军深入，本就是兵家大忌，补给后勤都存在困难，可以第一次战役取胜，但难以再维持第二次战事。此时他做出了最清晰的判断，即迷惑福全，迅速撤退。

八月初二，噶尔丹派人至清军军营中谈判，并表示过一两日，济隆呼图克图将来讲礼修好。

八月初四，济隆呼图克图带了七十名弟子进入清营，称噶尔丹部下无知，入界抢掠人畜。只是因为仇恨土谢图汗，才有此错。济隆呼图克图保证此后噶尔丹不敢行劫，也断不会远去。

福全做出了错误判断，以为难以强攻噶尔丹，只有待援军到来后，一起夹击，方能灭此狡寇。看到济隆呼图克图来了，他内心大喜，以为可以拖延噶尔丹，等待援军。福全随即下令，各路领军诸王大臣暂时不要发动攻击。

当夜，噶尔丹利用夜幕掩护，带领军队迅速逃走，沿途烧荒，以绝追骑。负责截断噶尔丹军后路的沙津、班第、苏尔达等军，遵守了福全暂停攻击的命令，使噶尔丹得以逃脱。噶尔丹跑了之后，福全还天真地派了侍卫吴丹，护送济隆呼图克图去找噶尔丹，让他不可以跑得太远了。

吴丹护送济隆呼图克图追上噶尔丹后，噶尔丹跪在佛像前发誓："自此不敢犯喀尔喀。"可刚发完誓，他就劫掠了蒙古部落，"抢去羊二万余，牛马一千余"。入了套的狡兔逃逸，此后再想猎杀，就得深入草原千里。

乌兰巴通之战，清军以密集阵形发起攻击，遭到巨大损失。在发动攻势时，各路缺乏联系，进退不一。乌兰布通战后一个月，康熙下令八旗兵进行整训，于旷阔之地，布阵鸣笳，教演步伐。

九月，国舅佟国纲的灵柩运回京师，此时康熙抱病，指示皇子出城去迎接灵柩，同时表示自己一定要亲自前去吊唁。

佟国纲已经火化，骨灰装在一匣中，以富丽的金丝锦缎，安置在黑缎包裹密封的灵柩之内。入城时，以八人抬棺，十骑手执红缨枪与绣有黄龙的大旗在前方引导，八匹引马各成一队，尾随其后。死者的子侄身穿孝服，乘马护送灵柩，八名仆从步行尾随。

皇长子、皇四子，奉了康熙的命令，带了大批官僚前来迎接。抬棺的杠夫在皇子面前停下了脚步，皇子扶着灵柩一通哀哭，随后上马尾随送葬行列，进入祭棚。灵柩安放好后，皇长子在供桌前跪下，将一杯酒高举过头，倒在灵柩前的大银杯之中，叩首着地致祭。在佟国纲子侄表示谢意之后，皇子们上马返京。

次日，灵柩进京。沿途街道，都经过洒扫，两旁站有士兵。佟国纲宅院前，已有大批家属在等待，看到灵柩之后便开始号啕大哭。灵柩进入宅子后，每过一道大门，就要烧一次纸钱。院子中搭建起了大棚，摆好了祭台，燃上了香烛，祭台上摆满了果品。皇长子此日代表皇帝，再次前来祭祀。

福全出征噶尔丹图

十一月，福全班师回朝。虽然对外宣称，此战大获全胜，可真相如何，康熙心知肚明。康熙下令，全军停驻于朝阳门外听勘，不许进城。随同福全出征的大臣将领二十三人，除了战死的佟国纲与迈图二人外，其余二十一人均被"依议治罪"。只有佟国纲指挥的火器营，攻入敌阵的左翼官兵被叙为头等军功。

康熙对于福全未能发动攻势大为愤怒，指责他擅自收兵，"以致穷寇遁逃，且未经请旨，率兵擅回哈玛尔岭内"，"伊等不战，乃大误也"。此战之后，福全退出政坛，不再担任重要职务，直到六年后，康熙亲征噶尔丹时，方才随同出征。

乌兰布通之战后，桑结嘉措想拍马屁，以达赖喇嘛名义请赐康熙皇帝尊号"大慈普度息争锡福至圣上乘文殊皇帝"。康熙皇帝以"喀尔喀残破，厄鲁特丧败，朕心甚为隐痛，有何可贺而受尊号乎？"为由不受，因为他知道，在乌兰布通，清军没有取胜。

在战术层面，清军于乌兰布通战败，但此战之后，噶尔丹实力被削弱，侄儿策妄阿喇布坦趁机东征，攻掠科布多，占领天山南路。战后，噶尔丹元气大伤。撤军途中又遭遇瘟疫，"日以北徙，人畜屡毙"，此次瘟疫持续了将近一年，噶尔丹的主力死伤殆尽，再无力对清廷发起挑战。噶尔丹也开始后悔此番南下，曾道："此行非吾意，乃达赖使者言，南征大吉，是以深入。"

未能捕杀噶尔丹，康熙深为遗憾。六年之后，康熙仍然感叹道："乃竟中贼计，致噶尔丹遁走。彼时因朕躬违和，未得亲至，失此机会，至今犹以为憾。"

六年之后，康熙御驾亲征噶尔丹。他赋诗曰："四月天山路，今朝瀚海行。积沙流绝塞，落日度连营。"

康熙亲征

乌兰布通战后，噶尔丹服软，向康熙表示，只求一块水草丰茂之地游牧，并听凭处置。康熙认为，噶尔丹有依附以求生之意，但不可深信。噶尔丹不愧为奸雄，能屈能伸，他对着神佛发下誓言，将不再生事，甚至吹捧康熙"圣上即佛天也"。

康熙怎会轻易被这套把戏给迷惑？他警告噶尔丹，你若是有窘迫之处，奏闻于朕，朕必关照你。可如果你违背誓言，再做白眼狼来劫掠，"必务穷讨，断不中止"。

康熙认识到，噶尔丹虽然名义上投降，"而人殊狡猾，不可深信"，必须增加军事力量，时刻准备讨伐。

噶尔丹果然不肯安分，康熙三十年（1691）一月，他又领兵回到喀尔喀部游牧地，并派人去俄国寻求军事支持。俄国托波尔斯克行政长官尤金，此年冬季与噶尔丹秘密会晤多次。此后噶尔丹又派出游骑，奔赴漠南蒙古各部，拉拢煽动。

此年五月，康熙主持了多伦会盟。漠南、漠北蒙古各部王公，齐集多伦。在盛大的阅兵典礼之后，康熙宣布喀尔喀蒙古归于大清版图。此后喀尔喀各部，遵循清廷封号，采用亲王、郡王等爵位。为了限制达赖喇嘛对蒙古各部的影响力，在多伦会盟后，康熙全力支持哲布尊丹巴，册封他为"大喇嘛"，总领喀尔喀蒙古各部藏传佛教。康熙又在多伦修建汇宗寺，汇宗取自《尚书》"江汉朝宗于海"，象征着蒙古各部的统一。哲布尊丹巴返回外蒙之前，一直住在此间，每年春季去多伦以东九十里的木兰围场觐见康熙。

康熙三十一年（1692），清廷使者马迪前去策妄阿喇布坦处，行至哈密时，被噶尔丹部下五百人围住杀死，行李马驼被劫去。

康熙大发雷霆，随即准备出兵，同时派使者到西藏，将济隆呼图克图的作为加以告知。就在康熙筹划用兵时，噶尔丹又派出使者，言语恭顺，有投诚之意。康熙思前想后，如果贸然用兵，在大草原上捕捉不到噶尔丹，只是徒劳士卒，可如果不做军事准备，"万一有事，又贻后悔"。大臣们都认为应当出兵进剿，康熙则认为，如果要进剿，则要做好充分准备，应当派遣有才能的使者，深入草原进行侦探，"倘有可乘之机，此机亦不可失"。

有意思的是，此几年间，噶尔丹经济困难，多次向康熙索要银子。康熙也大度地许可，这也是为了笼络起见。对于噶尔丹的困难处境，老同学桑结嘉措给了他大力支持，帮他渡过难关。

康熙三十三年（1694），噶尔丹与策妄阿喇布坦开战。康熙命令噶尔丹亲自来京解释，并要求他与策妄阿喇布坦和解，否则断绝贸易关系。此后，康熙得悉噶尔丹又在策划攻击喀尔喀，遂下令费扬古整军备战。康熙三十四年（1695）二月，康熙差点被气死。刚刚恢复了元气的噶尔丹又开口向他索要土谢图汗、哲布尊丹巴二人，并请将喀尔喀各部送回本土。

此年二月起，噶尔丹开始做出兵准备。五月，噶尔丹出征，全军两万人，其中一万人是战斗兵员，其他则是妇孺老弱，负责后勤运输事务。乌兰布通之战时，侄儿策妄阿喇布坦偷袭，将噶尔丹妻子阿努、阿海掳去。待叔侄儿二人关系缓和之后，阿努返回噶尔丹部，阿海则留在了策妄阿喇布坦处。此次阿努也披甲上阵，随军出战。

噶尔丹的盟友桑结嘉措此次出了大力，他打着五世达赖的旗帜，派人调节噶尔丹与侄儿策妄阿喇布坦之间的关系，促使彼此各守其土，互不侵犯，稳定了噶尔丹后方。噶尔丹此番出征，不必再忧虑科布多大本营被袭击。

在乌兰布通之战中，噶尔丹孤军深入，置于险地。此次他汲取了教训，不再深入腹地。而要吸引清军出击，进入广阔的草原，展开拉锯战，以空间换取时间，拖垮清军。噶尔丹派使者前往西藏，咨询"达赖"，往何处进军最适宜。"达赖"的意见是，为了吉利起见，在克鲁伦与土拉之间进军最好。得到指点之后，噶尔丹进驻克鲁伦与土拉之间的巴颜乌兰。

噶尔丹派出使者四处游说喀尔喀人："我们是蒙古人，统一在一个王法之下。让我们联合起来，收复那本来属于我们，由我们祖先遗留下来的国度吧。如果蒙古诸王中有人甘心卑躬屈膝，甘心当我们共同敌人满洲人的奴隶，他将是我们复仇中首要打击的众矢之的。"

此次出兵之后，噶尔丹一反常态，不再烧杀劫掠。他派出使者，寻找散落在草原上的喀尔喀部贵族，加以拉拢。八月，噶尔丹深入喀尔喀后，禁止部下抢劫。同时派出前锋，沿着克鲁伦河寻找喀尔喀各部，让他们就地安居，毋庸害怕。不想喀尔喀人看到噶尔丹再来后，尽弃牛羊，慌忙南逃。前锋看着满地牛羊，空无一人的帐篷，无奈地收拾了牛羊，至拖诺岭与噶尔丹会师。

十一月，噶尔丹进至巴颜乌兰（今蒙古国乌兰巴托东南克鲁伦河上游）。

潜伏在附近山坳之中的清军斥候，看到了噶尔丹军的行军情况。先是大队人马奔腾而来，骑队中并无旗帜，骑者无不欢悦。至薄暮时分，噶尔丹军中的辎重抵达拖诺河河畔，首尾络绎不绝。至半夜，噶尔丹军扎营完毕，大营连绵三十里，营内巡逻之人，边歌边舞。为了应对清军侦查，噶尔丹也派出斥候，分三路巡曳，每队三十人。

此后噶尔丹一直停顿在巴颜乌兰一带，逍遥游牧，对清军来说这是最好的战机。不过清军要出兵进剿，困难诸多，从北京至克鲁伦将近两千里，至科布多三千里，路途过于遥远。在战前会议上，很多将领认为路途遥远，且要穿越戈壁大漠，不若静待噶尔丹前来，可与之一战。康熙随后召集三品以上大臣会上，结果赞成出兵者，满朝不过三四人。

康熙力排众议，决心用兵，深入草原围剿噶尔丹。费扬古建议，由他率大军，于来年春草萌发时，突袭巴颜乌兰。康熙对噶尔丹用兵特点洞然于心："生性狡黠，久习战斗。见易则进，知难而退。往来飘忽，踪迹无常。"康熙认为，孤军进剿，难以彻底歼灭噶尔丹，决定分三路进军，施行大纵深包围战略。

康熙三十五年（1696）二月，康熙得到报告，噶尔丹仍然停留在巴颜乌兰。遂决定御驾亲征："获丑宁遗类，筹边重此行。据鞍军令奏，横槊凯书成。"

康熙下令兵分三路，讨伐噶尔丹。中路军由康熙亲自统帅，直指克鲁伦河。西路军由费扬古统帅，分别从宁夏、归化两路出发，合师后截断噶尔丹退路，东路由黑龙江将军萨布素统率。六年前的乌兰布通之战，康熙未亲至前线，致使噶尔丹逃脱，此次他拒绝群臣劝阻，御驾亲征。

中路调集京师八旗兵、汉军火器营、黑龙江兵、各地绿营兵、喀尔喀蒙古兵，约四万人，另有预备兵、厮役一万七千人。中路军每人自带八十天的口粮，另有大车五千辆、牲畜两万余，用于运粮，运粮劳役八千余人。

西路军分为归化军与宁夏两支，归化军由费扬古统领，出兵三万人左右，每人自带八十天口粮，用运粮车运送粮草，运粮队员三千人。宁夏军一万余人，由老将孙思克统领。拨给五个月行粮，除官兵自带外，其余均用驼马驮运，驮运人员有两千五百名。

东路军包括盛京兵、吉林兵、黑龙江兵共六千人，加厮役约达一万人，由萨布素统率。各军主将用满人，康熙认为汉军难以凭信，蒙古兵未谙战法，但在此后的战役中，汉人的表现远胜满人。

此次出征，康熙做了全面动员，以支持前方作战。中路军运粮车四千辆，拨出内帑银六万，后又增造一千五百辆。所用军马，在大同一次就采购两万匹。为了征集马驼，康熙行文各省，凡罪人都可以捐马驼赎罪。各地被革职官员、候补官员、进士、举人、贡生，有自愿从征者，一律准其前往，战后以军功授职。阵亡士兵除给予抚恤银外，护军一子可为七品官食俸，骁骑一子为八品官食俸禄，无子者发给钱两，抚养遗孀终身。

左都御史于成龙负责总统各路军队粮饷的调拨运输。各路军中有专门负责运送粮草的官兵及民夫，随军前进，将粮饷运送到指定地点。清军运粮队每车前面插有象征运粮的"飞熊小旗"，运粮队分工明确，督运、运输、验收、发放有专人负责。运粮车队所用工具多样，有牛车、驼车、马车，满载军粮，络绎不绝，赶车的民夫，身着皮衣，头戴皮帽。送粮饷的官兵均全副武装，以应对途中的各种盗贼。

除了官方运粮队外，商人也组成运输队，或帮助运输粮饷，或随军进行贸易。商人运粮的优势是，"克期至，无后者"。可见商业化的运作，效率胜过官方。对于商人高效运输，康熙很是满意，命令参战各军另设一营，让商人在营内贸易。"大军十六营中，每营派官一员，专司贸易之事。"

康熙的亲征，也得到了策妄阿喇布坦的支持。策妄阿喇布坦向康熙表示，如果噶尔丹"逼近我土，必竭力擒剿"。

二月三十日，康熙遣官告祭天地、家庙、社稷、太岁坛，排列仪仗，领中路大军由德胜门出，经独石口北上。中路军另一支由内大臣福善领军，出古北口。六名皇子，包括未来的皇帝雍正也随同出兵，各主一大营。中路军共二十九营，御营居中。第四日，大军在怀来城外宿营，皇帝住于城外一喇嘛庙内，随从们住于四周。

三月初五，路过名为长安岭的高山，沿途山路蔓延。为了防止车马堵塞，康熙命令大臣们下马，引导大车辆通过，当夜宿营在山顶之上。途中遇到沙碛之地，运载军粮的车难以通过时，康熙就带了诸皇子大臣，帮助推车。行军之中，平常的繁琐礼节被免去，"于朕前过者，俱勿下马"。

三月初九，康熙的一名牧马官，受不了行军的艰辛而自杀。康熙命令将他的所有行李、马匹、骆驼及家奴分配给牧马者，财产充公，将其尸体抛弃于露天，以儆效尤。

三月十一日，康熙发布命令：为节省军粮，所有随从即日起每日限吃一餐，应于日出前两小时起床，以便有充足时间装运行李，黎明时出发。康熙亲自示范，每日一餐。出兵第十三日时路过一口水井，康熙没能找到负责看管水井的两名内务府官员。随后二人被交给刑部审判，并被处以流放。因为未能遵守康熙每日一餐的规定，康熙训斥了大臣们，命令所有人包括皇子都不得例外，每日只吃一餐。

三月十三，康熙驻在皇室的牧场，沿途一片衰败景象。当日捉到两名试图偷盗马匹的喀尔喀蒙古人，二人先被判了死刑。康熙随即改判，将二人割去鼻子、耳朵，打断手臂大腿，以儆效尤。出兵之后，塞外春寒，雨雪载途，行军异常艰苦。康熙亲自表率，一早起床，凌晨撤营行军，此时尚有士兵躺在帐中酣然入梦。

三月十四日，当日雨雪交加，康熙披着雨衣，待士兵扎营完毕才入帐休息，在全军吃过饭后才进膳。有侍臣看天气寒冷，劝康熙先入行宫休息，康熙则云："军士未尽安，朕何忍就帐房以自逸？"

三月十六日，天气转晴，康熙心情大佳，此日土谢图汗与弟弟哲布尊丹巴前来向皇帝致敬。三月十七日，从北京带来的喇嘛被赶回京师。出京后，一路是阴雨天气，降低了行军速度，喇嘛们在念经作法后，称对天发射炮弹能驱散乌云。但发射炮弹后，反而遇到了更为恶劣的雨雪天气，喇嘛法术无效，留在军中徒费粮草，遂被逐回。

三月十八日，康熙抵达揆宿布喇克，从古北口出塞的偏军在此与主力会合。此地水草丰茂，多有树木，可以提供水源、饲料，军粮的一部分也被存放在此处，以供回程之用。当日是康熙寿辰，没有举行任何庆贺活动。行军途中，随军的传教士测定经纬度，为行军提供了准确路线。

三月十九日，收到费扬古奏报，西路军将于四月二十四日抵达土拉河，二十七日抵达巴颜布兰。康熙据此把握中路军行军速度，以合击噶尔丹。

四月初七，此日康熙派去噶尔丹处的使者返回。他们已被扣押在一处山谷之中三个月，被释放后徒步返回。此次出兵，雨雪天气较多，雨雪带来的一个好处是，以前无水之地也能有水。不过使者的返回也使康熙确认，噶尔丹尚留在原处。中路军按计划抵达克伦河之后，就可以遏制住噶尔丹东逃之路，此时东路军已没有必要前进。康熙下令东路军停止前进，寻找水草处喂养马匹。

四月初十，前方有消息传来，噶尔丹"有兵二万，又借俄罗斯火器兵六万"。佟国维、索额图、伊桑阿等大臣甚为惊惧，请康熙回师，留西路军进剿。康熙"怒甚泣下"，大骂众人，又称："大将军费扬古兵与朕军约期夹击，今朕军失约即还，则西路兵将何如？还京城何以昭告天地、宗庙、社稷乎？"群臣被康熙震慑，不敢再提撤退。

四月十二日，清军前哨回来报告，已十分接近噶尔丹军前哨，噶尔丹军正沿着克鲁伦河前进，接近清军。消息传来，让营地充满了喜悦，当夜康熙召集会议，并派出使者联系西路军。

四月十九日，中路军全军休息，让负责运输的驮马消除疲劳。康熙让皇长子与索额图统领前锋部队，但命令他们不得与敌方交战，只要采取守势，等待后续部队到达即可。

四月二十一日，一名喀尔喀贵族抓了两名俘虏送来。两名俘虏衣衫褴褛，看上去穷困而拙笨，他们供述，噶尔丹军不到一万人。当夜，康熙接到费扬古西路军将推迟到达土拉河的消息，让他顿时束手无策。原先拟定的作战计划是，中路军快速突袭，费扬古军截断噶尔丹退路，两军夹击。西路军出兵后，遭遇诸多困难，全军疲乏，五月初三前不能抵达目的地，导致中路军突出，噶尔丹后路无人堵截。

四月二十二日，此日举行了战前会议，讨论西路军延误之后如何应对。第一种意见主张火速前进，以便在粮草耗尽之前向敌方发起攻势。如果坐待西路军，则噶尔丹可能会逃掉。第二种意见主张，应当从容不迫地进军克鲁伦河，然后休息以待粮草到来。第三种意见认为，现在应选择水草之地驻扎，等待后续部队。敌军撤退的话，我军长途跋涉，也无力去追。康熙派出官员，征求在前方及后方将领的意见。

四月二十三日，前后方将领意见认为，最好等待后方部队的到来，至少也应该放慢行军速度。康熙决定推迟到明日再作决定。

四月二十四日，康熙决定，"稍微缓进，以观局势"。当日前方斥候来报，距离清军一百八十里的一座山中，发现三名敌方骑兵，敌骑兵后方，尘土飞扬，可能是敌军的前哨部队。此时康熙也开始担心，距离越近，就越容易暴露踪迹，噶尔丹得知清军到来后必然逃遁。为了不使噶尔丹过早发现清军到来，决定取消前锋哨探。为了拖住噶尔丹，等待西路军到来后合围，康熙决定派使者去找噶尔丹和谈。

四月二十六日，一名效忠清国的喇嘛，抓了两名噶尔丹士兵送来。喇嘛同时也带来了好消息，西路军费扬古所统一路，正在急行军，将于阴历五月初八日到达克鲁伦河，不过西路军孙思克所带一路，由于马匹、粮草限制，不得不让大部队返回，只带了两千名精兵前行。

四月二十七日，康熙扎营，等待粮草到来。当日费扬古奏报送到，已与孙思克军会合，五月初七前可以抵达巴颜乌兰。一天之后，大量运输粮草的车辆到达，全军按需进行了分发。粮草抵达后，中路军继续行军，沿途多石少水，环境恶劣。

五月一日，临战气氛浓厚，御营内已增设宿卫，设环营，以防止噶尔丹军突击。康熙下令，临阵时，有退却违背命令者，即行正法。此日西路军有坏消息送到，由于行军困难，西路军将延迟十天抵达巴颜乌兰。噶尔丹人众马健，以逸待劳，而根据科尔沁蒙古刺探到的消息，又有六万俄罗斯兵助阵。尚未开战，已有众多不利消息，康熙却坚定信心，他对将领们道："寇号十万，朕将用策，亲御以击之。"

五月初二，中路军行军第六十二天，康熙让军队停下休息。为了鼓舞士气，他下令给所有满人军官发放半年的俸禄，又赏给士兵马匹。

五月初四，康熙派出多禅为首的使团，持书信去找噶尔丹，携带了二百两白银，十匹丝绸，几套绸缎衣服和水果等礼品，由二百名精选士兵护送。

康熙给他们的命令是："一旦见到敌人就停下来，让二位特使独自前进。"同时将四名准噶尔俘虏送回，每人发给了一套缎子衣服和一匹丝绸。这个待遇使这四名穷人大为吃惊，其中一个老人害怕噶尔丹会怀疑他们叛变。

五月初六，多禅在克鲁伦河畔遇到了噶尔丹手下大将丹济拉，告知康熙御驾亲征，并将书信交给丹济拉。丹济拉是噶尔丹的侄儿，征战多年，长于谋略。得知清军已经到来后，丹济拉遂称噶尔丹在土拉河，要数天时间方能联系上，请清军缓进，不要渡过克鲁伦河。同时表示，如果清军穷追不舍，"我亦能抗拒"。

从被释放的四名俘虏口中，噶尔丹得到了康熙亲征的消息。噶尔丹不信康熙会舍弃宫廷中的安逸生活，亲自出征。五月初七，噶尔丹亲自登上孟纳尔山远眺，见到清军大营的磅礴气势，方才相信。噶尔丹当即下令，全军连夜撤退。逃跑时甚为狼狈，蒙古包、佛像、锅釜、靴子、衣物，以及各类兵器、渔网、钓钩，甚至锅内正在煮的汤也被扔弃。

五月初八，探悉噶尔丹军行踪之后，各军依次而进。

清军第一线是大批亲兵，第二线为炮兵及骑兵，第三线为汉人部队。两三千人的蒙古马队以及几个分队的亲兵，以步枪及弓箭为武器，构成两翼。皇帝由卫队及内务官员伴随，位于第二线。一大群仆人跟随每一分队，为其主人牵马，运输盔甲。清军看起来庞大无比，实际战斗兵员不超过两万人。大多数将领披挂着在几层重叠的肥大缨緌层间塞上生丝的盔甲，这是枪弹的有效抵挡物。各种颜色的丝混合于护胸盔甲及大量旌旗金光之中，光耀炫目。

清军行军时无号无鼓，却气势雄浑。兵威之盛，弥山遍野，不见涯际，整齐严密，肃然无声。盔甲煊赫，士卒奋勇，旌旗辉耀，掩映山川。康熙登上山顶，用望远镜远眺，可以看到三四十里外的敌方两支部队，气氛让人窒息。当夜，全军不安营，马不卸鞍，人不卸甲，严阵以待。康熙亲自披甲，准备对敌。最前方的清军前哨，已与噶尔丹军前哨相互面对。

五月初九，清军进抵克鲁伦河。康熙判断噶尔丹如果要开战，必然在克鲁伦河列阵。经过七十日的行军，清军深入大草原之后，面临重重困难。此时将与噶尔丹军展开战斗，所有人的心情都是凝重的，康熙在给留在京师的太子的信中说道，自己心情凝重，暗暗对天祈祷。

当日清晨，清军抵达克鲁伦河，迅速展开，占据河岸，准备开战。康熙执望远镜远眺，见河不见人，"浩浩见河流，迢递西隅来。杳然罕人迹，周览复徘徊"。

战争上的空前平静，让康熙心情不安，随即散出斥候侦探。至午后，狂风大作，雨雪交加，天空黑云压顶，远处大河纵流，两山耸立。披甲在身的康熙，被寒气所侵蚀，更为战局不明朗而焦躁。

前锋探子疾驰来报，克鲁伦河畔已空无一人，根据马粪判断，噶尔丹军已离开两天。当日一名噶尔丹军将领叛逃前来，据他称，噶尔丹听说皇帝亲自领兵到来后，带着三千名部下，逃到克鲁伦河以南的山区中去了，距离此处二百里。

噶尔丹出逃，主要是克鲁伦的地势不适宜蒙古军作战。克鲁伦河两岸多山，山势险峻，河面狭窄，水流浅缓。噶尔丹军如要发动进攻，则兵力不足，如果要防守，则河流无法形成屏障，而多山的地势也不利于骑兵机动。噶尔丹的战略是不与清军做正面交锋，在草原之上凭借着地形的熟悉，马匹的优良，四处游击，这足以拖垮清军。噶尔丹没有预料到的是，康熙此战下足功夫，三路合击，西路军更是经过万里大漠，直插他后路。

此后两日，清军派出精锐骑兵追赶。噶尔丹一度想施展蒙古骑兵最擅长的回马枪战术，在拖诺山设伏打击清军。只是得悉西路军已迫近之后，改变战术，全军出动，迎击行军多日后疲惫不堪的清军西路军。噶尔丹全军出动，扑向土拉河。

五月十二日，康熙派马思喀领两千人的部队，带了二十日口粮，轻骑追击敌人，主力则回师。

派出轻骑追击时，康熙极为忧虑，此时军中携带的八十日口粮期限将满，负责押送粮草的于成龙迟迟未到。五月十四日，中路军主力返回，踏上归途，此时康熙沮丧不已，出动大军，不远千里，历尽艰辛，却不能将噶尔丹主力消灭。心情沮丧的康熙，咒骂喀尔喀草原"除草之外，在万千事物中无一好处"。

马思喀两千人轻骑出击，如果碰上噶尔丹军主力，必然危险万分。西路军此时行进到何处，能否切断噶尔丹退路？康熙将希望寄托在费扬古身上，"倘费扬古兵至，噶尔丹即亡矣"。

费扬古西征军在何处？能否给噶尔丹致命一击？

昭莫多之战

康熙三十四年（1695）冬，康熙派使者至西北，集合重要将领会议，商讨进剿噶尔丹事宜。会上诸将慎重，不敢发言。宁夏提督王化行首先发言，认为西征必须要准备八事："向导确实，兵马足用，兵粮接济，将领得人，调兵合宜，兵饷预给，师期预定，班师善后。"王化行是山西人，本姓殷，年幼时为了躲避战火，逃奔陕西咸阳。殷化行父母病死后，被父亲王姓老友领养，改为王姓。

康熙三十五年（1696）正月，京师谕旨下，青草初生时出发，合兵进剿。

此次出兵，宁夏军每人准备了五个月的粮草，每人每月给米二斗，同时以牛羊作为军粮供给，一牛可给六十人之食，一羊可给十五人。全军携带的粮较多，需要大量驮运牲畜，驮运牲畜一面在陕西省筹集，另一方面满洲兵余马较多，可以使用。绿营兵每人给马三匹，以运载帐篷和各类器物。士兵每人预支五个月的军饷，以供家用。原先预备一万三千人进军，考虑到要调用大批马骡，就减少到一万人，这样运粮的马骡比较充沛。

费扬古定于二月三十日从归化（今呼和浩特市旧城）发兵，孙思克二月二十日自宁夏发兵。

宁夏军方面，在粮草、驮马的征集上出现大问题。因为时间仓促，地方官吏筹集军粮困难，而储存的军粮多半被侵耗，存下来的粮食基本腐坏不能食用。王化行记载道："公私搜刮，升斗艰难。"军方筹集粮草困难，王化行就让士兵自己去购买，从亲戚中总能买到好米，且价格便宜。军装之外，还要准备雨具、寒具、鞋子及各种工具，忙到出发时尚未准备好。

　　至于从民间搜刮来的骡马，驿站所用的驿马，大户人家的捐马，多是羸弱瘦削，哪里能耐长途运粮，士兵驱使？为了保持士兵战斗力，还需要大批做杂务的厮役。军方令每士兵二人，可寻觅空闲劳力或自家子弟一人，随军帮助烧饭喂马。两名士兵，一名厮役，所携带五个月的粮食，要马骡两匹运送。

　　宁夏军出贺兰山，每日行军四五十里，或六七十里，沿黄河行十余日，进入戈壁。行两百里，至两郎山。所用马匹都是仓促征集，没有仔细喂养，出塞之后，马匹不习当地气候，开始大批死亡。穿越戈壁时，既缺乏水源与青草，大风大雨连续多日，昼夜不停，士兵又寒又饥，人马颠簸，营帐及道路中，都是死掉的骡马。寒风凛冽，俨如隆冬，马匹既饿又累，大量倒毙。不能驮运粮草的马匹，哪怕还活着也被抛弃。

　　本来每兵有三马，经过此番风雨寒冬之后，有剩一匹两匹的，有一匹也没有的。合计下来后，一兵只有不足一马，且活下来的马也只存皮骨，羸弱不堪。此后，有马驮盔甲粮米，士兵步行牵马而行者，有士兵背负了盔甲粮米而行者，全军所存粮食不足一月。孙思克全军包括厮役有两万多人，在茫茫荒漠之中行军多日，军粮耗尽，马匹死去大半，兵中也开始出现溃逃者。虽派出骑兵斩杀了一批逃兵，却不能制止溃逃。

　　四月十六日，宁夏军开始讨论减兵计划。孙思克建议，精选士卒，集中部分粮草，追赶费扬古军，其余悉数返回。诸将以为此事不可，临阵时军力大幅削减，会影响到全局，皇帝追究起来，谁也负担不起责任。孙思克慷慨而言，与其让全军饿毙于荒漠之中，不若让数千子弟返回，"倘朝廷加罪于我，我自当之"。

　　被老将军感染，士兵们纷纷要求随军前行，孙思克劝慰道："尔等皆我平昔所练之士，不得不令尔等归耳。"

　　精简之后，集中两千精壮人马出发，其余士兵则返回。沿途颇多艰辛，王化行带了士兵四出寻觅水草，有时得挖掘水井，所幸在冷僻偏远处能找到水源。为了节省马力，大将军孙思克、将军王化行都下马步行。此时马匹成了维系生命的重要载具，下雨时，士兵们不是自己先穿上雨具，而是给马匹覆盖上遮挡物。寒冷天气中，士兵们生起火堆，帮助马匹取暖。经过精心照看，此后马匹死亡率下降。

四月二十日，费扬古、孙思克两军会师。会师时，西路军已耽搁了较多时间，为了加快行军速度，将大部分粮食存放在翁金，此后军粮供应更加困难。

行于杭爱山山间时，山岭森森，寒气逼人。此间的草原都被噶尔丹军纵火烧毁，数百里间，举目望去，尽是飞灰，将士们都被熏得面庞黝黑。因为缺粮，西路军不得不再次裁减兵员，只带一万二千人前进，其余士兵返回。

五月初四，雨雪之中，西征军抵达土拉河。

五月十三日，当日清晨，西路军出动，大展旌旗。此日孙思克所统带的两千人全部出动，费扬古所部因为缺粮，战力下降，只出动一部。出塞以来，常是烈风暴雨大雪天气，将士备受其苦。是日清晨微雨，之后天气渐渐放晴。行军时刮起了东南风，西路军顺风快意而行，天边出现白云，形若蛟龙，居黑云之上，若擒拿状。清军均以为是吉兆，军心大振。

至中午，前方斥候快马返回，称已与噶尔丹军前锋打了照面。

清军严阵以待，但噶尔丹军迟迟未露面。费扬古下令全军往昭莫多出击。昭莫多，蒙语多林木之地。昭莫多北面有肯特山，千仞矗立，直破天际，远眺无边无际，群峰连绵。大山之下，平川广漠数里。平川之中有树木森立。树林之间有小河流淌，弯曲环绕，树林南边，地势渐次平坦，有马鞍形小山横亘于前。小山右接南山，高十余丈，山下是土拉河。

噶尔丹带了部下连续狂奔五昼夜，途中没有水草供给，人马疲惫不堪，全军能战之士万人，有火枪一千支。双方都是疲惫不堪，可谓以疲攻疲。比较起来，噶尔丹军局面更为不利，如果不能冲破清军堵截，后方清军追来，必将陷入夹击，全军覆没。清军西路军派出的前锋，与噶尔丹军在试探性交手后败北。噶尔丹军一路进至小山东面。王化行带了将士在小山西侧山脚下列阵，因为隔着小山，不知噶尔丹军所在。前锋败退后，从王化行军阵前狂奔而过，王化行很是惊奇，寻问从何而来，又问噶尔丹军方向。前锋道："此山过，即贼矣。"

费扬古、孙思克来到阵前，王化行建议立刻占据此山。费扬古认为时已日暮，今日双方不会交战，不必急于占山。

王化行坚持哪怕来日交战，也应占领此山。如果被噶尔丹军占山，则我军仰攻，恐有风险。

费扬古认为敌军现在靠得太近，占山之后，晚上很难据守。王化行建议，另外调兵协助防守，费扬古则认为此时已日暮，不宜随意移兵，自乱阵脚，就是敌方占据了此山，明日也可以用炮轰击后再行抢占。

王化行急道："从来用兵，高处不宜让人。"

费扬古道："既如此，君即移兵上守。"

王化行允诺，立刻驰到山下，以马鞭驱赶士兵上山。刚至山巅时，噶尔丹军已从东面山崖上密密麻麻扑来。清军占据了山巅，用鸟枪射击，噶尔丹军以岩石为隐蔽，举枪往上还击。塞外暮色，清寒彻骨，群星闪烁，天野一线。枪火飞起，弹丸破空，甲士蚁聚，云烧如血。

交火之后，费扬古、孙思克也带领大部上山布阵，宁夏、凉州、肃州兵居中，满洲兵分布左右，蒙古、哈萨克兵分布在满洲兵左右。又以一支奇兵在山下沿河绕西向北，在河边布置，以防止树林中有伏兵。

噶尔丹军以小山中部低矮处为主攻方向，清军抢山后全力迎击。此时天已黄昏，尚未落山的太阳颜色惨淡，仿佛被地面上的鲜血给染红。噶尔丹军气势汹汹，势不可当，拼死往山巅冲击。王化行担忧清军畏惧，军心散乱，下令所有士兵下马，以一名士兵牵五马，其余士兵都步战迎击。

噶尔丹军知道如果不冲过此山，必然全军覆没，噶尔丹亲自指挥冲锋，妻子阿努也披铜甲，佩弓矢，下马作战，亲自陷阵。噶尔丹军锐利如刃，不畏死伤，杀气逼人。清军中有人开始动摇，请撤兵明日再战。孙思克大怒："有退缩者，法无赦！"怯战者不得不鼓起勇气，进行拼搏。

噶尔丹军战志昂扬，清军占据地势，又有枪炮之助，双方苦战良久，胜负未决。夕阳早已下山，塞外的天空格外空旷，冷冷的星，闪着寒光。

两军鏖战之时，王化行在山巅观察全盘战局，想出了打破僵持之策，他派人将自己的想法通知费扬古。王化行建议布置在山下河边的军队此时可以出击，沿着柳林向左攻击，拦腰截断敌军。

王化行在山上眺望时，看到噶尔丹军后军人马甚盛，却不前来助战，判断这必然是辎重妇孺所在，建议再派一军，绕南右出，至敌后方加以劫杀。如此，在前方的敌军必然动摇，清军可以居高临下，迎面一击，敌军必败。费扬古对王化行言听计从，立刻派军截击敌军后方。

山上清军看到山下清军发起攻击后，全军呼喊，控矢而下，声震天地。清军发起攻击时，先以拒马木作为屏障，再以藤牌兵掩护弓弩手、火枪兵轮流击发。噶尔丹军擅长骑战，却不知拒马木是何物，被阻碍后，捧了拒马木往前冲击。清军藤牌兵执红色藤牌，身后的弓弩手、火枪兵弯腰跟进，待到了十步之内，一起击发，矢如雨下。噶尔丹军看着后方被袭击，清军又全力攻来，军心动摇，纷纷下山抢马而逃。混乱之中，掉落山崖者数不胜数，山下河中，满是尸体。

战败之后，噶尔丹先遁，继之丹济拉、丹津俄木布也逃遁。负责看护后方的噶尔丹军大将阿喇布坦苦战不退，清军反复围攻，方才攻下，俘获牛两万余，羊四万余，全数取之。乱战中，噶尔丹妻子阿努被鸟枪击杀，"金铠黄袍横尸道左"。据云阿努"慧而美，深爱噶尔丹"，为之奋战致死。

阿喇布坦最后冲出包围，清军将领王化行领了麾下士卒高举大旗，尾随冲锋，且射且追，披星戴月，追击三十里。王化行回视部下时，不由一惊，仅剩三百余人尾随。至整军回营时，已是凌晨。王化行部下缴获颇丰，俘获军旗十余面，军械不可胜数。大胜之后，全军彻夜欢呼雷动，推宁夏军首功。

此战中，清军击杀噶尔丹军三千余人，俘敌数百人，山谷之中，尸骸狼藉，逃散的噶尔丹又有千余人向中路军前锋马思喀投降。

次日费扬古聚集众将，斩俘祭祀山川神祇，又以好酒犒劳将士。昭莫多山上，将士仰天，举杯告祭，随后畅饮。此战清军与噶尔丹军，胜负之机，仅在一呼一吸之间，战机稍纵即逝。若是清军未能及时抢占山巅及派兵攻击敌后方，面对着全军搏命，一往无前的噶尔丹，鹿死谁手，犹未可知。

取胜之后，费扬古派出快骑，星夜赶路，一路狂驰，向康熙报捷。

五月十五日夜五更时，中军前锋马思喀的奏报先行送达，康熙得到了费扬古于十三日击败噶尔丹的消息。次日，马思喀又送来同样消息，康熙判断西路军已经获胜，只是仍需等待费扬古的奏报。

五月十八日，领着中军退到拖陵的康熙，得到费扬古捷报后，先是默默祷告，感谢上天庇护，又设置香案，领了诸皇子及群臣行大礼。获胜之后的康熙，感慨万千，话也特别多："朕惟凭者天理，所恃者人心，故不怀安逸，不恃尊崇，与军士同菲食，日惟一餐，恒饮浊水，甘受劳苦，为此而行。""如愿歼灭，体面而还。"

当日康熙在行在中举行庆贺礼，赋诗云："战马初闲甲士欢，挥戈早已破楼兰。弥天星斗销兵器，照彻边山五月寒。"

战胜后，康熙命令西路军集中到京师接受嘉奖。在昭莫多参战的将士，每三人选一人，先赴行在受赏赐。不过康熙也有疑惑：一、费扬古为何不追杀噶尔丹？二、费扬古奏报战绩时称斩首二千余，是否有水分？随即派遣大臣，亲往战地查看。

至战场查探后，发现费扬古所斩杀噶尔丹军有三千余，远在奏报的数字之上。只是费扬古怕多报了会出差错，故意少报。至于追杀噶尔丹，在乱兵之中，星夜之间，也是无暇旁顾，且西路军都是瘦弱之马，难以远驱追赶。出于对费扬古未能追歼噶尔丹的不满，康熙命他到科图地方暂住，不必急于进京，至六月底才召他入京。

中路军前锋马思喀带领两千人追击，也有斩获，大批的准噶尔贵族向他投降，寻求皇帝的宽恕。

康熙在拖陵以西三十里驻扎时，三名俘虏被送到，其中一人身份特殊，他是达赖喇嘛派驻噶尔丹身边的使者。另外二人则是噶尔丹部下高官，其中一人曾作为特使出使过北京，与康熙相熟。获胜之后的康熙心情大好，赏赐给他们满洲服装。穿上新衣服后，随军的传教士夸奖道，他们都是英俊的卫拉特人。康熙也发布了道指令，将所有达赖、班禅、桑结嘉措与噶尔丹的来往书信，彻查之后送抵行在。

五月二十三日，一批喀尔喀王公与公主来到康熙营地，感谢皇帝帮助他们报了仇。康熙大度地给了他们大量的赏赐。一名公主得悉清军俘获了二十尊金佛后，向康熙要了一尊。不想心情大好的康熙，将二十尊金佛全部赐给了她。

五月二十五日，噶尔丹的死对头，土谢图汗与他的弟弟哲布尊丹巴一起来向皇帝祝贺。一向狂妄的哲布尊丹巴，一度让皇帝不喜。不过这次他明显收敛了很多，真诚地向皇帝表示谢意。康熙在帐篷外设置盛宴款待，宾主欢饮。

六月初一，皇帝行至昂几尔图时，又得到了一个惊天内幕。从被俘虏的西藏人口中，康熙得悉五世达赖已去世十余年，当即愤怒异常。康熙命理藩院传檄青海蒙古各部王公及策妄阿喇布坦，传告噶尔丹已溃逃，五世达赖早已去世，第巴桑结嘉措隐匿不报，又代达赖立言，怂恿噶尔丹作乱。同时令青海蒙古各部，如果噶尔丹西行，应立刻擒解。噶尔丹嫁入青海部落的女儿，及在青海的所有噶尔丹下属，全部擒拿执送。

六月初九，康熙回到京师。皇太子带了诸皇子、诸王，在京文武官员，出城五里相迎。京师街道扫得很干净。士兵站立道路两旁，还有大量百姓焚香迎接。康熙急令不得驱散任何人。入京后，康熙直接到太庙举行祭典，感谢祖宗保佑。

八月，老将军孙思克到京后，康熙亲自在畅春园接见，抚其肩膀慰劳道："将军身子好么？卿这一番委实辛苦了。卿七十多岁之人，在于荒微异域之地，受辛苦半年，建此大功，着实难为你了。"

康熙又让孙思克坐于御榻右侧，皇太子坐左侧，诸王、诸臣则侍立。康熙笑道："将军但坐，朕正欲使他们大家观看耳。"堪为无上殊荣。几日之后，康熙又亲书"雄镇秦关"匾、"绥怀堂"匾，让他"领去悬挂家中，以表老将军镇守河西三十余年之功"。

康熙与噶尔丹，两个霸主的交锋，也使得此场战役备受世人瞩目，跟随康熙出征的法国传教士张诚，战后将战况发往欧洲，刊登在法国报纸上，让欧洲人也得以了解了此次战役。此战清军虽获大胜，但噶尔丹却仍然潜逃。噶尔丹在准噶尔人心中具有崇高的宗教地位，只要他不死，必然会再次崛起，带领着狼虎般的健儿们骑马南下，挑战康熙。康熙视噶尔丹为心腹之患，下定决心加以铲除。昭莫多之战后，康熙又两次亲征，在塞外寻觅良久，终未获得噶尔丹踪迹。

当日炮火纷飞的战场昭莫多，坐落在今蒙古国乌兰巴托以东三十公里特勒尔吉国家公园内。此处山河壮观，森林绵延，水草丰饶，不失为一处旅游胜地。

噶尔丹落幕

昭莫多之战后，噶尔丹领了二十余骑冲出。此后几经辗转，六月初抵达鄂尔浑河支流塔米尔，派人召回将领阿喇布坦、丹济拉、丹津鄂木布。集合起来后，残部有五千余人，"牛羊甚少，无庐帐者甚多"。

收拾残部后，就未来走向，噶尔丹召开会议。噶尔丹在给西藏的信中道："尽管清军未能使我等遭受大的损失，但我们内部陷入混乱，相互抢掠而四散。我等会集于塔米尔之地，经过集议，欲重新向敌人进攻。"

噶尔丹准备前往翁金，掠夺粮食，然后迁回哈密。丹济拉主张迁往阿尔泰山，阿喇布坦、丹津鄂木布则主张前往俄罗斯境内掠夺，然后再至阿尔泰山。最后决定先去翁金河，再至哈密，以丹津鄂木布统领左翼，阿喇布坦率右翼，噶尔丹与丹济拉居中军。六月二十八日，噶尔丹拔营前往翁金河，途中发生分裂。

丹津鄂木布是僧格最小的儿子，哥哥策妄阿喇布坦分裂出去后，他一直追随叔父征战。昭莫多之战后，各部牲畜缺乏，丹津鄂木布的手下抢劫了噶尔丹的部分驼马，事后噶尔丹向他追索，丹津鄂木布不肯归还。此次出兵后，七月一日，丹津鄂木布领了本部人马出逃，投奔哥哥而去。

噶尔丹得悉消息后，率领人马一路猛追。七月五日傍晚，丹津鄂木布知道噶尔丹追来了，决定将人马分散行军，至阿尔泰山会合。噶尔丹一路追击，收回了五百人马。丹津鄂木布带了少部分人马北行，此后控制了蒙古草原与俄罗斯贸易的交通要隘，靠收取赋税为生。阿喇布坦随后也与噶尔丹发生分歧，领了一千多人马，独自前往科布多草场游牧。

七月二十五日，噶尔丹移师俄罗斯脑儿，他曾在此处击败土谢图汗，奈何昔日辉煌不再，此时只为求生。这时天气转寒，下了几场大雪。噶尔丹所部大半人马没有帐篷，缺少粮食马匹，余下的少量马驼靠吃草根活命。噶尔丹决定出动剩余精锐，前往翁金抢粮。

此年清军西路军曾在翁金河储存了大量粮食，由五百人驻守。噶尔丹派丹济拉领了一千人，前去抢粮。得悉噶尔丹军扑来后，清军放火焚烧了大部分粮草，留下小部分粮草作为回途之用。待清军运粮队出发后，九月初五，丹济拉领了骑兵突袭，不想清军早有准备，火枪齐发，威力凶猛。丹济拉一粒粮没抢到，反而损失了百余人。

九月十五日，丹济拉回到噶尔丹大营，对噶尔丹恨恨地道："欲在清水中捕鱼，徒将清水搅浑而未得其鱼。"

噶尔丹看他没有抢到粮，不得不动身前往哈密，想获得过冬粮草。哈密是噶尔丹的重要粮源地，乌兰布通会战后，依靠着哈密的支援，噶尔丹渡过了难关。噶尔丹行军途中，听闻清军将领阿南达已移师哈密，封堵各处路口，且哈密领主已经投奔清廷，不得不移往他地。

奔波途中，噶尔丹派出密使，携带十四封书信前往青海、西藏，以与达赖喇嘛、桑结嘉措、青海和硕特部王公取得联系，获得支持。使者行进时被清军抓获，十四封书信全部被截下，交到康熙手中。

由保留下来的信件可以看出，虽然在噶尔丹身边的西藏喇嘛知道五世达赖已经去世，可噶尔丹一直被蒙在鼓里。噶尔丹在信中表示，希望能够早日见到五世达赖。噶尔丹也希望桑结嘉措及青海蒙古王公，能给他提供支援。在给哲蚌寺的信中，噶尔丹询问了何时拜见达赖最为合适，应该前往何地拜见。噶尔丹也希望西藏的喇嘛们能为他诵经祈祷，走出困境，他甚至开列了应诵读的经卷名称及诵读次数。对自己与阿努所生的幼子卜腾巴尔珠尔，噶尔丹也做了安排，希望能由青海和硕特部首领达赖岱青加以照看养护。

噶尔丹的使者被捕获，意味着噶尔丹与青海、西藏的联系通道全部被堵塞，噶尔丹再无法获取外部的支持，处境日益困窘。从六月至九月，噶尔丹领了人马四处奔走，想寻觅过冬之地，却一无所获。十月初，噶尔丹在萨科萨图克里扎营，准备过冬。此地野兽较多，可以打猎吃肉，并用兽皮御寒。

此时天寒地冻，大雪纷飞，噶尔丹军中的火药铅弹也消耗将尽，不时有人离队投奔清廷。十月初，噶尔丹以格垒沽英为使者，向清廷诈降。噶尔丹希望通过假投降，能暂时安抚住部众。

出行之前，噶尔丹等重要头目都对格垒沽英寄予了厚望，此行关系到所有人的生死。丹济拉私下嘱咐他道："此行关系残留微少厄鲁特（卫拉特）之生死，尔将勉之慎之。"其他头领则握手云："速去速回，等候尔消息。"

十一月二十一日，噶尔丹使者抵达鄂尔多斯康熙行宫，康熙正在草原上逍遥行猎。噶尔丹在信中老调重弹，推脱责任，称因为喀尔喀蒙古的缘故与皇帝开战，哲布尊丹巴、土谢图汗二人乃是大罪人。噶尔丹表示意识到自己的错误，"悔怨而行"，希望康熙大施仁爱，宽恕自己。

格垒沽英曾作为使者，多次赴京，与康熙相熟。此次到来后，衣衫褴褛，瘦弱不堪，形似一老乞丐，康熙看了也是一叹，亲自赐酒赐茶安慰，又询问了噶尔丹的详细情况。康熙问及噶尔丹部众现在吃什么食物时，格垒沽英云，以前靠狩猎野兽作为食物，现在鸟枪没了火药与铅弹，靠捕兽器打猎，捕不到野兽就杀马为食。因为所居之地苦寒，常有冻死者，"吾行时十月十二日，现当有许多死者矣"。言罢泪下。康熙看格垒沽英老泪纵横，判断噶尔丹是真投降，不由暗喜"大业得以完成矣"。

康熙同意了噶尔丹投降，并派出使者同行，同时威胁，七十日内必须回来报信，否则必进兵讨伐。十二月二日，格垒沽英与康熙使者出发。

格垒沽英却不知道，他离开后，噶尔丹处又生波澜。格垒沽英出发的第二天，噶尔丹就领兵往西进发，寻觅过冬地。可他的部下，多数将希望寄托在格垒沽英身上，以投奔清朝，结束无食、无居、无骑的生活。噶尔丹军中马匹有限，就将部众分开行军，结果无人约束后，又有大批人逃亡。到了十二月，噶尔丹、丹济拉抵达萨科萨河。

噶尔丹一度想重新收回分离出去的部将，他派出使者去找阿喇布坦、丹津鄂木布，希望二人回归。不想二人都不理噶尔丹，阿喇布坦拒绝接见噶尔丹的使者，没收了他们的马匹，让他们徒步返回。噶尔丹又想从哈密获得武器、粮食，派出的使者却被哈密回人抓捕送给了清军（清代将维吾尔人称为回人）。

不但粮食没有弄到，噶尔丹的儿子也在哈密被擒。十月二十五日，噶尔丹年幼的儿子卜腾巴尔珠尔，穿越戈壁，前往哈密打猎时，被哈密回人捕获，送交清军。噶尔丹一直不知道儿子被送交清军，解往北京，两次派人到哈密索要儿子。

康熙三十五年（1696）冬，凄冷寒风之中，破败的噶尔丹营塞内一片死沉景象，留下来的人马都开始寻思出路，是去投奔策妄阿喇布坦，还是去投降清朝，抑或留在此处追随噶尔丹？何去何从，这是个问题。

十一月底，将领吴尔占扎布的母亲齐卜冈查突然回到了营中。齐卜冈查在昭莫多之战中被俘虏，自以为没有活路，不想送到京师后，皇太后设宴招待她，大臣们也纷纷设宴为她压惊。康熙接见她时，赐给她佛像、佛珠、小刀等礼物。老太太受宠若惊，康熙让她回来劝说噶尔丹投降。

老太太带来了康熙的劝降书及投降的准噶尔人被妥善安置，现在衣食无忧的消息，这让噶尔丹军军心顿时涣散，一些人开始思考南下投降。看到噶尔丹后，老太太勃然大怒，骂道："由于你的罪过，使众生灵四散，饱受苦难。你知错就该去寻圣主，使众人幸福。"

噶尔丹被骂得没有了脾气，讪讪道："都是我之过。"

康熙是名心理战高手，刚刚派老太太到噶尔丹处，炫耀投降后的幸福生活，后手跟着出现：昭莫多之战负伤被俘的将领厄曼济又突然出现在噶尔丹营中。他在康熙三十六年（1697）正月初一抵达噶尔丹营中，他带来了投降的将领们被重用，住在北京，过着安逸富贵生活的消息。将领沙克朱木更被任命为内大臣，每天跟着皇帝陛下，备受恩宠，其他投降的准噶尔部众都被妥善安置，衣食无忧，生活安逸。大家都在焦躁地等待噶尔丹开口，好南下投奔天朝大皇帝，去肥沃的草原上尽情牧马，畅饮马奶酒，可噶尔丹迟迟没有表态。

想要投降的将领，再也不畏惧曾被视为天神的噶尔丹。一日，噶尔丹到亲信诺颜格隆的帐篷中饮酒，丹济拉、吴尔占扎布等将领作陪。酒后吴尔占扎布开始发作，对噶尔丹道："如果想投降，就请往前移，如不投降，就另外想出路，怎可坐毙于此？你听从西藏格鲁派的意思出兵，导致我们准噶尔人父子夫妻分离，国土大坏，我们自始至终追随你，任凭你指挥，可西藏格鲁派每次指示，只是让我们遭罪。我含忍愤恨于心多日，今天必须说出来。要说入地狱，你是第一个。"

想往昔，谁敢在他噶尔丹面前如此张狂？可今日，他噶尔丹已是山穷水尽走投无路。噶尔丹听完这番言语之后，竟然不出一语。噶尔丹每日向佛祈祷，也不能安抚部众，出走投降之声日益沸腾。

格垒沽英与清廷使者博什希，于康熙三十六年（1697）正月二十九日，到达噶尔丹大营萨克撒图克里克。二月初一日，噶尔丹、丹济拉、诺颜格隆、吴尔占扎布等，一起会见格垒沽英。噶尔丹详细询问了出使情况，格垒沽英传达了康熙帝劝降口信，并劝告噶尔丹在接受谕旨时，应当恭敬跪接。噶尔丹则道："不过恭敬使臣而已。"

格垒沽英再三劝说，噶尔丹就是不从。

一直拖到二月十五日傍晚，噶尔丹决定在野地里接见博什希。此番接见，颇是古怪，噶尔丹坐在一块岩石上，让两名侍卫挟住博什希，不让他靠近。然后噶尔丹拿了两钵肉，让博什希远远地和他一起吃肉。吃完肉后，再由博什希宣读康熙谕旨，并由翻译译给他听。

听完谕旨之后，噶尔丹平淡地道："我只是想擒住土谢图汗和哲布尊丹巴这两人，因此被皇帝怪罪。如果皇帝再次下旨保证宽宥我，我将遵旨而行。我的想法已经向我的使者讲清，由他口述给你。"

言罢，噶尔丹上马而去，面无表情。

噶尔丹手下的诸多部众此时是一门心思要投降清廷，看噶尔丹还在犹豫，一起来做他工作，噶尔丹又是闷头不语。侄儿丹济拉被众将领推举出来，要他去同康熙谈判，丹济拉也表示愿意前行。噶尔丹默不作声，内心实不愿投降。格垒沽英看噶尔丹固执己见，就偷偷带了家眷，出逃投奔清军。

博什希在二月二十五日返回，噶尔丹想再派格垒沽英担任使者，一看人已逃得没了影踪，只好另外选人出行，这是噶尔丹最后一次派使者与康熙联系。格垒沽英逃跑投清后，被封为散秩大臣，儿子吴巴什为一等侍卫。

丹济拉此时也与噶尔丹闹翻。作为噶尔丹的侄子，能征善战的丹济拉一直是噶尔丹最信任的人，凡大事都与他商量。此番丹济拉急着要降清，让噶尔丹不满。一件小事，则让丹济拉与叔父分离。却说清廷使者博什希到了之后，丹济拉想弄一些肉犒劳使者们。此时大概肉少，要弄肉得经过噶尔丹私人医生程贝藏布的批准。程贝藏布不同意给清廷使者肉吃，丹济拉大怒，殴打了他一通。噶尔丹知道后，也没处罚程贝藏布。丹济拉日益生气，就领了儿子、女婿出走，噶尔丹派人召他回来时，丹济拉开出条件，除非杀了程贝藏布，不然绝不回来。

噶尔丹不会杀程贝藏布，丹济拉也会回来，只是此时噶尔丹已快死了。

寒冬之后，天气转暖，噶尔丹带着自己的人马，靠着狩猎、食马肉，艰难地熬过了冬季。此时噶尔丹已无路可走，南下哈密，路被堵死，西边侄儿策妄阿喇布坦横戈以待，去青海、西藏的所有道路被封死。肥沃的科布多一直是噶尔丹的老营，可那里现在也被叛走的部将阿喇布坦占据。

侄子策妄阿喇布坦，原先因为五世达赖的缘故，必须给面子。现在得到达赖已死的消息，就不再与叔叔周旋，他联合了土尔扈特阿玉奇汗，出兵阿尔泰山，围剿噶尔丹。策妄阿喇布坦派人至阿喇布坦、丹津鄂木处，要求他们合力擒杀噶尔丹，如果不能擒杀，要探明噶尔丹驻地并告知。

三月初三晚间，噶尔丹大营突然听到大炮三声，一名在戈壁中狩猎的属下赶回大营，称雾弥瀚海，视其飞尘，有兵马蔽地而来。清军行军，惯例放炮三声，然后扎营，噶尔丹判断有清军迫近，遂紧急拔营行军。混乱之中，很多人乘乱出逃，或是投降清廷，或是投奔策妄阿喇布坦，或是奔向哈密。

至最后，噶尔丹身边只有不足千人。此时的噶尔丹，精疲力竭，且饱受精神折磨，亲信一个个叛离，吴尔占扎布当面说他让准噶尔人妻离子散，将第一个下地狱。噶尔丹没有反思自己，反而责怪准噶尔人一个个叛他而去："我向以准噶尔为良善之国，不意无心如此。"

三月十三日，噶尔丹病逝，时年五十四岁。据噶尔丹军中的逃兵供述，噶尔丹"怨恨数日，饮食俱废，于十三日头痛，召丹济拉前去，十三日午前病死"。

从宁夏回京的途中，康熙收到费扬古奏报，称噶尔丹病死。康熙一直预言噶尔丹的命运，或降或擒或自尽，怎么能让他病死？康熙大笔一挥，将他的死因定为自杀，如此吻合了他的预测，"揆诸料敌成谋"。大臣们则群起颂扬，"今噶尔丹果尔自尽，恰符谕旨，皇上先事如见，料敌如神，宜天下万世无不景服也"。

战事停息后，有通晓汉语的准噶尔俘虏，弹胡笳，悲凉而歌："雪花如血扑战袍，夺取黄河为马槽，灭我名王兮虏我使，我欲走兮无骆驼。呜呼，黄河以北若奈何。呜呼，北斗以南若奈何！"

噶尔丹是一个传奇人物，他本来也可成为成吉思汗这样的征服者，被后世传诵。只是他碰上了国力鼎盛，又秉承了白山黑水之间骑射雄风的康熙，只能黯然谢幕。法国传教士张诚在他的日记里曾说过，如果噶尔丹不是遇上了英武过人的康熙，不是雄才大略的侄儿策妄阿喇布坦叛走，等待他的也许将是另一个命运，世界历史也将是另外一个写法。

噶尔丹死前，将丹济拉召回，嘱咐了遗愿。噶尔丹死后，遗体当日即被火化。丹济拉准备将骨灰送去西藏交给六世达赖，此时各处路口都被堵死。走投无路的丹济拉，将噶尔丹骨灰、噶尔丹女儿钟齐海，以及程贝藏布、诺颜格隆等人交给了策妄阿喇布坦，其他一些重要将领如吴尔占扎布等人也相继被捕获。

清廷一再要求策妄阿喇布坦将噶尔丹骨灰和后人交出。策妄阿喇布坦将噶尔丹的另一个儿子车凌三鲁普交给了清廷，但拒绝交出骨灰和噶尔丹的女儿，因为这与准噶尔部的风俗不合。依照准噶尔风俗，如果与已死人的骨灰及其女儿为仇，将为世人所不齿。车凌三鲁普与生母被交给了清廷，车凌三鲁普在押解途中死于天花。清廷以断绝关系、停止贸易威胁，策妄阿喇布坦不得不交出了噶尔丹的骨灰及女儿，但对清廷的不满已经滋生。

康熙三十七年（1698）九月十二日，噶尔丹的骨灰送抵北京，被高高悬挂于城门上示众，随后骨灰被捣碎撒在刑场上。康熙视噶尔丹为最大敌人，三次出塞未能将之擒获，只能以此种方式宣示自己的胜利。

噶尔丹的小儿子色卜腾巴尔珠尔被擒获后移送北京，先是被游街示众。因为年龄还小，被拘禁在理藩院附近的闲房中，待成年后再斩首。噶尔丹的女儿钟齐海被押送至京后，也与弟弟一起居住。

这小厮"身甚短小，人亦庸下"。"无忧无虑，贪吃贪玩，肤色甚好，自到京城，从未患病"。康熙知道后说他是"候斩之人，自有候斩之福"。后来康熙也没有处死色卜腾巴尔珠尔，让他做了名一等侍卫。姐姐钟齐海，被许配给了一名二等侍卫。

噶尔丹的私人医生程贝藏布被解送到京师，康熙想从他口中得出噶尔丹死亡的具体信息，却未得逞。程贝藏布随后被凌迟处死。

至噶尔丹死后，昭莫多之战中立下大功的王化行，向康熙申请改回本姓"殷"，以殷化行而闻名于史，至今咸阳一带有"殷提督王化行"一说。

阿喇布坦直到康熙四十一年（1702）方才投降，被康熙封为郡王。丹津鄂木布投奔乃兄策妄阿喇布坦后，被哥哥关入牢房，没有交给清廷。吴尔占扎卜带领二百余人投奔策妄阿喇布坦，清廷以他是噶尔丹亲信，再三索要。策妄阿喇布坦坚决不给，留下加以重用。

噶尔丹战败之后，青海、西藏、天山南北，政治格局都发生变化，此时最尴尬的人，却是将达赖死讯掩盖了多年的桑结嘉措。

昭莫多之战后，康熙得悉五世达赖早已去世，立即派人进藏严诘桑结嘉措：为何掩盖达赖已故的消息？为何帮助噶尔丹作乱？为何派往噶尔丹处的济隆呼图克图帮助噶尔丹诵经助威？为何不让五世班禅主持事务，并阻止他来京？速将嫁到青海和硕特部的噶尔丹女儿送来。

康熙同时警告，如果以上几条，只要有一条不能回答，将派兵讨伐。

桑结嘉措派人入京，就此一一作答，五世达赖已圆寂十六年，当年为了防止西藏发生变乱，所以未发丧。六世达赖已十五岁，准备康熙三十六年（1697）举行坐床典礼。济隆呼图克图有罪，已抄没家产，并将他解送北京。不过济隆呼图克图是宗喀巴大弟子弟弟的转世，请皇帝开恩。五世班禅之所以不能入京，因为未曾出痘。

出痘，即天花，在蒙古人、藏人、满人中感染的比例最高。如果童年时不曾出痘，则成年后随时会感染天花，侥幸者留下一脸麻子，重者丧生。康熙巡幸热河时，发现承德气候清凉，就在此兴建了避暑山庄，作为避暑避痘的行宫。并规定此后凡未曾出痘的蒙藏王公在此觐见，已出痘者则可入京。五世班禅以未曾出痘作为不进京的理由，自然说得通。

至于噶尔丹嫁到青海的女儿，桑结嘉措认为婚事在噶尔丹攻打喀尔喀之前，请皇帝开恩，不要追究。对桑结嘉措，康熙虽然不满，但是鞭长莫及，看他服软，也就将此事罢了，"惟以不生事和为贵"。

伊拉古克三呼图克图一路追随噶尔丹，参加了昭莫多战役。噶尔丹落魄之后，康熙三十五年（1696）九月，伊拉古克三离开噶尔丹，自己寻求生计，此时草原上一片荒芜，只能靠掠夺为生。到了十二月，伊拉古克三派人回京，解释了当初投奔噶尔丹的原因，表示仍然听命于朝廷。康熙原谅了他，并命理藩院派人招抚，但未能寻觅到他踪迹。康熙三十六年（1697）三月，伊拉古克三准备去与噶尔丹会合，到四月末，他还不知道噶尔丹去世。

清军得知伊拉古克三仍效忠噶尔丹后，以马思喀领兵追剿。伊拉古克三逃命功夫过人，以日行一百二十里速度狂奔，马思喀日行军速度不过三四十里，使伊拉古克三得以出逃。六月中旬伊拉古克三投奔策妄阿喇布坦，不料策妄阿喇布坦将他第一批移交给清廷。十月十六日，伊拉古克三在北京安定门外黄寺，当着蒙古王公、喇嘛的面被凌迟处死。

至于帮助噶尔丹作法助阵，又以缓兵计让噶尔丹从乌兰布通出逃的济隆，桑结嘉措上奏说情，称他出身显赫，又患有疾病，请不要将他处死。济隆被押到京师后，留下了一条命，此后经过哲布尊丹巴帮忙，也获得了康熙的信任。内蒙古多伦汇宗寺中佛像落成时，他还与国师墨尔根绰尔济一起至多伦举行开光法事。

第三章
茫茫雪域起战事

策妄阿喇布坦的经营

策妄阿喇布坦与叔父分裂之后，抢占了肥美之地博罗塔拉、伊犁，准噶尔部大半依附于旧主僧格之子。策妄阿喇布坦逐渐蚕食，将噶尔丹孤立在阿尔泰山以东，并配合清军对噶尔丹加以围攻。1690 年，当噶尔丹领兵深入乌兰布通时，策妄阿喇布坦遣兵突袭噶尔丹后方科布多，大肆掠夺。

正与噶尔丹争雄的康熙，听到这叔侄二人闹翻，自然乐观其争，又派出使者去拉拢策妄阿喇布坦。策妄阿喇布坦也派出使者进贡方物，双方进入了蜜月期。

噶尔丹不甘心被前后夹击，1692 年派出精兵，在哈密杀死清国派去策妄阿喇布坦处的使者，以搅浑双方关系。此事发生后，策妄阿喇布坦大惊，立刻快骑入京汇报，并继续敬献贡物。康熙对策妄阿喇布坦的表现很是满意，"马迪等中途被害，尔即遣使奏闻，朕深嘉之"。

但策妄阿喇布坦与清国的关系，也仅停留在进献贡物上。对清国，策妄阿喇布坦内心是警惕的，他是准噶尔蒙古人，僧格的儿子，天生是要争雄，而不是称臣。由于桑结嘉措的调解，策妄阿喇布坦放松了对叔叔的进逼，使噶尔丹在乌兰布通之战后得以恢复元气。至噶尔丹败亡之际，策妄阿喇布坦领了大兵屯驻于阿尔泰山，招徕噶尔丹残部。

在策妄阿喇布坦看来，叔父噶尔丹是他掌握准噶尔大权，称雄草原，争夺天下的第一个阻碍。而康熙及他所治下的繁华中原，则是他所觊觎的最终目标。噶尔丹一死，再无人能与策妄阿喇布坦争夺准噶尔的统治权。

清王朝对噶尔丹骨灰、对噶尔丹女儿的索取，逼迫策妄阿喇布坦违背了千百年来蒙古人遵循的习俗，更让策妄阿喇布坦滋生了愤恨。

清廷再三逼迫策妄阿喇布坦，让他交出骨灰以及噶尔丹女儿，而蒙古人的习俗是不能向死人和女人复仇。策妄阿喇布坦表示，可以将噶尔丹骨灰弃在原野上，或沉在水里，这与交给皇帝处理并无区别。康熙却不这么看，他坚持索要噶尔丹骨灰，在给策妄阿喇布坦的谕旨中，他警告，如果不交出，将停止贸易。对于叛乱者，清廷历来施以最残酷的镇压，死者也不能逃脱被鞭尸的命运。

策妄阿喇布坦拖延了一年多，最终决定交出骨灰，以换取与中原的贸易。不过有一说认为，策妄阿喇布坦让人到野外捡拾已变成炭的骨头，弄成骨灰交给了清国使者。清国使者也无法分辨真假，将骨灰带回京师后，先挂在城门上示众，最后抛撒在刑场之上。

策妄阿喇布坦将不满默默地埋在心里，他现在的力量，尚不足以挑战坐享中原繁华之地，有着绵绵不绝的财源供给，人丁兴盛无以复加的中原王朝。策妄阿喇布坦所能做的，是积蓄力量，待机而发。

康熙三十六年（1697），三十岁的策妄阿喇布坦成了蒙古中最强有力的领袖。此年六世达赖喇嘛赐给他"克珲台吉"的称号，并铸铁印赐给策妄阿喇布坦。六世达赖仓央嘉措被桑结嘉措操控，此封号当为桑结嘉措所操盘。在噶尔丹去世后，桑结嘉措迫切需要新的同盟者，来应对和硕特部王公，策妄阿喇布坦则成了他的拉拢对象。

拿到封号后，策妄阿喇布坦却不领桑结嘉措的情。康熙三十九年（1700），策妄阿喇布坦嚷嚷着要出兵讨伐桑结嘉措，想联合清军一起夹击。可康熙心境的洞彻，眼光的深远，却是中国所有皇帝中可排前列的。他好奇地道："策妄阿喇布坦这人一直狡猾，从他的驻地到青海，沿途艰辛万分，路径险恶，根本不能行军。策妄阿喇布坦附近的哈萨克、布鲁特这些部落又是他的死对头，他不怕后路被人抄掉？"

果然，策妄阿喇布坦嚷嚷了几声，就没有了下文。讨伐桑结嘉措，不过是他摆出声势，他想让桑结嘉措明白，你不要假借达赖的名号，利用宗教来干涉我准噶尔部的事务。

如同自己的祖先一样，策妄阿喇布坦想要统一卫拉特各部，伏尔加河畔的土尔扈特部，青海的和硕特部，都是他努力的方向。统一草原，除了武力之外，还有一个更有效的手段，那就是联姻。

策妄阿喇布坦的第一个妻子，是已去世的青海和硕特部顾实汗的嫡孙女，控制西藏的拉藏汗的姐姐。拉藏汗与策妄阿喇布坦，与桑结嘉措，与准噶尔部，未来将有一段延续两代人的恩仇。

1698 年，策妄阿喇布坦迎娶了第二任妻子，她是土尔扈特部阿玉奇汗的女儿。这段婚姻充满曲折。策妄阿喇布坦亲自前往伏尔加河流域娶妻，无边无际的草原上设宴畅饮，前后七天七夜。迎亲返回途中，世仇哈萨克人竟然发兵偷袭，想破坏这段婚姻。策妄阿喇布坦大怒之下，出兵讨伐哈萨克。为了加强与土尔扈特部的联系，两年之后，策妄阿喇布坦又将自己的堂姐嫁给了老丈人阿玉奇，这翁婿之间，不知该如何称呼对方。可蒙古部中的联姻，历来混乱，只要眼前的利益，谁会考虑对后世子弟的影响呢？

凭借着姻亲关系，策妄阿喇布坦得以插手土尔扈特部事务。

土尔扈特部内部的纠纷，还得从老色狼阿玉奇说起。就在策妄阿喇布坦将自己堂姐嫁给他的这年，阿玉奇偷偷摸上了长媳妇的床，正在云雨之时，偏偏被长子撞到。长子愤怒不已，四处散布这条特大丑闻，又与同母的三弟一起领了部众出走乌拉尔河。老大、老三出走后，阿玉奇与女婿策妄阿喇布坦联系，希望得到实力强劲的女婿支持。

老四看着老大、老三出走，部落中的人纷纷前去投奔，担忧部落江河日下，就派了刺客去刺杀老大。刺客尽了最大的努力，刺杀却未成功，中枪后狼狈逃回。老四畏惧兄长们前来复仇，就自行逃走，投奔俄国。

沙皇听说土尔扈特部内讧后，派了使者过来调解。经过苦口婆心的劝解，长子同意与阿玉奇和解，并领了部众返回。老三却不买阿玉奇的账，领了部属共计一万五千户，出走投奔妹夫策妄阿喇布坦。阿玉奇向女婿索要人马，策妄阿喇布坦一笑之后，将舅子一家绑了送回去，却将一万五千户吞并。

抓捕舅子的过程，也可以看出策妄阿喇布坦的为人。舅子风尘仆仆地抵达后，策妄阿喇布坦借口探望亲戚，亲自去拜访舅子。策妄阿喇布坦捧着酒，带着牛羊在前面走，已经准备好的军队则潜藏在附近山中待命。舅子看着姑爷来犒劳自己，无比开心，痛饮两日，一洗往昔的憋屈，等大舅子彻底放弃戒心后，伏兵杀出，所有人被控制。

策妄阿喇布坦振振有词地对老丈人阿玉奇道："你蠢笨的儿子，带了部众要去投奔喀尔喀。我将他截获，并给你送回。草原上说'抓住盗马贼，留马只还贼'，我将你儿子的部下留下，把你儿子送回。"老丈人勃然大怒，策妄阿喇布坦你真当我是笨蛋啊，可又能拿他如何呢？

靠着精妙的手腕和对局势的把握，策妄阿喇布坦不断扩充势力。与穷兵黩武的叔父噶尔丹又不同，策妄阿喇布坦更重视建设，"他把臣民招来种地，把此事列入做好事之列"。以往的准噶尔人不重视农业，在策妄阿喇布坦的鼓励下，不但维吾尔人从事农业，准噶尔人也从事农耕，他们栽培小麦、大麦、黍、南瓜、西瓜、葡萄、苹果树。在他统治下，被征服者得到善待，除了供奉寺庙外不要纳其他赋税，穷人可以选取牲畜，一切看起来很美。

初期策妄阿喇布坦属下有十二个部落，五个"集赛"（管理宗教事务的机构），之后扩充为二十四个部落和九个集赛。准噶尔控制区域内，出现了织布、制革、冶铸，而往昔，这些都依赖于与中原的贸易。现在准噶尔也有了让中原人向往的产品，比如准噶尔人制造的红香牛皮，香味扑鼻，可避蚊蝇，中原人都以穿上一双红香牛皮靴为荣。

准噶尔人开始开采铁矿，炼铁铸造刀矛、盔甲。负责铁器制造的有五千多户，负责制炮的则有一千多户。瑞典炮兵中尉列纳特，在俄瑞战争中被俄国俘虏，因为擅长造炮被俄国留下。后来在对中亚进行考察时，又被准噶尔人俘获，并得到了策妄阿喇布坦的信任。列纳特发挥特长，帮助制造了各种型号的大炮，成立了炮队，由他亲自指挥。

作为准噶尔人中心的伊犁（此时称伊里，乾隆征服准噶尔后改名伊犁），此时并无城池。策妄阿喇布坦所居，不过一大营盘，周围有千余户人家。策妄阿喇布坦自己居住的有大帐房四个。大营盘前有供佛的帐房，周围散布着百余喇嘛住处。

和平时期的策妄阿喇布坦，沉浸在欢快的气氛中。每逢新年和重要节日，都有隆重的活动。在帐外的法事中，有大批喇嘛与军队进行表演。喇嘛们跳着舞蹈，不时还将如同炸弹般的东西投掷到火堆里，发出阵阵爆炸声。军队则拿着枪，胡乱射击，增加热烈的气氛。

广场上，招待来客的食物有炖羊肉，肉切得很细，如同面条般放在大木盘里，上面压着大块羊腿。还有牛油燕麦粉糕，用一种浆果制成，有各种颜色，还有白面牛油炸的馅饼。用长柄勺子从桶里舀羊耳汤，汤里有切得很细的羊肉碎块和面丸，想喝多少就端多少。至献祭时，策妄阿喇布坦将用白马之乳精细酿出来的马奶酒倒在大地上。

新年时，在大帐篷里举办宴会，策妄阿喇布坦所有重要部下聚集到这里。帐篷很大，呈圆形，用毡子制成。帐篷内部支撑篷盖的格栅上挂着天蓝色呢子，地中间放了个铁制火炉，里面燃烧着木材。地上铺着厚毡子，毡子上有圆坐垫。

策妄阿喇布坦坐在中间，两名妻子坐在左边，年幼的子女们站在他的面前。右边是一位年长的喇嘛，坐在普通的毡子上，靠喇嘛的是八名头等宰桑。宴会时有乐器表演，乐师边演奏边低声唱歌，宴会上有茶、酒及各种食物。新年的庆祝要持续十五天，互相拜访，年幼者给年长者送礼，夜间用武器射击取乐。

策妄阿喇布坦统治时期贸易发达，与内地的商贸，经过哈密，过嘉峪关、肃州抵达北京，财源滚滚而进，准噶尔部日益升腾。维持了十余年的和平，在康熙五十三年（1714）被打破，此年策妄阿喇布坦派兵攻击哈密，诱发了一场新的武装冲突。

势力复振之后，策妄阿喇布坦俨然又一个噶尔丹。

再征天山之南

天山之北的准噶尔兴起后，僧格、噶尔丹先后对天山之南用兵，并扶持叶尔羌汗国王室成员，管理天山南路事务。噶尔丹死后，策妄阿喇布坦控制准噶尔本部，天山之北尽隶于麾下，此时的天山南路，却陷于混乱之中。

噶尔丹忙于与大清的战争，对天山南路无暇顾及。噶尔丹任命的叶尔羌汗，与势力膨胀的白山派和卓阿帕克爆发冲突。噶尔丹扶持的叶尔羌汗被阿帕克逼走，接任的额敏汗不得不拜在阿帕克门下，表现得如同一名忠实的弟子。不久，额敏汗的伪装褪去，与阿帕克发生冲突，被白山派杀死。

为了免去麻烦，1692 年，阿帕克干脆让自己的儿子登上汗位。又过了一年半，阿帕克被人毒死，儿子过了八个月后也被杀死。白山派和卓实际上只统治了叶尔羌国两年零两个月，却已是这般血雨腥风。

国不可一日无汗。1694 年，叶尔羌、吐鲁番的贵族拥立阿克巴锡为汗。上位之后，阿克巴锡汗对白山派进行了残酷镇压，又迎接黑山派和卓返回叶尔羌，以制约白山派。白山派则占据了喀什噶尔，拥戴阿克巴锡汗的儿子为汗，与叶尔羌并立争雄。父子相争相残，哪里由得了自身？被拥戴的国王们，内心的苦楚与无奈，却是无人能解。

叶尔羌、喀什噶尔、白山派、黑山派的战争还未结束，策妄阿喇布坦已经过来准备收拾乱局。

早在 1679 年，当噶尔丹抢走了策妄阿喇布坦的新娘之后，将博罗塔拉、吐鲁番、哈密等地划给了他，作为他的领地。作为吐鲁番、哈密的宗主，策妄阿喇布坦没有对此地加以实际控制，只是象征性地收取一些贡赋。至噶尔丹失势后，策妄阿喇布坦开始向吐鲁番、哈密渗透，谋取实际的控制权。

昭莫多之战后，哈密的统治者额贝都拉开始投向清国。当年额贝都拉背叛叶尔羌国，投靠噶尔丹，由此获得了哈密的统治权。初期额贝都拉不过有马数十匹，手下数十人，为了增强号召力，就自吹是成吉思汗黄金家族后裔。吹嘘归吹嘘，额贝都拉还是有能力的，控制哈密之后，经过多年发展，整个地区呈现出繁荣景象。

噶尔丹在乌兰布通战败之后，数次派兵至哈密取粮，渡过了难关。可哈密被连续索粮，负担太重，叫苦不迭，此时又发生了清国使团在哈密被杀事件。额贝都拉已有心投清，只是畏于噶尔丹，暂时不敢轻举妄动。1696 年噶尔丹在昭莫多战败之后，额贝都拉立刻派遣使者入京进贡，联系投清。康熙对额贝都拉颇为重视，赏赐了蟒袍、貂帽、金带等物品，对他大力笼络。

额贝都拉向清廷效忠，并表示要出兵讨伐噶尔丹，以讨好康熙。走投无路的噶尔丹，为了带领部下过冬，一度准备前往哈密。噶尔丹知道此时的额贝都拉已投清，做好了攻城的准备，"若不纳，则死战"。噶尔丹最终没能亲至哈密，派来取粮的亲信，则被额贝都拉擒拿送交清军。此后噶尔丹派往西藏、青海的使者，路过哈密时都被擒下，送交清军。

噶尔丹死后，策妄阿喇布坦着手控制哈密、吐鲁番，吐鲁番没有费多大力就拿到手中，可被清国保护的哈密却不是那么容易能吃下的。额贝都拉使出浑身解数，大拍康熙马屁，全力表示忠心。他不停刺探策妄阿喇布坦的军事情报，汇报给清廷；他抓到了噶尔丹的幼子，也不报告宗主策妄阿喇布坦，就直接解送去了北京。

康熙三十六年（1697），额贝都拉干脆宣布归附清国，策妄阿喇布坦随即以宗主身份发出诘问。当年噶尔丹的幼子色卜腾巴尔珠尔在哈密打猎，被额贝都拉手下捕获后交给了清廷。策妄阿喇布坦以此事为借口，质问为何不通知不请示自己，即将堂弟色卜腾巴尔珠尔解送清廷，威胁要出兵讨伐。额贝都拉立即将此事报告给清廷，康熙大为恼火，令策妄阿喇布坦："严禁其下人，勿得侵扰哈密。"同时指令额贝都拉，如果策妄阿喇布坦向哈密索要被抓获的噶尔丹部属，一概不得理睬。

额贝都拉还是不放心，担忧策妄阿喇布坦前来报复，请求"谕以哈密既已归诚，勿得侵扰"。康熙从其所请。此年冬，清廷封额贝都拉为"扎萨克一等达尔汉"，并派使者前往哈密，授予旗印。额贝都拉拿到了护身符，欣喜若狂，只是身体不好，就派了两个儿子进京朝觐，表示感激。此后继续卖力帮助清廷收集关于策妄阿喇布坦的情报。额贝都拉世代为清廷效力，坐镇哈密，直到清末。

哈密投清，使清廷控制了进入天山的锁钥之地，清廷的前方军事基地，也从肃州推进至哈密。

策妄阿喇布坦觊觎着哈密，占据了此地，可以连接天山与内地的贸易，坐享赋税无数。只是在清廷的威慑之下，策妄阿喇布坦只好暂时忍住，将拔出的刀指向天山南路别处。此时叶尔羌国内，白山派与黑山派之间的仇杀，愈演愈烈，给了策妄阿喇布坦纵横捭阖的机会。

在柯尔克孜（布鲁特）人的支持下，喀什噶尔的白山派不断对叶尔羌发起攻击，屠杀了大批黑山派信徒。阿克巴锡汗与贵族们一起领兵，西征喀什噶尔，却被白山派打败。阿克巴锡汗被俘后，在英吉沙被处死。此后喀什噶尔方面乘胜东进，占据叶尔羌。

叶尔羌地方上的贵族与黑山派不甘心被白山派统治，派人向策妄阿喇布坦求援。策妄阿喇布坦吞并哈密的野心被康熙挫败后，视线转移到了西线，大好机会放在面前，怎肯错过？

策妄阿喇布坦遣军越过天山南下，沿途各地亲准噶尔，反白山派的地方势力纷纷加入，阿克苏、库车地方派出军队配合作战，一路攻往叶尔羌。支持叶尔羌的柯尔克孜人败阵后西走，策妄阿喇布坦军队再次占领叶尔羌，将天山南路置于控制之下。

此次控制天山之南后，策妄阿喇布坦改变统治策略。以往僧格、噶尔丹，都依赖于叶尔羌汗国地方势力代为统治，实际上处于间接控制状态，导致纷乱不休。策妄阿喇布坦此番南下后，亲自选择合适人选，分派统治各城，各地都归伊犁节制，处于策妄阿喇布坦直接统治之下。

对于一直厮杀不断的老冤家白山派、黑山派，策妄阿喇布坦采取了均势政策，黑山派以叶尔羌为中心，白山派以喀什噶尔为中心，各自发展，彼此平衡。两派只能从事宗教活动，不得干涉世俗政务。

在当年的血腥屠杀中，和卓阿帕克的一个孙子阿哈玛特，躲在一处山洞之中，侥幸活了下来，此后成为白山派首领，以喀什噶尔为活动中心。面对策妄阿喇布坦强大的军力，阿哈玛特与白山派不得不低下头来，表示服从。阿哈玛特善于收买人心，精于权术，怎会甘心被策妄阿喇布坦所控制？又对策妄阿喇布坦扶持黑山派的做法不满，寻机独立而出。

1713 年，觉察到天山南路和卓势力的叛心后，策妄阿喇布坦再次出兵天山南路。黑山派和卓支持策妄阿喇布坦的用兵，并配合他攻打下白山派大本营喀什噶尔。喀什噶尔的白山派在做了短暂抵抗之后，便缴械投降。

和卓派势力是天山南路民众的精神领袖，有着巨大的影响力，妨碍了策妄阿喇布坦的统治。战后，策妄阿喇布坦将黑山派和卓的儿子与白山派和卓一起送到伊犁加以囚禁，作为人质。策妄阿喇布坦又重新任命了亲准噶尔势力来管理天山南路各城，名为"哈喇罕"的准噶尔人官吏，则驻于天山南路各城，掌握各城户口赋税总账，直接征收赋税。哈喇罕也负有监视地方动态的使命，一旦发现地方上有反叛的苗头，立刻报告准噶尔本国。哈喇罕在各地横征暴敛，"几至激变"，地方上民众承受着种种累苦。

康熙五十四年（1715）三月下旬，在觊觎哈密十余年之后，策妄阿喇布坦以自己的商队去年在哈密受阻为由，派出军队抵达哈密城下。此时哈密老领主额贝都拉已去世，新领主在清军的协助下，以二百人击败了名将大策凌敦多布所统领的两千人，"杀九十人，生擒二人"。

康熙得悉策妄阿喇布坦用兵之后，立刻从甘肃、陕西调兵，星夜前往救应，又命哲布尊丹巴训斥策妄阿喇布坦。

在清军前锋赶来增援之后，大策凌敦多布迅速领兵撤退。据在哈密城下被生擒的俘虏供述，此时的策妄阿喇布坦遭遇到了极大困难。去年大雪深达三尺余，伊犁等地方的牲畜大片死亡，为了缓解危机，获得补给，策妄阿喇布坦带兵攻打柯尔克孜人（布鲁特），却大败而归，途中很多人又染病而死。被策妄阿喇布坦吞并的一万五千帐土尔扈特人艰难度日，开始思恋伏尔加河畔的肥美牧场，想着重新回去，或是投奔天朝。

此时哈密地方上，又拦住策妄阿喇布坦至内地进行贸易的商队，更让策妄阿喇布坦不断恶化的经济状况雪上加霜。为了警告哈密地方不得阻碍贸易，策妄阿喇布坦遂用兵哈密。康熙认为策妄阿喇布坦此时羽翼已丰，需要调集大兵围剿，在哈密北部的巴尔库尔（巴里坤）设立军营。巴尔库尔大营连营结寨，开荒屯田，"周围二百余里，军势雄壮，首尾相应"，成为清军前方的坚强基地。

策妄阿喇布坦此次小规模用兵，既是敲打哈密地方领主，不要阻碍自己贸易，又是刺探清军虚实，为下一步军事行动做准备。清军的反击也让策妄阿喇布坦意识到，区区两千士兵就可以吸引住几万清军。在此后的用兵之中，他循例采用了此种战略，以少量兵力吸引清军主力，不做正面交锋，让清军大兵在漫长的战线上消耗巨大人力物力。

就在天山南路纷扰，清军重兵云集之时，策妄阿喇布坦却将注意力放到了西藏，开始准备对雪域用兵，"治办器械，预备行粮，不许属下人私骑骟马"。而雪域高原之中，外来的和硕特王公与西藏本地势力之间的纷争，为他入藏提供了契机。

雪域纷争

噶尔丹至死都没有想到，自己的同学兼密友桑结嘉措，将老师五世达赖去世的消息隐瞒得这么久。

昭莫多之战后，康熙从俘虏的西藏喇嘛口中得知了达赖的死讯，随即愤怒地将此消息传播开来。最为震撼的莫过于和硕特王公，他们已被欺骗了十余年。可此时的藏王达赖汗没有什么雄心壮志，对于一切事务都很少干涉，听凭桑结嘉措架空也没有任何反击。

桑结嘉措无法隐瞒，就公开了五世达赖的转世灵童，并表示灵童的选择严格按照宗教程序进行。灵童仓央嘉措，从他被选择时，就背负了沉重的历史包袱。1697 年五月，桑结嘉措派人迎接仓央嘉措至拉萨坐床。在五世班禅的陪同下，十六岁的仓央嘉措来到拉萨，十月二十五日，布达拉宫举行了隆重的坐床典礼。

活佛圆寂后转生为"呼毕勒罕"，即转世灵童，转世灵童坐床前不能称活佛，坐床后则获得了活佛资格，承袭前世的职衔。

康熙对桑结嘉措是何其不满，但为了大局考虑，还是派人参加了坐床典礼，并赠送了礼品。六世达赖所使用的两枚印鉴，都是五世达赖所留下来的。从仓央嘉措所使用的印鉴中可以看出，康熙并未给六世达赖册封，只是认可了达赖坐床。坐床后，五世班禅在布达拉宫为仓央嘉措传授佛法，讲述五世达赖的生平，鼓励他效法前世，刻苦修行，普度众生。

康熙派往西藏主持坐床典礼的，乃是二世章嘉。一世章嘉出生在青海的章嘉村（又说张家村），故名章嘉活佛，在世时并不显赫。二世章嘉活佛得到清廷的大力扶持，被册封为清国唯一的国师，授予大喇嘛的尊号，使其成为京师、青海、内蒙等地藏传佛教的领袖，哲布尊丹巴的势力被限制在外蒙地区。二世章嘉佛法精湛，在西藏也备受推崇，又曾拜五世达赖为师，以他主持坐床典礼，最合适不过。

此年五十六岁的二世章嘉，奉康熙御旨前往西藏，主持六世达赖坐床。但在西藏期间，二世章嘉违背了康熙的一道命令，即不得拜见桑结嘉措，盖因康熙对桑结嘉措是厌恶到了极点。二世章嘉回到北京后，理藩院拟定的处理意见是："章嘉呼图克图，违旨叩见第巴（桑结嘉措），应拟绞。"康熙免除了二世章嘉的死刑，但夺去了他"呼图克图"的称号。又强令他在天安门前，"万人之中罚跪数时"，二世章嘉叹道："此生从未受过这等磨难。"

六世达赖坐床后，康熙与桑结嘉措的关系又陷入低谷。康熙连续多次派出使者，到西藏邀请五世班禅入京，却一直未能成行。到了康熙三十七年（1698），班禅答应后年三月，将在塔尔寺与康熙会面。塔尔寺位于今青海省湟中县，是格鲁派创始人宗喀巴的诞生之地。宗喀巴母亲为了纪念儿子的诞生，在明洪武十二年（1379），修建了莲聚塔。先有塔，再有寺，故称塔尔寺。

康熙三十八年（1699），班禅再次确认，将在下一年启程，与康熙会晤。到了康熙三十九年（1700）三月，班禅却迟迟未动身。不久班禅与桑结嘉措先后上疏，请康熙赐给谕旨，谕旨一到，立刻动身。

康熙已做好了会晤的准备，突然看到班禅、桑结嘉措说让他再发谕旨，心中恼火。他也知道，班禅未能成行，必然是桑结嘉措在作梗，就下旨叱责，又列举了桑结嘉措的四宗罪。如隐匿五世达赖死讯未曾解释清楚，策妄阿喇布坦参奏其罪行，挑起打箭炉纷争，拖延班禅启程。康熙令桑结嘉措将早先赐给他的金册、金印送回，并退出打箭炉。

桑结嘉措倒不怕龙颜震怒，对康熙陈述，自己并未阻碍班禅进京，至于打箭炉，自古以来属于西藏，理当收回。同时班禅、达赖也上疏康熙，所奏内容与桑结嘉措一致，可见他牢牢地控制住了西藏的局面。康熙下令，此后不再颁发谕旨予西藏，拒绝接受达赖、班禅、桑结嘉措的奏疏及贡物。至康熙四十年（1701）年底，桑结嘉措上疏请罪，双方才结束了紧张关系。

"被人忘却的，死气沉沉的"达赖汗在1701年去世，汗位交给多病的长子。他在青海草原游牧的另一个儿子拉藏，因为与青海王公的争执，也被召唤到了西藏。由于达赖汗长子多病，在他去世之后的两年，汗位实际上处于空缺状态。拉藏初到西藏时，与桑结嘉措关系融洽，桑结嘉措还赏给了他百余户。

1703年，在六世达赖与桑结嘉措的支持下，拉藏继位，成为拉藏汗。桑结嘉措的算盘是，让自己的女儿与达赖交欢，以控制达赖；同时扶持拉藏为汗，并加以操控。选择拉藏的原因，在于他长期于青海草原游牧，与拉萨的宗教、政治牵涉较少，与桑结嘉措也无积怨，可以操控。

对于拉藏汗，桑结嘉措极力拉拢，甚至将他的称号定为"成吉思汗"。对于仓央嘉措，桑结嘉措更是不遗余力，大力培养，他甚至想让仓央嘉措坐"察奇尔巴顿汗"之床。

察奇尔巴顿，即转轮王之意。佛教经典中，世界分为四大洲，转轮王依次征服，征服四洲为金轮王，三洲为银轮王，二洲为铜轮王，一洲为铁轮王。西藏历史上，第一位转轮王即松赞干布，他创建了强大的世俗政权。自从达赖转世系统确认之后，达赖被认为是观世音菩萨的转世。如果再赋予达赖以转轮王的身份，那么，他兼具了宗教与世俗二重权力，既是教皇，也是人王，具备无上地位。

如果计划成功，六世达赖将成为西藏政教领袖，桑结嘉措将通过他统治西藏。至于拉藏汗，则是一名无足轻重的傀儡。可桑结嘉措低估了拉藏汗，他将面对的是一个强劲的对手。拉藏汗不同于他懦弱的父亲，他行事果断，孔武有力，性格刚毅，面对他时，桑结嘉措常有畏惧之感。拉藏汗不肯放弃到手的权力，与桑结嘉措关系日益僵硬。

拉藏汗不甘心做傀儡，桑结嘉措苦心打造的仓央嘉措也不肯安心做达赖，闹出无数是非。

不可否认，仓央嘉措的天分极高，对于佛法的领悟颇具天赋，可他也展示了与前几世活佛完全不同的一面。他是少年，性情开朗，他天性浪漫，才华横溢，他是一名出色的诗人，偏偏又成了宗教地位最高的喇嘛。

他厌恶在佛寺中的枯燥生活，不愿受到戒律的限制，憧憬着爱情生活，期待着艳遇。他骑马四处游荡，不时在拉萨的平民区中过夜，射箭娱乐，游山玩水，夜以继日地在拉萨大街上找女人鬼混。1702 年六月，他至日喀则，跪在扎什伦布寺外，将喇嘛僧衣捧于手中，向师父班禅恳求还俗，要恢复自由生活。

仓央嘉措的任性，也给康熙提供了干涉的契机。得悉六世达赖要求还俗之后，康熙认为其中必有隐情，停止接收桑结嘉措所贡礼物，下令桑结嘉措详细奏报情由，双方关系再次跌至谷底。此后，从康熙四十二年（1703）至康熙四十四年（1705），《清实录》中无任何有关桑结嘉措的记载。

对于自己的任性，仓央嘉措却另有想法，他道："自我从母胎中降生后，说过各种应验的话语等，均为我父母及当地人所言，我不知晓。即使略约记事之后，也绝无为达赖转世之念。第巴出于某种原因，找来前世信物让我认领，并交给我达赖喇嘛历代转世之经卷，所以我才到此地步。"

到了 1703 年，桑结嘉措、六世达赖、拉藏汗之间的关系，越发微妙。仓央嘉措与桑结嘉措的女儿有染，可他的一名随从拉旺也与此女好上。桑结嘉措得知后大怒，尊贵的女儿怎能与低贱的仆人混在一起，准备下手铲除拉旺。

一天夜间，仓央嘉措带了七名随从，出了布达拉宫鬼混，路上突然被人袭击，拉旺被砍中肩膀未死，拉旺的哥哥则被杀死。事后仓央嘉措大怒，跑去桑结嘉措府上大吵，认为只有他才敢主使人这般行事。

仓央嘉措自己主持破案，忙碌了一个多月将五名凶手擒获，并交给了拉藏汗审判。桑结嘉措就去找拉藏汗说情，可拉藏汗不为所动，将五人全部处死。此时二人的矛盾开始公开化，拉藏汗发动政变，拘禁桑结嘉措的谣言，甚至传到了北京。

桑结嘉措的权势，源于达赖喇嘛，如果拉拢到达赖喇嘛，桑结嘉措自然被边缘化。此后，拉藏汗投仓央嘉措所好，刻意笼络，"看达赖喇嘛转世，行止如凡人，和拉藏一起经常放鸟枪射箭"。

康熙四十二年（1703）四月，为缓和与清廷关系，桑结嘉措主动辞职。在辞职之前，桑结嘉措给五世达赖修建了一座富丽堂皇的灵塔，将五世达赖的肉身保存在里面，作为给先师的礼物。

桑结嘉措的罢职，仍以六世达赖的名义发布，并将第巴一职转归其子。桑结嘉措想要与康熙和解，康熙对他的成见已是难以改变了。看了达赖喇嘛的奏报后，康熙认为，第巴的职位并非世袭，达赖只能委任喇嘛的职位。而桑结嘉措属于世俗，且桑结嘉措是清廷封过的王，是你说罢免就罢免的吗？对桑结嘉措、六世达赖，康熙心存芥蒂。

桑结嘉措辞职后，由儿子接任第巴，他在幕后保持影响，操控政局。桑结嘉措政坛纵横多年，手段老辣，知道自己如果长期退隐，早晚会被边缘化。此时最简洁有效的方式，是给拉藏汗以致命一击。1704 年，桑结嘉措收买了拉藏汗的侍卫投毒。拉藏汗中毒后，经过抢救活了下来，到当雄地方疗养了一段日子。

此时双方矛盾已无法调和，桑结嘉措迅速调集忠于自己的人马，准备与拉藏汗开战。1705年正月，桑结嘉措将拉藏汗逼出拉萨。从拉萨出走后，拉藏汗至藏北调集了大批蒙古骑兵。此年夏，拉藏汗领兵分三路，直扑拉萨。桑结嘉措调集了前后藏十三万户军队交战，结果一败涂地，桑结嘉措从拉萨河上坐了条牛皮船出逃至贡噶。（顾实汗在控制西藏后，曾效法忽必烈将十三万户赐给八思哈，将十三万户的赋税全交给了五世达赖，十三万户军队由此而来）

此后经过仓央嘉措调解，桑结嘉措同意放弃政权，将所有印敕封存到布达拉宫，桑结嘉措避居日喀则。拉藏汗得知桑结嘉措避居日喀则后，派出五百人的部队，携带了策妄阿喇布坦的两名使者，一路急行军，将桑结嘉措擒获。随即桑结嘉措被送交到拉藏汗老婆手中，于七月十四日被处死。

桑结嘉措年轻时，五世达赖让他担任第巴，他拒绝了多次，认为："官宦贵族谋求永断轮回，其结果也不甚美妙。"在五世达赖的逼迫下，桑结嘉措担任了第巴。对于从政的结局，他有清晰地认识，并做了最大的努力避免"不甚美妙的结果"，可悲剧终究是无法避免。桑结嘉措是名学术造诣精深的学者，在天文、历算、医学、建筑等方面有着不朽的建树，遗留下了大量的历史、文学著述。在他就任第巴期间，主持了布达拉宫的扩建工程，扩建新修了红宫，留下了今日布达拉宫的景象。

六世达赖得到桑结嘉措投降的消息后，派人至三大寺请高僧们出面，以保住桑结嘉措的性命。可为时已晚，说情的高僧们匆忙赶路时，桑结嘉措已人头落地。拉藏汗的儿子被押解到拉萨时，六世达赖亲率数百人将他抢走。

拉藏汗此番胜出后，逐渐缩小了第巴的权力，最后设置了有四名蒙古宰桑组成的领导中心，将西藏世俗贵族排斥在权力之外。世俗贵族失势之后，对拉藏汗大为不满，与宗教界联合，图谋去除和硕特蒙古在西藏的统治。而外援的最有力来源，自然是准噶尔头领策妄阿喇布坦。

多情仓央嘉措

拉藏汗杀掉了桑结嘉措，掌控西藏政教大权，这得到了康熙的认同。欺骗他多年，一直支持噶尔丹，图谋不轨的桑结嘉措，让他不满于心多年，死于刀下，自然出了口恶气。

一个去世十余年的五世达赖，被桑结嘉措利用之后，就有如此威力。借着五世达赖的庇护，噶尔丹气势汹汹，向康熙发起挑战。虽然三次亲征，却还是没有能将噶尔丹擒获，押到京师酷刑处死。此时桑结嘉措已死，可他一手打造出来的六世达赖却仍然居于布达拉宫之中。康熙不放心这个年轻人，他听到了诸多关于他的传说，他不爱诵经，只爱嬉戏，他天马行空，不受羁绊，他如此胆大妄为，一旦被人利用，威力自然惊人。

自藏传佛教传入蒙古后，达赖喇嘛成为蒙古各部的精神领袖，并为各部领袖封赐名号。先是漠南蒙古俺答汗，受三世达赖喇嘛封号，后有漠北蒙古阿巴岱，得到三世达赖喇嘛封赐汗，此后能得到达赖喇嘛封号者，隐然自成一部。康熙三十五年（1696），在击败噶尔丹后，清廷派使者至青海蒙古各部，让配合抓捕准噶尔部逃至青海之人。不想青海各部回复："我等俱达赖喇嘛之徒，凡事皆启闻西方，彼地之言何如，则遵而行之。"即只听命于达赖喇嘛，而不听从你天朝大皇帝。

负责处理西藏、青海事务的大臣们，在阅读了各种奏折之后，向康熙提出"达赖喇嘛之名，对于众蒙古关系甚巨"，决不能将仓央嘉措留在西藏。如果留在西藏，今后必然滋生事端，连累藏人乃至拉藏汗本身。

康熙派遣护军统领席柱等前往青海、西藏，将仓央嘉措解送京师时，皇太子不解，问道："一假达赖喇嘛擒之何为？"

康熙道："此虽假达赖喇嘛，而有达赖喇嘛之名，众蒙古皆服之。本朝若不遣人往擒，如策妄阿喇布坦迎去，则西域、蒙古皆向策妄阿喇布坦矣。"

拉藏汗杀掉桑结嘉措之后，立刻向清廷奏报，并请清廷颁布谕旨，给他以支持。桑结嘉措被杀后，青海地方的王公收到了仓央嘉措的信，对拉藏汗杀人行径大为不满，有王公甚至想亲自前去讨伐拉藏汗。康熙使者席柱等到达青海后，召集各部王公，展示康熙谕旨。青海和硕特诸王公无语，都称将遵旨行事。

康熙四十五年（1706）四月，席柱等人抵达拉萨，封拉藏汗为"诩法恭顺汗"，同时令将仓央嘉措解送北京。席柱抵达拉萨之后不久，策妄阿喇布坦派来迎请仓央嘉措的使团也抵达，这更坚定了康熙将他送往京师的决心。

拉藏汗对仓央嘉措并无恶感，正是仓央嘉措的支持，他才坐上了汗位。拉藏汗以一旦解送仓央嘉措，会导致喇嘛们变乱为由，初时加以拒绝。在清廷的持续压力之下，拉藏汗不得不遵行命令，拿送仓央嘉措。

仓央嘉措并未意识到自己的地位已被威胁，他仍然快乐地过着自己的日子。

> 住在布达拉宫里，
> 是活佛仓央嘉措。
> 进入拉萨民间的，
> 是荡子宕桑汪波。

仓央嘉措的诗中，充满了浪漫的想象，这是一个年轻人对自由的渴望。出生在竹棚中的他，因为宗教与政治的需要，被附上了神迹，被赋予了使命，被操控而不能自得。他通过放荡的生活，消极地予以反抗，他的内心善良，不想伤及他人，可他的存在，却让一个个人受伤。

看着清军聚集在布达拉宫外，要拘押仓央嘉措，喇嘛们拿起了武器，准备拼死抵抗。仓央嘉措却淡然一笑，让所有人都不要抵抗，他自己走出宫去，"生死对我已无什么损失"。

路过哲蚌寺前,寺中喇嘛突然冲出,将仓央嘉措劫走。清军调集人马,攻破哲蚌寺,复将仓央嘉措夺回。

仓央嘉措在前往北京的途中去世,时年二十五岁。仓央嘉措的最后归宿,如他生前充满争议性一般,也是众说纷纭。一说认为,他在青海湖畔得病去世,也有人认为他是被杀死。还有一种说法,认为他在途中逃脱,最后去了阿拉善旗或是五台山。

仓央嘉措的一首诗云:

> 在这短暂的一生,
>
> 多蒙你如此待承。
>
> 不知来生少年时,
>
> 能否再次重逢?

国不可一日无君,雪域高原不可一日无达赖。到了 1707 年,拉藏汗另立益西嘉措为六世达赖,并亲自去请求班禅为他剃度,取法名,授沙弥戒。五世班禅接受了这一请求,可拉萨三大寺的喇嘛对此却难以认同,青海王公也大为不满。青海诸王公纷纷上书,请康熙派人去西藏查清真相。

有人认为益西嘉措是拉藏汗的私生子,这不过是外人的诽谤而已。五世达赖去世之后,桑结嘉措秘密主持了转世灵童的寻觅工作,在喀木、布鲁克巴、雅木鲁布户三个地方,找了三个转世灵童(呼毕勒罕)作为候选人。益西嘉措即三个转世灵童之一,以他作为五世达赖的转世灵童,却是无可厚非,是故班禅对此也予以认可。

青海和硕特的王公们反对拉藏汗另立达赖,请求康熙皇帝派人至西藏查清真相。康熙使者抵达西藏后,看到班禅也承认了益西嘉措,"确知真实,应毋庸议"。不过康熙也留了后手,暂时不册封达赖,观察数年后再行确定。

康熙说这名达赖没有问题,可青海的王公们还是做起了小动作。1708 年,青海王公在拉萨三大寺的支持下,另外寻找仓央嘉措的转世灵童。三大寺以仓央嘉措的一首诗"白鹤假我翼，翱翔在天宇，我将不远去，追理塘就还"为线索，前往康区理塘，寻得刚刚出生的噶桑嘉措，作为仓央嘉措的转世灵童。

康熙四十九年（1710），清廷封益西嘉措为六世达赖喇嘛，给予印册。不过明显可以看出，清廷给予六世达赖的封号、赏赐，都不如五世达赖。同时康熙大力扶持班禅，提高其地位，以制衡达赖。达赖、班禅所派使者入京，赐宴时达赖的使者被令坐在班禅使者之下。

噶桑嘉措引起了拉藏汗的注意，拉藏汗两次派人前来查探。1714年，为了保护噶桑嘉措的安全，青海王公将他先转移到康区北部的德格地方保护起来。此后，理塘出生的灵童被迎至青海，同时青海王公又向康熙上奏，称拉藏汗所立达赖为假，青海所立为真。

至康熙五十五年（1716），康熙担忧两个达赖喇嘛并立，会导致双方冲突，下令将噶桑嘉措送到北京。

康熙的考虑极多，青海王公可以自己弄出个达赖的转世灵童来，如果他人也效法，则如何处理？这个转世灵童到了青海之后，备受崇拜，从理塘到西藏，敬信有如神明，各地僧侣、王公、部落，纷纷派人前去拜谒。如果噶桑嘉措落到策妄阿喇布坦之手，又将生出无穷是非。

康熙决定将这名转世灵童，牢牢地控制在自己手中，万一拉藏汗的那名达赖失败，自己手里还有好牌可打。当青海蒙古王公一再拖延将噶桑嘉措送交北京之后，康熙采取强硬态度，以调动大军出征威胁。

青海蒙古王公无奈，转而请求改为送往青海塔尔寺，置于清军保护之下。康熙许可了此请求，此后他的手中多了张王牌，这张王牌，在以后即将被打出。

西藏内部的争端，最终的结果是引狼入室，将原在天山北路的策妄阿喇布坦大军引来。因为六世达赖喇嘛之争，西藏的一些喇嘛想借重策妄阿喇布坦的力量，帮助确认理想的人选。西藏的喇嘛们向策妄阿喇布坦发出邀请，请他入藏干预达赖喇嘛之争。策妄阿喇布坦自然愿意派兵前去西藏，入藏之后，掌控达赖，铲除亲康熙的拉藏汗，扩大自己在青海、西藏的影响，可谓一箭双雕。

而策妄阿喇布坦派军入藏，契机却是一段爱情。

大策凌敦多布入藏

策妄阿喇布坦的第一位妻子，是拉藏汗的姐姐。拉藏汗的儿子，又爱上了策妄阿喇布坦的女儿博托洛克。

1713 年，在拉萨的拉藏汗，收到了策妄阿喇布坦的一封来信，信中除了一些军政要务外，也提出了两家联姻一事。卫拉特各部之中，联姻是最为常见的政治手段，策妄阿喇布坦提出将自己的女儿，也就是与拉藏汗姐姐所生的女儿博托洛克，嫁给拉藏汗的长子噶尔丹丹衷（以下称丹衷）。

策妄阿喇布坦来信道："呵，贵公子若娶了吾女为妻，无疑美满如意。凡足智多谋，武艺高强的人及美丽智慧的女子，都是世间至宝，如同昙花一般。"

策妄阿喇布坦给出了丰厚的嫁妆，将陪嫁十万两银子，不过要在准噶尔部举办婚礼，待完婚之后，再返回西藏。

对于姐夫策妄阿喇布坦这个老狐狸，拉藏汗一直是警惕于心，当年他通过联姻，干涉土尔扈特部，一口气吃掉了一万五千户。这次送女儿上门，又开出丰厚嫁妆，其中必有伏笔。

噶尔丹丹衷是个多情种子，自幼被父亲所溺爱，对于从未谋面的博托洛克，一直听闻她的美貌，心中暗恋已久。此时这段婚姻突然降到自己头上，被幸福冲昏了头脑的丹衷，期待着早日启程，去那天山北路的伊犁，迎娶佳人。

不想老父拉藏汗却对此段婚姻充满疑虑，认为此事不妥，其中必有蹊跷，再三劝阻儿子不要去蹚这浑水。"丹衷你要娶妻，老父给你找几个出身名门的美女就是了。"

可儿子丹衷，却认定了这门亲事，非博托洛克不娶。丹衷如同撒野的大象一般，横冲直撞，被情欲支配后的人，总是任性地胡作非为。

"父王如果阻止我去准噶尔迎亲，失此良缘，我就要自杀。"

说罢，丹衷抽出随身佩戴的小刀，在自己肚皮上划出了一道长口子。

欲天之矢，纠缠不休，极其锋锐，难以摆脱。看着儿子这模样，拉藏汗于心不忍，安慰儿子："孩儿，切莫如此。世上找得到女伴，却难获再生。你一死，要到下世去和那个女孩成亲吗？别胡思乱想了，你会如愿以偿的。"

拉藏汗带了儿子，去找大护法神螺顶梵天祈求指示。大梵天给出的指示是："强迫无济于事，当知珍惜之理。"儿子只看前面一句，认为强迫无济于事，父亲只看后面一句，要儿子当知珍惜之理。

父子的分歧，请示了大梵天也无济于事。终如浮云无法蔽日，拉藏汗同意了这段婚事，让长子带了三百名侍卫去准噶尔。可拉藏汗的儿子迎娶策妄阿喇布坦的女儿，这会让康熙生疑，以为二者结盟。为了打消皇帝的疑虑，拉藏汗又让二子苏尔扎前往青海，表示效忠。

一路前行，长途跋涉之后，1714年，丹衷顺利到达伊犁，如愿成婚。成婚之后，丹衷被策妄阿喇布坦拘禁，失去自由。

康熙五十五年（1716），策妄阿喇布坦以护送噶尔丹丹衷夫妻二人返藏为名，派准噶尔名将大策凌敦多布率六千人入藏。另派一支三百人的小部队前往青海，劫持在塔尔寺的噶桑嘉措，然后两军在那曲会师，以护送达赖的名义进入拉萨。大策凌敦多布是策妄阿喇布坦的堂兄弟，"他曾在日喀则寺庙学习过，本性热情、精明、勇敢、自信、刚毅而好战"。

十月，准噶尔军从伊犁出发，绕过戈壁滩，经过叶尔羌、和田，翻过昆仑山脉的克里野山。行军时，准噶尔军做了充分准备，每人配备了四匹马，骆驼两峰，还携带了大量的羊与粮食。携带马匹不但是为了驮运，更因为马乳是军粮的重要来源。一名士兵配四到五匹马，一匹马要配七只羊，这是蒙古人远征时的标准配备。

派军奇袭西藏也是一场豪赌，这是一场漫长而艰苦的行军，途中全军覆没的比例极高。克里野山是前往西藏的要道，连绵千里，淤泥积雪，烟瘴缭绕，难以通行。准噶尔军行军至克里野山时遭遇大雪，马驼死亡颇多，粮食耗尽后，就吃狗肉。得病后不能前行的五百名士兵，被留在了克里野山。

康熙五十六年（1717）七月，准噶尔军抵达西藏纳克产地方之后，通过抢劫获得了补给，弄到了五百头牛、三千只羊。大策凌敦多布扬言，此番带了两万五千人来讨伐拉藏汗，又派出前锋二百人作为斥候侦探。

西藏阿里的总管康济鼐，通过叶尔羌的贸易商队，得到了准噶尔军入藏并在向拉萨推进的消息。康济鼐将消息汇报给了在达木（今西藏当雄境内）围猎的拉藏汗，拉藏汗对此将信将疑，就派了小部队去查探。顾实汗进入西藏后，为骑兵选择了水草丰美的达木作为牧场。在西藏的和硕特王公，每年都要到此处来围猎，同时锻炼骑兵。

七月初八，在碧蓝如天空一般的纳木错湖畔，双方的斥候互相厮杀。拉藏汗的斥候看到敌方背后滚滚而来的大军，立刻返回报告，此时准噶尔军距离拉藏汗大营只有三日路程。

茫茫之中起漩涡，边境险地有战祸。

拉藏汗与二子苏尔扎随即集合了两千余蒙古兵、七千余藏兵，共万人到达木。拉藏汗很是忐忑，准噶尔军到底是两万五千人还是三四千人，还不能确认，只能全力调兵，做好准备。

精干的将领颇罗鼐，看到库堆山雄浑若巨人盘腿打坐，山前是开阔地带，周围水草丰茂，是一座天然堡垒，就建议将大炮安置在此。

不想拉藏汗的岳父却讥讽道："颇罗鼐，你个西藏娃儿，不是能征善战的蒙古人。你什么也不懂，闭上嘴待着吧。我打过仗，久经沙场，深知敌人攻来，只有迎头痛击，绝无死守山岩之理。"颇罗鼐见自己的意见没人重视，又是藏人，只好闭嘴。

七月十九日，大策凌带了两千四百人，翻山越岭，直扑拉藏汗军营。大策凌的军队，风尘仆仆，穿着皮子、羊毛、牛毛等缝制的褴褛衣衫，头上的帽子形似半截衣袖，高高耸起，马尾巴打了结，执着长矛、长枪、大刀、短剑等武器，蜂拥而来。这支看似叫花子的军队，让拉藏汗及部下顿生轻敌之意。敌军到来后，立刻占据了库堆山，修筑堡垒，与拉藏汗对峙。

次日，拉藏汗全军出动，列阵作战，象征拉藏汗的白黑二色战旗，迎风猎猎作响。草原上，两方军队步步进逼，战旗遮天蔽日，火药枪发射声此起彼伏，发出阵阵清脆鸣声。行近之后，双方再张弓射箭，如雨点般掠过天空，箭矢落下之处，溅起无数血花。之后又是近身肉搏，士兵们满面怒容心若狂，大声狂吼咆哮，战马奔驰沙尘四起，强弩猛地击杀勇将，流矢突然刺中骄兵，刀剑虽无情，士卒则无怨，无奈王侯之争，只好奋力求生。

拉藏汗身前的一批侍卫，抵挡不住准噶尔军的进攻，四散逃溃。颇罗鼐上前，用火药枪命中敌方一名将领，才挽回局面。战至中午，各自收兵回营。

七月二十五日，拉藏汗、苏尔扎带了万余人，分兵三路偷袭山上堡垒。不想有人事先泄漏情报，准噶尔人早设下埋伏，领兵的将领刚一抬头，就被一枪毙命，手下畏缩不前。此后由于准噶尔人的煽动，称入藏是打击拉藏汗，而不是与藏人为敌，藏人打仗不肯卖命，出工不出力。

八月初九，准噶尔军后军三千人赶到，加入战局。十日，拉藏汗向康熙奏报战况，请求支援。猛将颇罗鼐在战事中脚受伤，其他藏人劝告他不要太卖命，这是蒙古人之间的战争，与藏人和关。颇罗鼐的记录，反映了战况越发不利于拉藏汗，"敌军一天天强大，我军一天天疲惫、厌战"。

八月二十五日，五世班禅出现在战场，劝说双方罢战。大策凌敦多布扬言道："我等岂敢不听班禅之言？惟策妄阿喇布坦既差我等攻取拉藏，若听班禅之言，和好返归则杀我等。倘若归降，也不能当拉藏之奴仆。"拒绝了班禅的调解。

拉藏汗虽然兵多，但忧虑后方拉萨不稳，在九月初四退兵拉萨。在拉萨城外，蒙古兵与藏兵互相不满，彼此敌视，将士们都心灰意懒，满身疲倦。颇罗鼐列举了现在兵丁厌战的状况，建议拉藏汗带少数随从，去青海搬兵求援。拉藏汗却听不进意见，要留在拉萨拼搏。

大策凌敦多布没有立刻进攻，他在扎木草原休整了一个月，等待前去青海袭取的小部队抵达。前往青海的小部队，在八月的一场遭遇战中覆灭。靖逆将军富宁安领兵从乌鲁木齐向毕留图行军时，遭遇了这三百准噶尔精兵。富宁安展开军队，加以攻击，准噶尔军人少，战败后逃窜山中，带队将领阵亡。

大策凌得知攻袭青海部队的败讯后，是继续前行，攻击拉萨，还是行军千里，退回伊犁？

向前还是向后，这是艰难的选择。

拉藏汗之死

大策凌敢于孤军深入藏地，自然是有备而来。三大寺的喇嘛们，早已收买了众多的贵族作为内应，年轻力壮的喇嘛则被送往青海，以备加入大策凌的军队。大策凌军中五名将领，有两人是僧人，曾在三大寺学习过，大策凌本人则在日喀则学过经。与喇嘛们的联系，是大策凌入藏之战的暗手。

拉藏汗的次子发现了拉萨城内的叛徒，藏在行囊中的信件被查出，约定联合攻城的计划被破坏。拉藏汗收缩兵力，在内外交困的情况下坚守拉萨。正在拉萨的大清国使者精于军事，在他的指挥下，拉萨与布达拉宫被重新加固，用带有壕沟的半月形碉堡、栅栏及其他防御工事围了起来。

在寒冷彻骨的扎木草原上，大策凌敦多布向他的士兵发表了热情洋溢的演讲，描述了胜利的前景。大策凌隐瞒了真相，宣称青海奇袭成功，达赖噶桑嘉措已在前往西藏的途中。拉萨城内的人们，出于对达赖喇嘛的热爱，已经拿起了武器，准备迎接你们入城。

在大策凌敦多布的鼓动下，准噶尔人、土尔扈特人、唐努乌梁海人、藏人一起摇动着手中的武器，发出呐喊，眼神炽热，前方的拉萨，在他们的眼中已经开始燃烧。大风之中，浑身沸腾的军队朝着拉萨前进，他们相信，他们不是去战斗，而是去接受欢呼的。

果然，准噶尔军只遇到了一点抵抗，接着就长驱直入，横冲直撞。十月，准噶尔军抵达拉萨城下，在火炮射程外扎营。军队被分为四支，大策凌驻在城北靠近色拉寺的地方，第二队在西边靠近哲蚌寺，第三队在西面，靠近甘丹寺，第四队占领了拉萨外面河岸的一个阵地。

太阳升起之后，积雪的冷气渐淡，大批的喇嘛从寺庙中蜂拥而出，在皑皑白雪上踩踏出一条泥泞的道路，口中发出疯狂的呐喊声。高原之雪中，大批黄色僧衣在蔚蓝苍穹下涌动，三种颜色构建出一幅刺眼的画面。准噶尔军先是心中一惊，随即放下心来，这是欢呼的人群。青壮喇嘛们冲在前方，他们拿着武器，准备加入大策凌敦多布军作战。上了年纪的喇嘛，则提着食物前来犒劳。看着欢愉来迎的喇嘛们，喝上一口热腾腾的酥油茶，大策凌敦多布更加自信，雄伟的拉萨城墙，矗立的布达拉宫，都已不足为惧。

十月三十日深夜，内应发动，从城墙上放下梯子，迎接大策凌敦多布领军入城。不久东门、北门也被内应打开，各路军队一起杀入。在欢呼声中，大策凌进入了藏王府（班觉热丹宫），此时拉藏汗已带了全家，逃入布达拉宫。

颇罗鼐带了少数随从，准备去布达拉宫与主子共患难，途中碰到十五个眉毛弯弯的准噶尔人，手执快刀，骑着尾巴打了结的骏马，冲杀过来。颇罗鼐急忙点燃火枪，将准噶尔人打得下马躲避。此时冲来的准噶尔人愈来愈多，颇罗鼐扔掉武器和坐骑，打扮成平民，走向布达拉宫。

途中，颇罗鼐看到一名准噶尔人，拿了杆长矛，追杀五百名兵丁，如同恶狼在追绵羊。颇罗鼐大怒，抽刀准备杀掉这名准噶尔人，却被亲友制止并劝告他："拉藏汗气数已尽，拼命又有何益？"颇罗鼐无奈，只好随了亲友与扈从，返回拉萨城内住下。

进入拉萨之后，为了犒劳这群追随自己穿越千山万水的将士，大策凌敦多布纵兵洗劫。据在拉萨的意大利传教士德斯得利记载，加入大策凌敦多布部队的喇嘛，是最为贪婪残忍的强盗。他们拿着武器，闯入民房，连同伙喇嘛的家也不放过。喇嘛们想钱想疯了，他们忘记了信仰，甚至冲入喇嘛庙，大肆洗劫。他们的胃口得不到满足，再三闯入民房，将男女老少吊起来折磨，逼问出财富的埋藏处。洗劫持续了两昼夜，直到有价值的东西都被抢光为止。此后，曾经的富人沦落到衣不蔽体，拉萨城内百姓人人如此。

抢劫中，准噶尔人自然也不甘落后，为了抢夺钱财，无所不用其极。准噶尔人以五世达赖灵塔下埋有镇压准噶尔的法物为由，将塔挖掘。塔开挖后，并无法物，所得珍稀物品均被劫掠。

在拉萨的传教士几乎失去了他们所有的财富，并遭到了虐待。两名神父被剥光衣服，惨遭毒打，休养了很久才痊愈。德斯得利此时正在色拉寺学经，得以逃过一劫，不过他在拉萨的住房遭到洗劫，只有藏在木柴下面的一些钱未被发现。

耶稣会持续不断地向西藏派出传教士，他们取道印度进入西藏，一些人死于途中，一些人逃回，果敢无畏者穿越大雪山后成功到达。抵达拉萨的传教士，用自鸣钟之类的小礼物博取了拉藏汗的欢心，得以留下进行传教。从印度进藏途中，关卡林立，缴纳了沉重的过境税后，传教士们靠着剩下的可怜的钱在拉萨生活，他们衣衫褴褛，有时靠树根和植物为生。"我们一年到头只在晚上吃饱一顿，早晨我们只喝两杯茶和一点点糌粑。"传教士通过行医获取人们的信任，有很多达官贵人以金银相赠，尽管手头拮据，但他们全部加以拒绝。苦熬之后，总算落地生根，共有五名传教士在藏活动，通过拉藏汗的关系，其中的二人进入了寺院学习藏文佛经。传教士用藏文写了本小册子，拉藏汗很感兴趣，让传教士讲解给他听。虽然未能劝说拉藏汗入教，但双方进一步增进了友谊。1717 年，拉藏汗指示要大幅度降低"白人喇嘛"的入境税。降税的幅度参照尼泊尔商人的标准执行，此后传教士入境税减少了约百分之九十。一名在拉萨的清廷高官，被传教士治好了浮肿，想带他们去北京。拉藏汗不愿意传教士离开，可清廷高官坚持要带人去北京，传教士不得不到寺庙里躲了些日子。

准噶尔人进入拉萨的第三天，十一月一日（12 月 3 日），开始围攻布达拉宫。

布达拉宫高耸入云，坚若磐石，准噶尔人用梯子攻坚，再用火烧毁了大门，冲入布达拉宫。拉藏汗与次子以及重要将领，已从北面的暗门逃跑，此处留有好马等待他们。拉藏汗的王后与最小的儿子，则由两名高僧照顾。

骑上好马的拉藏汗并不走运，逃亡时他碰上了装有栅栏的壕沟。马受惊未能跳过壕沟，掉落进去。随后准噶尔兵追上，拉藏汗爬起奋勇反击，最后一刀还砍下了敌人的右臂，之后被围攻杀死。拉藏汗之死，结束了和硕特部统治西藏七十五年的历史。

大策凌敦多布听到拉藏汗的死讯后，带着痛苦的神情离开了布达拉宫，在拉藏汗尸体边伏尸痛哭良久。这自然是鳄鱼之泪。

拉藏汗的儿子与两名大臣撤退后，投奔了地方官达孜。达孜是桑结嘉措的近亲，本人残酷无情，对拉藏汗痛恨入骨。达孜的儿子聪明可爱，为拉藏汗所喜，将他招到自己身边，予以宠幸。达孜对自己儿子心生不满，就毒死儿子，以免他让拉藏汗开心。

三人投奔于他，命运可想而知。当三人熟睡后，达孜派人去给大策凌敦多布报信。不久一队骑兵赶到，将三人擒获。流过鳄鱼眼泪的大策凌敦多布，下令将三人关押在暗无天日的牢房之中，仅给赖以活命的食物。

布达拉宫被攻陷后，拉藏汗所立的六世达赖泰然自若，表示自己将会退位，只求做一名普通喇嘛，在原来寺庙中度过余生。班禅此时也在布达拉宫，目睹了大策凌敦多布的胡作非为后，大为愤怒，斥责他背信弃义，杀人如麻。同时要求大策凌敦多布不要虐杀拉藏汗的王后与幼子。

随后，拉萨街头出现了让人惊讶的一幕。拉藏汗的王后被白色丝带牢牢绑着，一路痛哭，幼子则跟着他的娘亲而行，班禅也被准噶尔骑兵团团围住，一路从布达拉宫迁往藏王府。班禅的两名弟子被杀，财物被洗劫一空。不过大策凌敦多布还是不敢公然侮辱班禅，更不敢加害于他，只好将他囚禁。布达拉宫也遭到了洗劫，甚至达赖喇嘛的私人卧室及重要佛堂都被洗劫一空。

头发雪白，眼皮下垂，牙齿脱落，耳朵半聋的达孜，在大策凌敦多布的扶持下，成为新的第巴。颇罗鼐则被一名准噶尔头目抓了起来，逼他交出财物。在连续抽了颇罗鼐五十皮鞭之后，看着从他口中没法问出钱财下落，准噶尔人才将他放掉。

没过几天，颇罗鼐与情妇正享鱼水之欢时，又被抓入监狱。所幸达孜对他很是关照，给他送吃送喝，帮他说情，才得以被释。颇罗鼐后来在自传中，对"藏奸"达孜给予了较多溢美之词。

大策凌敦多布决定将拉藏汗的两个儿子、王后及执政大臣达甘札西押送到伊犁去。拉藏汗手下将领顿珠次仁，因为大策凌敦多布对他的厚爱而被释放，得到这个消息后，奋起追赶，并成功地救出了执政大臣达甘札西。顿珠次仁再次勇敢地冲入敌阵，想救出王后与两名王子，他身受无数创伤，当他离王室成员一步之遥时，浑身是伤，倒地不起。随后他被砍去手足，割掉耳鼻，加以虐杀。大策凌敦多布愤怒地将顿珠次仁的妻子砍成肉泥，作为报复。

达甘札西出逃之后，一路往西逃到噶大克（今阿里首府）。在此处是联系伊犁、叶尔羌、拉萨的要隘，达甘札西收拾了拉藏汗的残部，调回原本在边境上的士兵，日夜操练，等着报复的机会。

大策凌敦多布入藏之后，已近两年，一直没有得到策妄阿喇布坦的指示。拿下拉萨后，为了表功，他派出部队，将搜刮来的财富运回伊犁，而噶大克正是必经之路。准噶尔部队路过噶大克时，得到了热情的款待。帐篷之中，满是香气撩人的好酒，准噶尔兵放开畅饮，一杯杯的美酒下肚，直到点滴不剩。当准噶尔人醉到拿不起武器时，藏人上前将准噶尔人收拾干净，缴获的财富则被留待替拉藏汗一家复仇。

大策凌敦多布在西藏扶持了傀儡达孜进行统治，达孜想任命颇罗鼐为助手。颇罗鼐辞掉了任命，取出暗藏的财富，置办了一身华丽的衣服还有黑狐皮帽，抬了两大升白银送给达孜，感谢他对自己的救助。

准噶尔军进入拉萨后，住进拉藏汗的王宫，过起了富足的生活。准噶尔人在拉萨征收繁重的赋税，更强抢女子，"见姣好女子，光天化日即携拉去。骚扰甚重，唐古特人恨死之"。不过准噶尔人也有不开心的地方，因为水土不服，入藏的准噶尔人头部下颏肿胀而死者甚多，应是今日所谓高原反应。拉萨被攻下后，三十几位大喇嘛被杀，三千多喇嘛被还俗，驱散的喇嘛有几千，拉萨三大寺喇嘛数量降到原先的三成。策妄阿喇布坦用兵西藏后，康熙下令断绝与西藏的一切贸易，禁止茶叶、绸布、烟等物品输入。拉萨城内物资缺乏，布施的人也没几个，三大庙一日最多有布施一次，"无熬茶，喇嘛多半私下分散"。

入藏之后，准噶尔士兵也通过抢掠致富，大策凌敦多布勒令官兵每人上缴金十两，以孝敬策妄阿喇布坦。士兵被逼出十金，就转而勒索藏人，雪域高原哪经得起这般搜刮。在几番搜刮后，准噶尔人无法再榨取油水，供给都开始出现困难。对所统军队，大策凌敦多布只能每人每月给银九钱，炒面一盘，每五人给一块砖茶。因用度缺乏，准噶尔军四处偷窃马匹牲畜，这又加剧了准噶尔人与藏人的矛盾。

风雨飘摇之中，清军远征军入藏来了。

清军两次远征

康熙五十七年（1718）二月，远在西藏的拉藏汗于去年发出的求援信飞抵北京。到了四月，康熙又得到消息，据逃出拉萨的人所云，去年拉萨已被占领，拉藏汗战死。

准噶尔部大策凌敦多布带领六千人入藏，经过几次战事，此后又有生病死亡者，余部不过四千余人。之后又几次分兵押送战俘及财物返回伊犁，手中所剩兵力并不多。大策凌敦多布自己领了几百人驻扎在拉萨，将主力分布在拉萨北部的达木、喀喇乌苏（黑水）等要地。

准噶尔部控制西藏，再以宗教为号召，策妄阿喇布坦进而统一蒙古各部不无可能，这将对清廷造成巨大威胁。而蒙古骑兵的战斗力，在噶尔丹时已得到明证。

当策妄阿喇布坦与拉藏汗联姻后，康熙就有所准备，令西安将军额伦特驻扎西宁，与青海蒙古诸王公互相策应。额伦特出身于军旅世家，曾参加费扬古的西路军远征噶尔丹，在昭莫多之战中立下功勋。战后康熙至西安阅兵时，安排他靠着自己坐下，并亲自赐酒。额伦特一度官至湖广总督，此次也亲自领兵上阵。

同年夏，康熙派色楞领兵两千四百人，从西宁出发，进军西藏。

康熙之所以派出少量部队，深入西藏，因为他尚沉浸在哈密之战的喜悦中。当日清军以二百人，击败大策凌敦多布所统领的两千人。被胜利冲昏头脑的康熙甚至认为，攻陷策妄阿喇布坦老巢伊犁也是指日可待。

虽然色楞向康熙夸过海口，要立下大功，可途中听说准噶尔军兵多且战斗力强悍后，他不敢托大，又呈请将额伦特处两千人调拨同行。色楞虽然请调额伦特帮忙，却又与额伦特不和，两人在用兵上存在诸多分歧。色楞领了前锋先行，将额伦特甩在后面。七月十九日，色楞进至喀喇乌苏（黑河），与准噶尔军开战。清军枪炮犀利，鏖战了一上午，将准噶尔军击退，但骏马百余匹被抢走。十九日夜间，准噶尔军又出动两千余人夜袭，从四更打到次日中午方才撤退。准噶尔军无炮，只有鸟枪、长枪、弓箭，在战斗中显示了出色的战术素养。色楞尝到苦头，就派人来请额伦特助战。二十六日，额伦特领了四百人先行追赶色楞，大部队则稍后出发。

色楞、额伦特在那曲会合之后，二十九日晨，清军全军出动，准备与准噶尔军厮杀。

清军列阵后，色楞一看准噶尔军尚远，就让本部没有吃早饭的士兵回营取食物。这个荒唐命令一下，士兵们都说没吃早饭，纷纷回营，色楞也跟着回了营，只剩额伦特领了自己的四百人马布阵。准噶尔军趁机从山上冲下，围攻孤立的额伦特。额伦特两次派人去向色楞求援，色楞按兵不动，大概还在吃早饭。

侍卫达克巴藏看色楞如此作为，大为不平，孤身一人，冲入敌阵，脖子被射中一箭。冲到额伦特身边之后，才将箭拔出，包裹了伤口再战。至黄昏时分，西宁把总陈吉带了鸟枪兵二十余人，从包围圈外突击，二十余杆鸟枪不停燃放，也奏了奇效，将额伦特救出，但陈吉战死。

八月初五日，准噶尔军发现后方清军赶到，拦住交战，清军死伤惨重，运送粮草的马驼大半被抢走。此后准噶尔人采取偷袭战术，在山上设置墙垛，向清军放冷枪。如果清军出动围剿，准噶尔军就上马撤退。

游击战拖到了闰八月初一，准噶尔军突然从山上冲下，将清军在十几里外放牧的马匹及看马的仆役全部掠走。此后清军马畜全无，粮草不济，饥饿不能守。

清军之所以在十几里外放牧，也是战马的特殊情况所决定。战马每次经过战斗之后，要选择良好的水草牧场，让它饱食青草，饮用好水，此期间不能骑乘，让马养出肥膘。至下次战斗时，将马收回营地，然后只喂食少量草料之后马膘收缩，身体强壮，可以持续骑行数百里。

对于蒙古人的盗马本领，战前额伦特就有耳闻，曾上奏建议打造如九连环一般的锁链，将马两条前腿锁住，蒙古兵来盗，马不能奔走，又不能打开锁。趁蒙古兵忙于打砸锁链时，清军可以靠近斩杀。为此康熙下令为每匹马量身打造铁锁，只是此计在实战中被证明无效。

准噶尔军交战时，所能出动的兵力最多三千，武器有鸟枪三四百支，其中有三十来支杂木喇鸟枪，射程可达三百步远。闰八月，准噶尔军还搬出了五六门大炮，对着清军军营轰击，造成巨大威胁。

在切断了清军粮草供应后，准噶尔军调动藏人前来助攻。藏人每日里只是朝清军大营乱放鸟枪，也不靠近进攻。如果没有准噶尔军监督，就朝天空放鸟枪。清军判断，藏人并不想被准噶尔人驱使，前来放枪只是无奈之举。不过藏军的到来，壮大了准军的声势，给清军造成压力。

至九月二十八日夜，清军饥饿难耐，就从营地撤退，渡过喀喇乌苏河，想到回路上去弄些粮草。到了次日中午，徒步行军的清军正筋疲力尽时，大批准噶尔军骑马追了上来。混战中，额伦特被鸟枪击中死亡，喀喇乌苏河（黑河）之役至此以全败告终。

额伦特战死后，色楞及清军被准噶尔军围困，在饿了多日之后，清军无力抵抗，请求投降。

大策凌敦多布得知额伦特战死，差人前来查探。清军士兵马朝群与翻译一同前往大策凌营中交涉，见面后大策凌叹息道："不料一位好将军阵亡。尔等回去收取将军尸体，我不与尔等交战。"

马朝群返回途中，碰到色楞前往大策凌敦多布处谈判，大策凌敦多布又派人将马朝群及翻译召回。

马朝群回去后，大策凌敦多布问他道："这是色楞么？"

马朝群与翻译连忙答称是。

大策凌敦多布端坐于中，副将坐于旁，令色楞跪拜，色楞拒不下跪。大策凌敦多布令人将他按住跪拜，色楞反抗，从靴子中抽刀准备自杀，不想靴中没刀，只抽出了块小铁片，就刺向脖颈。

大策凌敦多布手下将色楞手按住，又用鞭子加以抽打，不过也不强迫他跪拜了。大策凌敦多布此时气势汹汹，追问色楞："大皇帝并未让你征伐我等，你违背谕旨，轻视我等，率少许兵丁深入何意？今被俘获，又有何言？"

色楞一声不吭，大策凌敦多布遂命将他拉出，押往别处囚禁，马朝群及翻译依旧遣回。喀喇乌苏战役中被俘虏的清军士兵，大策凌敦多布派喇嘛清点人数后全数释放，并发给粮食，沿途派兵护送至青海。色楞等十余名将领，则被扣押。

在此前系列战斗中被俘的清军有四百二十八人，则被押解到藏地关押。班禅再三请求予以释放，并表示将为他们提供衣服和食物。康熙五十八年（1719）正月，这批俘虏被释放，沿途藏人纷纷赠给衣服与食物，帮助他们渡过难关，回到内地。

此年二月，色楞被押解前往伊犁。在押送途中，色楞夜间将捆绑的绳索在火上烧开，又杀死了两名看守逃跑。出逃后色楞又被准噶尔人抓获，不再给他提供食物，十几天后色楞饿死。

黑河之战显示了大策凌敦多布出色的战术才能，他通过不断的骚扰，以游击战截断清军粮草供给，又能捕捉最合适的战机，予清军一击。在藏的外国传教士对他也留下了深刻印象，德斯得利描述道："这位将军富有激情，经验十足，很有胆魄，勇猛好战。他似乎不知道什么是疾病、疲劳，马鞍就是他休息的地方，马毯就是他的床铺，他最软和的枕头是盾牌、佩刀、箭囊和弓箭。他最擅长的辅助手段就是神秘和武装，他好像认可他谴责的东西（魔鬼）。"

清军远征军的覆灭，额伦特的战死，让西藏正在进行密谋，预备起义迎接清军的人士受到打击。

一度在拉萨被关押的颇罗鼐，找了机会逃回老家后藏江孜，听说额伦特、色楞进藏后，带了几十名仆人准备去投军，被妻子劝了下来。清军战败后，风闻消息的准噶尔人开始监视颇罗鼐，拉藏汗的一些老部下被处死，作为警告。又是达孜帮忙，将颇罗鼐调去了与尼泊尔接壤的地方担任税务官员。在此处，颇罗鼐表面上拥护准噶尔人，暗中准备起事。当阿里的康济鼐起事后，颇罗鼐偷偷给缺铁的阿里反抗军送去了一千余马掌和军饷。

阿里地方的总管康济鼐，是拉藏汗的女婿。拉藏汗死后，他仍占据阿里，未曾归顺。大策凌敦多布派兵押解俘虏前往伊犁，路过阿里时，被康济鼐设计杀掉。清军十五名被俘官兵，押解至阿里时，也被康济鼐救下。大策凌敦多布威胁要出兵报复，康济鼐回复他："你们要战，则我往冈底斯山去等候，不战我则领兵往达木去战。"这样的对手让准噶尔人大为头疼，最终也不敢招惹他。康济鼐招兵买马，又向清军表示，希望将在青海塔尔寺的达赖喇嘛护送入藏，并愿意为前锋辅佐。

林芝地区的显赫贵族阿尔布巴，为了维护家族的利益，先是与准噶尔人合作。阿尔布巴身在曹营心在汉，刺探了在西藏的准噶尔军布置情况及士兵的精确数字。得到额伦特进入西藏的消息后，阿尔布巴开始活跃起来，秘密招募了三百名士兵，准备配合清军作战，可惜清军不久即告失败。阿尔布巴不得不偃旗息鼓，等着下一次机会。

远征军出行后，康熙不再乐观，开始忧虑，"内心甚不安愁闷"，并为远征军祈祷。远征失败的消息传到京师后，所有人都很惊愕。康熙决定再次用兵，一定要击溃准噶尔兵。大臣们认为西藏路途太远，环境气候恶劣，不能深入。对于被俘虏后释放的清军，大臣们主张严惩，康熙却持相反意见，认为所有士兵都是有功之人，应该予以嘉奖。对出征战死者，也应给予抚恤。

为了第二次出兵，康熙做了充分的准备，以皇十四子允禵担任抚远大将军，驻西宁，统领进藏各路军马。允禵"其纛用正黄旗之纛"，正黄旗是由皇帝亲掌的上三旗中最尊者，用正黄旗代表了皇帝御驾亲征。为了此次用兵成功，康熙将一直被拘押监视的噶桑嘉措捧至前台，作为号召，随军一路进藏。

对是否让青海王公护送噶桑嘉措入藏，康熙另有考虑。自顾实汗以降，和硕特部已掌控西藏七十余年，成为西藏名义上的统治者。若没有和硕特部入藏，则在出兵名号上有所欠缺。可若让他们入藏，则是否还要再将西藏交给和硕特部王公统治？最终康熙决定借重青海和硕特部王公力量，共同进藏。

康熙五十九年（1720）二月六日，抚远大将军允禵、噶桑嘉措及以罗卜藏丹津为首的青海和硕特十九名台吉等在塔尔寺会盟。清军出动万余人，护送噶桑嘉措进藏。为了让他名正言顺地进藏，康熙又册封他为"弘法觉众第六世达赖喇嘛"。虽然清廷册封他为六世达赖，藏地民众认为他是第七世。

皇十四子允禵抵达青海后，西藏的地下工作者阿尔布巴立刻派出使者前往塔尔寺，向允禵提供了准噶尔人的精确情报。允禵将情报翻译为满文，又给了使者一笔丰厚的打赏。按捺不住激动心情的阿尔布巴，决定亲自前去迎接清军，他带了三十名随从一口气跑到青海湖畔。允禵热情地招待了他，表示听闻大名已久，今日终于一见。为了增进感情，允禵将自己的帽子、皮袄、鞍具及白银三百两赏给了阿尔布巴。得意扬扬的阿尔布巴却未曾料到，允禵的帝位竞争对手，四阿哥胤禛将来会为此而置他于死地。

经过精心准备后，康熙五十九年（1720）四月，清军大军出动，分南北两路，分别由成都、西宁向西藏出发。大军出发前，康熙还派太监至军队驻地，赏赐"妙药十二斤八两、神符一万张、寻生救苦丹一千丸、保心石二万一千五百小丸"，以治疗瘴气（高原反应）。只是不知这一万张神符，后来效果如何。

允禵主持北路大军，于四月二十日往塔尔寺迎接噶桑嘉措，一同起程。喀尔喀蒙古各部、哲布尊丹巴也派了使者随军。五月十日，清军先行抵达索洛木地方，等待与青海蒙古各部的军队会合。由于青海各部军队延误，允禵领了前锋护送噶桑嘉措先行。六月十三日，允禵翻过巴颜喀拉山，途中遭遇大雪，人畜死伤颇多。至雍正登基后，此次行军中冻毙人马，也成了允禵的罪状之一。

至七月初九日，后方清军与青海蒙古王公所统领军队追上，与允禵在木鲁斯乌会合。青海援军抵达后，总兵力有一万五千余人，兵多粮少马缺，遂精选精锐兵丁，由延信统领进军，允禵则领余部返回西宁。

七月十七日，允禵亲自送达赖喇嘛及众将领坐船渡过木鲁斯乌苏河，入藏军队及后勤物资，用了七个昼夜方才全数运完。掌握了双方情报的阿尔布巴此时踌躇满志，他在清军中卖力奔波，貌似成了情报总管。他认为此战毫无悬念，清军有近万人，火器犀利，军饷供给充沛；准噶尔人只有两三千人，缺衣少粮，根本不是对手。渡河时，皇十四子允禵紧紧握住阿尔布巴的手："你为达赖喇嘛和皇帝忠心耿耿，祝你高兴。我不会忘记你，你也不会忘记我。"

延信统兵护送噶桑嘉措进藏，以青海蒙古军为前锋。此次入藏的青海蒙古王公，被清廷封为王、郡王、贝勒者，总计十八人，都是顾实汗的后裔。所带军士，多者一千，少则二百，总数在五千人。据延信观察，亲王罗卜藏丹津、郡王察汗丹津虽然入藏时表现积极，至交战时却相当消极。延信身边有名军务大臣名阿宝，是顾实汗的曾孙，又是康熙的女婿，属于阿拉善蒙古旗。阿宝出自和硕特部，此番被调来联络青海各部王公，共同进藏。

延信汲取了第一次远征失败的经验，稳步前进，特别注意防范准噶尔军偷袭。每扎营后，在营四周安放大炮一百八十尊，又派出哨兵在远处侦探。夜间营盘外点起火堆，作为警戒。马匹白天放牧在护栏外，至夜间则看护于护栏之内，并用精兵看守。

大策凌敦多布继续使用他最擅长的夜袭战术。

八月十五日夜，准噶尔军对清军军营发动袭击，被击退后不甘心，又转攻青海蒙古王公的军营。青海王公所领的军队毫无战意，未战就开始逃窜，还被抓走了两百人。是夜交战中，准噶尔人战死二十多人，清军有马匹被劫走。天亮之后，清军出动追击，将马匹全数抢回。同是蒙古人，青海和硕特王公被抓的手下，在准噶尔军中得到优待，只是俘虏们都想着再回清军身边。到底，那边的茶更香，酒更好，食物更可口。

八月二十日，大策凌敦多布利用连续三天大雪天气，准备夜袭清军营盘。准噶尔军计划周详，因为大雪不能用火药枪，全部改用长枪大刀。同时派出专人抢夺达赖，袭杀清军将领，对于清军马匹，则一匹不取，全部击杀。清军对夜袭早有准备，当夜幕降临时，清军大营内外，火把照亮了帐篷和塔楼，将士披甲执戈，严阵以待。当夜准噶尔军偷袭不成，被清军大炮轰毙甚多。天亮后，清军派兵追击，沿途发现死亡的准噶尔军不下百人。

八月二十日，已两次偷袭失败的大策凌敦多布。利用大雪纷飞的机会，再次出动千余人，在五更时分偷袭清军。清军早有准备，用大炮、鸟枪、弓箭还击。大雪之中，准噶尔人"枪药皆湿，烟火顿灭"，天亮后逃走。

先后三次偷袭不成，准噶尔人反而遭受了伤亡，大策凌敦多布不再发动夜袭，此后"领兵绕走大山，隐藏山谷，处处派人登高山远望"。此时配合准噶尔军作战的藏军，不再听从差遣，各自逃散。大策凌敦多布看着无法再战，遂下令从西藏撤退。

撤退时，颇是狼狈。准噶尔军已不到三千人，领了妇孺牲口一早起身，至天黑后扎营。途中屡次遭到袭击，马匹、炮弹等物品，沿途都被抛弃。至后来，由于柴火缺乏，火枪枪柄也被拆掉煮肉。大策凌敦多布撤退时得病，周身与头皆肿，不能吃饭，不能骑马，做了个架子安置在两匹马中间驮行。回伊犁相对好走的阿里一路已被堵死，只能从自然环境最为恶劣的地方行军，途中大批人畜死亡，进入西藏的六千准噶尔军，最后只剩五百人逃回伊犁。

九月二日，清军抵达喀喇乌苏河。额伦特、色楞军就在此全军覆没，"故垒犹存，白骨山积"。延信驻扎后，下令将当年战死者的尸骨，就地掩埋。掩埋时，"阴风惨淡，鬼哭神啼，见者莫不伤心"。"喀喇乌苏河边骨，皆是深闺梦中人。"

早在八月二十三日，清军已进入拉萨。这支进入拉萨的清军，却是从成都出发的另一路军队。

据传教士记载："一支军队准备走南路，途经西康的打箭炉（今康定）。这条路线比较有利，它穿过一片有人耕种的土地，这样，军队可以以田地的庄稼为生。但两条路线中它比较长。""另一支军队从西宁出发，途经青海湖及柴达木盆地，穿过北部沙漠地带。它要经过更空旷的地带，但由于那里人烟稀少，军队可以避开满怀敌意之人的滋扰。"

南路军以定西将军噶尔弼领军，从打箭炉出发，先攻抚理塘，再奔袭拉萨。副将岳钟琪此年三十五岁，魁梧绝伦，武力过人。大策凌敦多布将主力集中在西线，迎击延信统领的清军，对于南线，只能招募当地土著，利用天险，骚扰阻断清军的进军。

岳钟琪祖籍河南，说起来还是岳飞的后裔，后来移居四川，刚刚用兵平定理塘，是担任前锋的不二人选。岳钟琪领了四千人出发后，途中碰到一名出逃投奔的拉藏汗属下，他提供了一份重要情报：为了阻止南路清军，准噶尔人拉拢当地藏人，依靠三巴桥天险设防。三巴桥是进藏第一险，若断桥而守，断难通行。

岳钟琪挑选了三十多名能说藏语的骑兵，换上藏人服饰，不分昼夜出发，夺取三巴桥，生擒准噶尔使者，招抚地方土著，为南路清军进藏铺平了道路。南路清军用兵后进展顺利，可大将军允禵命令各部原地待命，以待青海蒙古兵。军令难违，南路统帅噶尔弼只能就地驻扎。岳钟琪则建议噶尔弼迅速出兵，军粮一尽，进退维谷。再者，如果不进军，准噶尔军做好准备后，据险而守，清军更难攻击。沿途可以招抚土著，用作先驱，可奏奇功。噶尔弼遂不再等待，立刻出兵。岳钟琪领兵先行，一路势如破竹，进展神速，捷足先登，进入拉萨。

清军进入拉萨后，逮捕了与准噶尔人合作的一百零一人，有五人被审判后处死。作为准噶尔人扶持的傀儡，又曾出卖过拉藏汗次子的达孜，自然是在劫难逃，成为刀下鬼。达孜此人，虽然依附于大策凌敦多布，不过在准噶尔人控制拉萨及周边的三年之中，利用自己的身份，与准噶尔人周旋，救了一批藏人，并保护了很多古籍，也是有功有过。颇罗鼎、罗卜藏丹津等人向清军求情，请免达孜一死，清军将领以主命难违为由拒绝。

留在拉萨的耶稣会传教士，当年被洗劫一空后，却坚持留在拉萨，并以高超的医术治疗准噶尔伤病兵。准噶尔人对这些"白人喇嘛"刮目相看，准备将他们作为特殊人才送去伊犁。传教士不得不出逃，在拉萨以北的山洞中，忍受着饥饿与寒冷，躲藏了六个月。至清军进入拉萨后，他们再次返回，此时已是骨瘦如柴。至康熙六十年（1721），传教士只剩下两人留在西藏。

延信所统的清军，将主力驻扎在达木草原上放牧，延信领了满洲兵八百、绿营兵八百护送达赖喇嘛，九月八日从达木启程，十四日抵达拉萨。九月十五日，在延信主持下，于布达拉宫为噶桑嘉措举行坐床典礼。当日，"僧俗皈依，远迩倾响，欢声振天，梵音匝地"。

至于拉藏汗所立的六世达赖益西嘉措，延信与青海诸王公、各寺庙大喇嘛会商后，认为不可留在西藏居住，应送往京城，待康熙裁夺。延信能够独立在拉萨主持事务，他自然不是寻常人。他是皇太极的曾孙，康熙的侄儿，备受宠信。康熙身体不适时，曾多次让他帮自己祭天地、祭社稷、祭太庙。益西嘉措到京师后，被移送至承德，后终老于此。

康熙先后确认了三个达赖，造成了无尽纷扰。康熙三十六年（1697），康熙派使者参与了仓央嘉措的坐床典礼，虽未加以册封，却承认了他的六世达赖身份。拉藏汗杀死桑结嘉措后，拥立的六世达赖益西嘉措在康熙四十九年（1710）得到康熙的册封。准噶尔军入藏后，益西嘉措又被拘禁。原先青海蒙古王公所拥立的仓央嘉措的转世灵童噶桑嘉措，则在康熙五十九年（1720）被确认为六世达赖，护送至西藏坐床。这样，康熙皇帝先后认定仓央嘉措、益西嘉措、噶桑嘉措三人为六世达赖喇嘛，导致达赖喇嘛世系大为混乱。后来的皇帝，精明如雍正，也未能厘清这乱如麻的达赖世系。在信徒眼里，仓央嘉措是六世达赖，噶桑嘉措是七世达赖，乾隆最终也接受了这个传承顺序，将噶桑嘉措之后的达赖认定为八世。（为避免混乱，本书下文均采用七世达赖之说。）

多情王子丹衷的命运却是悲惨。当准噶尔军在西藏遭到惨败之后，他被关入监狱，他的妻子，策妄阿喇布坦的女儿被改嫁给了辉特部首领，此时她已经怀孕。后来丹衷又被指控施展巫术，被扣在两口炽热的大锅之中，活活烤死。

拉藏汗的次子苏尔扎、幼子才丹，至康熙五十七年（1718）七月被押解到伊犁，苏尔扎的妻子途中逃走，并成功给康熙报信。苏尔扎在伊犁居住了二十五年，最后死在那里。才丹自幼在伊犁生活，三十七年后，清军进入伊犁时发现了他，并给了他爵位。拉藏汗的三个女儿也被带到了伊犁，其中一个先嫁给了策妄阿喇布坦的次子，之后又嫁给了长子噶尔丹策凌。

清军入藏之后，将大兵撤回，留下三千人驻扎。延信回到四川后，康熙责备他只留下三千汉兵，未留满兵在藏，指示他再带满汉兵各五百人入藏。入藏之路，千山万水，还有高原反应困扰，延信就推脱身患重病，不肯再去。于是康熙将他调回京师，命署四川总督噶尔弼带兵入藏，噶尔弼走到了泸定桥，也称患了重病不能前进。两名大将都称病不肯入藏，处理却各不相同。延信回京后，得到康熙嘉奖，封为辅国公。至于噶尔弼，因为不肯进藏被革职，之后在外徘徊不肯进京，再被年羹尧打了小报告，差点丢了脑袋。不过延信未曾料到的是，他与皇十四子共同领兵入藏，将来却会给他带来杀身之祸。

疲惫不堪的交战

在对西藏用兵时，为了牵制准噶尔主力，在天山南北，康熙也布置了用兵。

与准噶尔部的战事，在哈密之战后就持续不断。康熙五十六年（1717）六月，富宁安领兵攻袭准噶尔，一路深入乌鲁木齐。七月，清军在回师途中大败准噶尔军。

富宁安出自名门富察氏，屡立战功，以武职而被康熙提拔为吏部尚书。在与策妄阿喇布坦的战事中，被康熙调至前方主持。富宁安身材伟壮，勇冠百僚。晚上睡觉时鼾声如雷，常令几名仆人时时推醒自己，以免沉睡后昏迷不醒。

康熙五十七年（1718），康熙派遣一名道士李庆安至前方富宁安军营。康熙赐李庆安以宝刀，希望他能在前方操练"神兵"，以"神法"灭掉策妄阿喇布坦。

十月十八日，李庆安抵达前方巴尔库尔，这名年轻道士果然厉害，到了前线后，随意露了几手法术，官兵都惊为天人，无不拜服。富宁安更是对李庆安膜拜得五体投地，在奏折中夸奖道："李庆安虽年少，非平常人。"

两人每天一起吃饭，一日见面数次。李庆安对富宁安表白，自己虽是出家人，不热衷功名，可为了报答皇恩，一定要帮他灭掉策妄阿喇布坦这个大祸害，了却皇上心愿。富宁安更加感动，灭了策妄阿喇布坦，自己也是巨功啊，又上奏夸奖李庆安"忠实学者，有特异神法是实"。

李庆安请富宁安奏报康熙，要挑选八百名年轻力壮的士兵，操练"六丁六甲神兵"。康熙批准了此事，只是指示要保守秘密。"六丁六甲神兵"，一律穿红布褂，外罩红盔甲，佩戴撒袋。之所以穿红衣，因为策妄阿喇布坦处西方，属金，神兵旗帜衣着均用红色，取火克金之意。"八百名兵丁，四面四角各一百名，占据各处操练"。

至于如何消灭策妄阿喇布坦，李庆安也做了详细的谋划。如果策妄阿喇布坦前来进攻，自然最好，可以出神兵灭之。若不来攻，则由富宁安领了大兵正面挑战，神兵则施展神法，"断山横入，攻入伊内部，伊如何能抵？"依照李庆安的神兵攻略计划，预备来年三月二十日展开行动，由富宁安领大兵至吐鲁番，神兵则为前驱，直扑策妄阿喇布坦老巢。

富宁安虽迷信神法，人却清醒，认为春季用兵，马匹瘦弱，根本无力远行，八百神兵深入也是轻率之举。李庆安又称可以作法，弥补马匹瘦弱与神兵人数少的不足。"沿途倘若遇贼，我施天魂招神法，念咒自然不可行动。以此我既招服沿途其属下之众归降。策妄阿喇布坦逃往何处？伊若归降，我即收容，伊若不降，我即剿杀。"富宁安思虑再三，还是没有同意这个异想天开的计划。

康熙五十八年（1719）正月，康熙赏了七皮箱物品给富宁安。富宁安只拿了两件皮袄，其余六皮箱都交给了李庆安。

皇帝与富宁安如此厚爱，李庆安却还没有机会施展神法，颇是寂寞。恰好，此年年初，清廷准备派遣使者前往策妄阿喇布坦部，李庆安请求让自己扮作笔帖式，随使团前往准噶尔部。如果策妄阿喇布坦不肯归降，就由自己"施神法，暗变其心肝，迷惑其灵魂，数日之内自灭"。

不必出动大军，就可弄死策妄阿喇布坦，富宁安算计了下，颇是划算，上奏云："灭策妄阿喇布坦若成功，属众必来降，伊之子断不能保，自致毁灭。如此，未动用军队，西地事即定。"康熙批准了此计划，可此时出行前往策妄阿喇布坦部，李庆安也有不利之处，因为他的名气太大了，军中无人不晓，突然离营西行，让人怀疑。

为了掩人耳目，富宁安对军中宣传，李庆安"懂绘画"，此次出行是为了考察至伊犁的路程及沿途水草，李庆安的名字被改为安玛利。使团人选由富宁安确定，再由李庆安挑选，到了伊犁后，翻译应将策妄阿喇布坦所有话语都告诉李庆安。为了防止策妄阿喇布坦只接见正使，不让其他人入见，富宁安又要求策妄阿喇布坦必须接见所有来使，倘若只见正使一人，"我则不往"。

出发时，李庆安佩戴了御赐的腰刀，用来画符咒的朱砂被暗中携带，气势雄浑，胸有成竹，一刀入天山，神符灭策妄。李庆安表示，策妄阿喇布坦如果畏惧而归降，就不施展法术，不然就用神法灭了他，此后平定西方，"方使我一世之心愿亦了结，可谓未负皇上仁爱之心"。

李庆安一去半年，到了六月下旬，还不见准噶尔部动乱。富宁安却对他充满了信心，认为如果李庆安成功后，准噶尔必然内讧，"既为良机，或明年大举进攻，或今冬挑选兵马进攻之处，请主子训诲"。

李庆安出发前曾道："我去必胜，俟归来，我觐见皇上。"富宁安特意请示康熙，李庆安回来后，是当即前往，还是请旨后前往？康熙朱批："一面缮明，急速奏报。李庆安前来之处，稍候旨。"不过此后在富宁安的密奏之中，再也不见李庆安的踪迹，自然是神术未曾奏效，归来之后被秘密处理。神武如康熙者，也被江湖术士所惑，将军事当作儿戏。

康熙五十九年（1720），阿尔泰、巴尔库尔两路大军，分别由靖逆将军富宁安、振武将军傅尔丹、征西将军祁里德统兵。两路大军都摆开了攻击的架势，此年年初吐鲁番地区遭遇大旱，军中马匹不肥，沿途水草缺乏，康熙指示前方将领根据实际情况，判断是否可以用兵，不得贸然出发。

巴尔库尔、阿尔泰两路地方，雨水调和，马匹肥壮，前哨侦探发现行军途中水草均可得到供应。两路军约定，阿尔泰方面六月十六进军，巴尔库尔方面七月一日进军。

巴尔库尔方面兵分两路，富宁安领兵直扑乌鲁木齐，阿喇钠攻吐鲁番。

散秩大臣（清朝侍卫处高级官员，次于内大臣。协助领侍卫内大臣掌率侍卫亲军，以宿卫扈从）阿喇钠自将一路，十三日进抵吐鲁番，吐鲁番守城头目开城投降，缴获鸟枪五百五十杆、骆驼四十、马五百。十六日，清军从吐鲁番撤出，之所以退出吐鲁番，因为"欲久镇守，粮饷难于接济"。

富宁安领兵出发后，初八，侍卫哲尔德攻击阿克塔斯哨所，"贼众畏我兵势，望风而走，我兵急往追捕，擒获一贼，余贼入深山中逃散"。侍卫克什图等攻击伊尔布尔和韶哨所，看到准噶尔人的马匹在谷内营地放牧，随即由阿玉锡带了十余骑冲入山谷，抢了百余匹马返回。看到清军来攻，准噶尔军藏身在树石之中，开枪抵抗。此战击杀准噶尔军三十余人，生擒二十四人。

阿玉锡

十八日，富宁安进抵乌鲁木齐，沿途准噶尔人都已逃走，游骑四处搜索，也不见一兵。完成扫荡任务后，富宁安随即退兵，至乌兰乌苏与阿喇钠会合，八月初十返回巴尔库尔。

阿尔泰方面兵分两路，由傅尔丹、祁里德亲自领军出征。得悉清军来攻后，准噶尔人抛弃物品，四散崩溃。七月二十一日，傅尔丹追上准噶尔人，杀死二百余人，招降三百人。此后又攻击准噶尔人耕种的乌兰呼济尔，将所囤积的粮草全部焚毁后撤军。征西将军祁里德也不甘落后，七月底与准噶尔军交战，大获全胜，缴获马、骆驼、牛、羊万只。此次出征的傅尔丹军中，有一名喀尔喀王公策棱，日后将成为准噶尔人的大敌。

清军此次出战，目的是牵制准噶尔军主力，而不做正面交战，行军途中，以摧毁准噶尔人经济为目标，同时抢夺牲畜，以充军用。清军二十万大军在前方，所耗费的人力、物力惊人，难以持续发动攻势。俄国人在报告中分析了清军的困难："同珲台吉（策妄阿喇布坦）的战争，使中国遭遇到了困难。据我所知，这支二十万人组成的军队由于瘟疫，每年都在减少。对粮食的需求极大，以致不得不以倒毙的骆驼、马匹和其他牲畜充饥。军队大批的病死，迫使他们每年开春补充新兵。"此后除了康熙六十年（1721）九月份的一次小规模冲突，战争在全线告终。

准噶尔以区区六千兵力入藏，就调动了清国三十万大军，分三路散布在广阔的西部作战。对于清廷来说，此军事行动费用太过高昂。策妄阿喇布坦攻哈密，入西藏，骚扰不断。十余年间，策妄阿喇布坦成为北京里巷中，每日最常议论的话题："擒得策妄至耶？"

准噶尔也受到战争的巨大冲击，虽然准噶尔在自己本土及边境线上作战，补给相对容易。但与实力雄厚，能不断补充兵员、军饷的大清帝国相比，准噶尔仍然力有不足，战事使准噶尔遭到了巨大经济损失。

在与清国交战的同时，准噶尔人也与俄国人开战。

俄国沙皇彼得一世的雄心，不是与瑞典争夺到一个出海口就可以填满的，他对于广袤的东方也有着十足的兴趣。不过初期俄国人到东方来，主要目标是寻找黄金及矿藏。

1713 年，彼得一世听到了诸多关于准噶尔部盛产黄金的传说。一份西伯利亚发来的报告又称："准噶尔治下有一座名城叶尔羌，沙金即出自该地。"

对于正在进行欧洲争霸大业的彼得一世而言，充足的黄金是获胜的保证。俄国人决定逐步蚕食东方，每占领一地，就修筑碉堡，然后前行，直到抵达黄金之地叶尔羌为止。1715 年，一支包括了步兵、骑兵、炮兵、工匠的俄国军队，抵达亚梅什湖，人数将近三千，他们在此修筑了堡垒，预备过冬。

堡垒修建之地靠近额尔齐斯河，沿着额尔齐斯河前进，可以直达准噶尔控制区域。俄国人占领此地，其野心不言而喻。策妄阿喇布坦怎能容忍别人在他的眼皮底下安营扎寨？再说，此处也是重要的贸易集散地，怎能让它被俄国人控制？大策凌敦多布带领了近万人的部队，出动前去剿灭俄国人。

俄国派出使者，对策妄阿喇布坦威逼利诱，表示这支部队不具备危害性，只要不加干涉，就可以得到俄国人的援助。策妄阿喇布坦哪里会信俄国人的这套鬼话？1716 年二月，大策凌敦多布发动攻势。俄国人被困在要塞中，就是不肯撤走，靠着充足的补给等待援兵。

大策凌敦多布何许人也，怎会坐视俄国人来援救？俄国援军唱着歌曲，悠闲地在草原上行军时，精骑突出，狂驱冲刺。除了逃跑，俄国人没有其他的选择。要塞中的俄国人久候援军不至，在长期围困之后，弹尽粮绝，军中又发生了传染病。遂炸掉了要塞，纠结残部，乘船沿河而逃。

初期探险的失败，未能让俄国人停步，对黄金的强烈欲望，战胜了失败后的挫折感。此后几年，俄国人不断深入，占据要隘，建筑堡垒。1717 年，彼得一世写了封信给策妄阿喇布坦，威胁道："我将会在西伯利亚、额尔齐斯河沿岸和斋桑湖，以及额尔齐斯河上游一带探寻金银矿。我将在一些地方修筑要塞，你不要阻挠。如果你安分守己，在筑城和寻矿上不加任何阻挠，就绝不会从那些地方被驱逐。"

1720 年，一支四百四十人的俄国军队，乘船沿着额尔齐斯河而上，抵达斋桑湖地区。策妄阿喇布坦的大儿子噶尔丹策零，带了属民正在此地驻防。看到俄国人从水上侵入，准噶尔人发动了猛烈阻击。交战中，俄国人从船上用炮轰击准噶尔军，准噶尔军也以各种武器加以回击。俄国人人少，占不到便宜，只好撤退。

此年的整个局势不利于准噶尔人，大策凌敦多布远征西藏失败，清军对准噶尔发起全面攻袭战。老对手哈萨克人也在厉兵秣马，准备拼死出击，夺取伊犁河谷。不得已之下，策妄阿喇布坦派遣使者前往俄国，请求军事援助，以对付清军与哈萨克人。准噶尔使团在次年抵达彼得堡，俄国人使出了惯用的招数，以隆重礼节欢迎。准噶尔则希望以准许俄国人开矿为条件，换取俄国的军事援助。

策妄阿喇布坦给沙皇彼得一世写了封信，由于俄国无人能认识托忒文，经过几手翻译之后，信件的内容被彻底扭曲。在请求军事援助的内容之外，出现了恳求沙皇仁慈，予以收留的字句。俄国人对此欣喜若狂，派出了大型使团前去准噶尔，以炮兵大尉翁可夫斯基为团长。1722 年，俄国使团出发，使团背负了诸多使命，如修筑堡垒、寻找金矿等，为此使团中包括了建筑、开矿等各类技术人员。因为连年战争，彼得一世手头很紧，可他还是拨出了一千卢布，购置各类礼物送给策妄阿喇布坦。一千卢布在当时是笔巨款，使团中的技术人员每月薪水不过四点五卢布。

对俄国与准噶尔的小动作，清廷竟然也得悉了，并将俄国在北京的使者与商队驱逐出境。俄国使团在年底抵达准噶尔人营地。依照准噶尔人的习俗，使臣觐见时不能佩带武器，必须自掀门毡，策妄阿喇布坦则戴着帽子，坐着接收国书。俄国大尉要求依照俄国礼节佩剑入见，并且策妄阿喇布坦必须脱下帽子，站着接受国书。俄国人的要求被拒绝，翁可夫斯基大尉只得服从准噶尔的礼仪规定，不带佩剑，自掀门毡，向坐在椅子上头戴帽子的策妄阿喇布坦递交国书。

在俄国使团逗留的十个月内，策妄阿喇布坦共接见了翁可夫斯基十七次。策妄阿喇布坦对外部世界充满了兴趣，在接见俄国大尉时，他询问："吾人听说，在海那边发现了块陆地，旱路不能通那里，乘船才能到达那块陆地。这块陆地叫什么名字？"

俄国大尉："有这样一块陆地，叫美洲。"

策妄阿喇布坦又充满兴趣地询问：这块土地遥远吗？俄国沙皇的船到过吗？位于哪一面？

策妄阿喇布坦的问题很多：你们如何信奉和尊敬基督？俄国的一切事情都依

照新方式处理？书籍也按照新方式书写？听说沙皇常乘海船、骑马，还亲临火灾现场？为什么同瑞典人的战争持续这么久？皇帝陛下同土耳其打仗吗？贵国喝茶吗？茶叶从何处运来？你们认为土耳其苏丹强大，还是中国皇帝强大？

其实他内心想问的，是中国皇帝强大，还是他强大？

策妄阿喇布坦也追问俄国人，为什么侵入准噶尔领地，在额尔齐斯河上修建堡垒？为什么不派兵助战？俄国人对策妄阿喇布坦所提出的关键问题，佯装不知。又以出兵助战为条件，诱他加入俄国国籍，臣服于沙皇。来自土尔扈特部的策妄阿喇布坦的第二个妻子与二儿子，都赞同臣服俄国，如此就不用畏惧清廷。策妄阿喇布坦的长子噶尔丹策零，将领大策凌敦多布则反对臣服俄国。噶尔丹策零、大策凌敦多布甚至建议，将俄国使者全部宰了，断绝来往。

策妄阿喇布坦一直没有表态，他在等待前往大清国的使者归来。康熙六十一年（1722），准噶尔使者取道喀尔喀，拜会了哲布尊丹巴，随后与他一起入京，觐见康熙。康熙此年十月去世，死前同意与准噶尔修好。次年五月，准噶尔使臣回到伊犁。

策妄阿喇布坦得到清国同意议和的消息后，立刻召见俄国人，拒绝向俄国人臣服，也反对俄国人在准噶尔控制区域内修筑堡垒，派遣军队，并重申额尔齐斯河一带是准噶尔土地。俄国使团见劝诱策妄阿喇布坦无望，转而要求释放俄国俘虏。在1716年的战争中，二百多名俄国人被俘，此后被关押在伊犁河上，从事造船工作。翁可夫斯基多次努力，劝说策妄阿喇布坦释放这批俄国俘虏，但策妄阿喇布坦自有考虑。俄国使团在此年九月，没有完成任何使命，仅仅携带了十名俄国俘虏返回。

新皇帝雍正登基后，贯彻了父亲的遗嘱，准噶尔与清国之间，暂时保持了和平，并忙着应对各自的敌人。雍正此时的敌人，就是青海和硕特部的罗卜藏丹津。

第四章

雍正经略准噶尔

罗卜藏丹津叛乱

顾实汗在进入青藏高原后，自己留在拉萨，令八个儿子在青海高原游牧，称为和硕特八台吉。八台吉以珲台吉为首，也称青海王。首任青海王，是顾实汗的儿子多尔济，多尔济去世后，五世达赖任命顾实汗儿子中唯一还活着的幼子达什巴图尔为新的青海王。

昭莫多之战后，噶尔丹战败的消息让青海和硕特王公大惊，次年十一月，达什巴图尔等青海蒙古王公入京朝觐。为了奖励其"诚心归化"，蒙古王公被封赏爵位，达什巴图尔爵位最高，被封为亲王。

次年二月，达什巴图尔随同康熙巡游五台山，"受恩深重，感激叩辞而去"。清代诸帝，对五台山都情有独钟，康熙、乾隆曾多次至五台山朝拜。五台山之所以受重视，一则因为五台山是文殊菩萨道场，文殊音通"曼殊"，曼殊又与满洲谐音，故而清代诸帝都以为文殊是清国万年丕基之庆。五台山也是藏传佛教的圣地，各地信徒前来拜谒者络绎不绝。三世章嘉则将格鲁派创始人宗喀巴与五台山联系起来："宗喀巴大师转生在五台山，以班智达的形象出现。"

此后，清廷对青海和硕特贵族封王赐爵，并决定他们世袭与否，以此羁縻和硕特部。康熙五十三年（1714），达什巴图尔去世，由他的儿子罗卜藏丹津接任。两年之后，清廷封罗卜藏丹津为亲王，成为青海各部的总管王，此年罗卜藏丹津不过二十四岁，野心勃勃，想要恢复祖父顾实汗的霸业，总长诸部。

进入拉萨后，清军前方主将延信，让青海蒙古各部王公推荐留在西藏的最佳人选。此次入藏的青海和硕特王公，大大小有十八位，其中实力最强的七人，被延信称为"大户"。谁留下，意味着将有可能成为西藏王，延信决定由七名大户推荐人选。

亲王罗卜藏丹津交了份空白的推荐表，他的地位，毫无疑问是青海王公中之尊隆，还需要再多此一举吗？

郡王察罕丹津是罗卜藏丹津的侄儿，年龄算起来却可以做他的父亲，二人一直不睦。这次察罕丹津却大力推荐罗卜藏丹津，他的算计是，罗卜藏丹津留在西藏，则自己可以返回青海接管蒙古各部。

罗卜藏丹津之所以肯留在西藏，因为康熙曾给过他许诺。康熙五十七年（1718），康熙在京接见了青海唯一的亲王罗卜藏丹津，承诺只要他出兵驱赶走准噶尔人，就封他为藏王，而罗卜藏丹津"希冀藏王，已非一日"。

清军主将延信对罗卜藏丹津评价不高，认为他年纪轻轻，见识一般，"意气渐大"。在青海时就专擅任事，对于自己的心腹大力袒护，对于不合己见者，则予以排挤。入藏之战中，他带领的军队，一次也没有与准噶尔人打仗。准噶尔人被赶跑后，罗卜藏丹津的手下提前冲入拉萨，抢占了拉藏汗的王府。每日里在王府中酗酒作乐，放纵部属向藏民勒索粮草钱财，强拉妇女，民怨沸腾。藏人对他大为不满，一旦罗卜藏丹津被封为藏王，前景可想而知，纷纷向延信告状。

老滑头察罕丹津是顾实汗的重孙，为人两面三刀，一直与策妄阿喇布坦眉来眼去，1709 年时，策妄阿喇布坦的使者到青海，想拉拢各部，其他各部都没有理睬，只有察罕丹津热情招待，并答应出兵帮助策妄阿喇布坦。之后策妄阿喇布坦将女儿嫁给了察罕丹津的儿子，又送了一支好枪给他。察罕丹津随即将三百捆好铁，用一百五十头牛运去准噶尔部，又回赠了策妄阿喇布坦一把好刀。

准噶尔军占领西藏后，清军在边界各地驻兵，截断了策妄阿喇布坦与察罕丹津联系，二人才未能进一步合作。察罕丹津看着形势不对，转而投向清廷。察罕丹津跑去北京觐见康熙，皇帝一时高兴，封他为多罗郡王。据延信所观察，察罕丹津被封为郡王后，罗卜藏丹津对他大为嫉妒。察罕丹津领兵跟着一路护送达赖进藏，也算立下了功劳。不过察罕丹津的军队战斗力一般，准噶尔夜袭清军营帐时，察罕丹津落荒而逃，部下有二百人被准噶尔人俘虏。因为双方主子密切关系，这二百人得到了充分优待。

因为西藏寒冷，延信留下三千人驻扎，自己带了大部队撤到四川休整。清军撤退时，七世达赖喇嘛给了八万两银子作为犒赏，藏人沿途也供给食物、盐茶，不想清军一路敲诈，恶名传播雪域高原，康熙得知后，狠狠大骂了延信一通。

罗卜藏丹津领了青海蒙古兵三百人驻留西藏，依照藏人的意思，要这些蒙古兵立刻滚蛋才好，这样拉萨治安会好很多。利用此次大兵进藏机会，清廷加强了对西藏的管理。原先的第巴——藏王制度被废除，青海和硕特王公想再控制西藏的梦想破灭。在清廷的扶持下，以藏人为主体的"噶伦"制度被建立（噶伦意为大臣、宰辅，泛指处理政务的官员）。

首任噶伦共三人，曾坚决抵抗准噶尔人的康济鼐、阿尔布巴、隆布奈被任命为噶伦。为了提高噶伦们的政治地位，康熙六十年（1721），康济鼐被封为贝子，其他两名噶伦，阿尔布巴被封为贝子，隆布鼐为辅国公。

噶伦制度一设置，想当藏王的罗卜藏丹津虽然失望，却还没绝望。不久之后，康熙去世，意味着当年封藏王的许诺作废。雍正元年（1723），因为护送噶桑嘉措有功，察罕丹津被封为亲王，与叔叔罗卜藏丹津并驾齐驱，更让罗卜藏丹津大为不满。

利用罗卜藏丹津不在青海的机会，察罕丹津进一步扩充实力，吞并了已故贝子丹衷的领地。年羹尧也认为察罕丹津的做法"专擅跋扈"，可新帝雍正却不以为然，颁布谕旨，承认察罕丹津霸占丹衷领地之举。（丹衷是察罕丹津弟弟的儿子，领地广阔，人口众多，但死后无子，引发争夺。）

肺都快气炸的罗卜藏丹津从西藏迅速返回，外与策妄阿喇布坦秘密联系，争取支援，内向各部施压，以获得响应。雍正元年（1723）八月，罗卜藏丹津联络青海各部王公，在察罕托罗海会盟，共同起兵反清（藏文察罕托罗海为雪峰意）。

罗卜藏丹津下令恢复各部原来的称号，不再使用清廷册封的亲王、郡王、贝勒、贝子之类的称号。罗卜藏丹津自称"达赖珲台吉"（达赖一词源于蒙语，意为大海，藏语中的嘉措，意也为大海），罗卜藏丹津以此号表明自己的心志，他要恢复祖父顾实汗时的地位，恢复蒙古人的尊严。

可察罕丹津却不买小叔叔的账，说起来，罗卜藏丹津还有一半的藏族人血统。顾实汗的第三任妻子是藏人，家世平凡，生下幼子达什巴图尔。而察罕丹津出自顾实汗第二任王妃一系，血统高贵，历来瞧不起罗卜藏丹津这一支。属于顾实汗长妃的一支王公，也对罗卜藏丹津这一支以白眼相示。

罗卜藏丹津看着察罕丹津不听命令，就领了大兵前去厮杀，内讧开始。雍正元年（1723）八月十七日，罗卜藏丹津大兵渡过黄河，突袭察罕丹津。察罕丹津不敌，带了妻子及一百余人，败走河州（甘肃临夏）。

罗卜藏丹津闹事后，塔尔寺的大喇嘛察罕诺门汗与郭隆寺的三世章嘉也被卷入。察罕诺门汗是察罕丹津的侄儿，在青海是备受崇敬的宗教领袖，此番他大力支持罗卜藏丹津，导致"游牧番民之子喇嘛等二十余万，同时骚动"。西宁数百里之内，有名寺院的僧人皆披甲执械，带了寺院的佃户僧俗人等，攻城打仗，抢掳焚烧，无所不至。

二世章嘉以青海郭隆寺为母寺，在此讲经说法，为民众祈福。康熙五十四年（1715），七十三岁的二世彰嘉在多伦圆寂。此后被确立的三世章嘉生于1717年，是甘肃凉州人，康熙五十九年（1720）被迎到青海郭隆寺坐床。罗卜藏丹津叛乱时，在郭隆寺的三世章嘉不过七岁，也被卷入叛乱。

雍正做皇子时，二世章嘉指点他学习佛法，使他得以"透三关"，为此二世章嘉称赞他："王得大自在矣。"后来雍正回忆道："章嘉呼图克图喇嘛实为朕恩师也。"对被裹挟入叛乱的三世章嘉，雍正特意指示："朕师章嘉大国师之胡必尔汗，变乱中无罪，务延请至京。"

青海各大寺院之所以加入叛乱，在于各寺院都是蒙古人所主持。各寺庙的喇嘛，人数多者两三千，少者五六百。寺院凭借自己的独特地位，又依靠武力，对地方政府多不尊重，并自行征收租税。寺院之间，如同国与国之间，彼此征伐。此次反叛，一则可以满足征伐欲，二则可以发财，喇嘛们自然奋勇而出，披甲上阵了。

青海叛乱后，十月，雍正命年羹尧为抚远大将军，进驻西宁，指挥平叛，又以四川提督岳钟琪为奋威大将军，参赞军务。年羹尧从各地抽调大军，堵塞青海蒙古兵入藏、入吐鲁番、入内地的要道，对罗卜藏丹津形成包围。

叛乱发动后，罗卜藏丹津身着破旧黄色狐皮大衣，肩扛一支鸟枪，如同蒙古兵一般作战。他的侍卫则穿上了他的豪华衣服和外套，充做替身，行军时被置于阵中央，他则在旁边行走。

罗卜藏丹津用兵神速，竟然出现在西宁城下，被年羹尧夜袭击退。十二月，岳钟琪带了大军赶到，清理了西宁外围的叛军。塔尔寺也被攻破，寺内的大喇嘛投降后被下令处死。罗卜藏丹津处于下风后，送归被扣押的雍正使者，请求宽恕。雍正置之不理，下令彻底平息叛乱。

雍正二年（1724）正月，岳钟琪领了主力，进抵西宁东北的郭隆寺。正月十二日，喇嘛们披挂甲胄，与清军进行会战，结果大败而归。十三日，郭隆寺出动的千余喇嘛伏击清军，被击败后逃入山洞。清军"携引火木秸，手持皮牌，两侧夹进，举火焚烧"，喇嘛们不愿出逃，被熏死在洞内。郭隆寺之战中，达克玛活佛以下，六千喇嘛战死，郭隆寺被焚毁。此战后年羹尧道："自三藩平定以来，未有如此大战者。"参战清军，腰刀砍缺者有三四百口。

青海各大寺，每至正月十四、六月十四，都有跳神之举。跳者身着彩衣，戴面具，依着音乐舞蹈，然后喇嘛诵经。整个活动从午间持续到傍晚，最后将一个炒面人剖腹抽肠为压轴戏，以示魔鬼消灭。观者以年羹尧血腥镇压，致喇嘛恨之入骨，将此附会为"斩年"之举。

八岁的三世章嘉逃跑后被清军俘获，押解入京。雍正以其年幼，又系二世章嘉转世，免其一死。三世章嘉到京师后，雍正对他给予了较多关照，"皇上除了不时让他诵护法经，还让皇四子与章嘉一同学经"。皇四子，即日后的乾隆。三世章嘉十八岁时被封为"灌顶普善广慈大国师"，备受雍正、乾隆宠信，享有坐黄轿出入宫门的特权。在军机处担任章京的赵翼，曾见过章嘉，"颜状殊丑劣，行步需人扶掖，然蒙古经及中土大藏佛经，皆能背诵，如瓶泄水"。军机大臣汪由敦曾测试三世章嘉背诵经文，结果无一处错误。

罗卜藏丹津带了主力，逃至距离西宁千里之遥的柴达木河一带躲避。岳钟琪出奇兵，在春草未生时，以精兵五千、马万匹，突袭柴达木河。二月八日，清军分三路向柴达木前进，沿途捕杀敌方斥候。二月二十日，探悉罗卜藏丹津大营设在乌兰穆和尔，岳钟琪连夜行军，直扑敌军。清晨清军抵达时，蒙古兵尚未起床。罗卜藏丹津打扮成妇人，狼狈出逃，前往伊犁投奔了策妄阿喇布坦。

此次策妄阿喇布坦没有插手青海事务，因为他正忙于与哈萨克人开战，根本无暇旁顾。清军已经做好了充分的准备，设若二者联手，则将讨伐策妄阿喇布坦。

罗卜藏丹津叛乱之后，七世达赖（噶桑嘉措）两次致书年羹尧，帮罗卜藏丹津求情，"祈求宽恕彼等，使生灵安逸"。年羹尧将达赖的书信转呈雍正，雍正看后以他的独特风格批示："喇嘛、和尚、道士就是此一种妇人之仁，不论是非。西藏备兵万余，拒捕罗卜藏丹津，今又替他求饶，朕略不解。依尔看来，他们是什么主意？"

雍正二年（1724）六月，七世达赖又遣使说情，雍正在朱批中连出恶语："不论是非，一派假慈悲，满腔真谈杀，乃喇嘛之道也。朕留心化导他们，若能够易恶习，朕功不小也。"七世达赖不顾开罪雍正，帮罗卜藏丹津求情，让雍正不解。其实原因很简单，罗卜藏丹津与达赖家有着密切的姻亲关系。

罗卜藏丹津先是将女儿嫁给了七世达赖的哥哥陈累，又娶了七世达赖的姐姐。七世达赖的姐姐原本嫁给了拉查布，拉查布则是察罕丹津的侄儿。拉查布因为争夺丹衷的领地，与察罕丹津发生冲突，就引罗卜藏丹津为奥援。为表诚意，拉查布将自己的老婆，也就是七世达赖的姐姐，"给予"了罗卜藏丹津。

七世达赖的哥哥陈累，追随罗卜藏丹津叛乱，失败后带了老婆逃归西藏。七世达赖的老父为了避嫌，将他抓了送给年羹尧处置，这却给雍正出了个大难题。"陈累者，乃罗卜藏丹津之婿，几年来与罗卜藏丹津一心生活之人"，论罪当杀。可他是七世达赖的哥哥，又不能杀，将他送回拉萨也不行，最后决定将他拘禁在七世达赖老家理塘，"不准其在各处走动"。

青海叛乱，虽然罗卜藏丹津做了充分准备，起初也声势浩大，不过七八个月就被平息。

青海蒙古各部人口，鼎盛时期达二十万，经过此次叛乱，只剩下十万。年羹尧平息叛乱后，仿效喀尔喀蒙古的处理办法，将青海蒙古部分为二十九旗，每旗划定游牧区域，不得抢占牧场，各部不得互相统属，不得往来。此后青海的寺庙，房屋不得超过二百间，喇嘛最多三百人，每年稽查两次。所有喇嘛都要甘结存档，寺庙不能直接征收粮草，有地方官根据寺庙的人数发给。

战后察罕丹津继续做他的亲王，他的称号是"青海蒙古和硕特黄河南首旗亲王"。只是他的一子一女死得比他早，亲王的头衔转给了侄子。此后一传十代，最后一代亲王还是名女子。

策妄阿喇布坦之死

当年策妄阿喇布坦曾亲自领兵，攻克了哈萨克名城赛里木，俘获哈萨克头克汗的儿子。此后哈萨克人卧薪尝胆，欲图仇雪耻，至1697年，哈萨克逐渐将这些失去的城市夺回。哈萨克头克汗还派人向策妄阿喇布坦索要被俘的儿子。为了安抚后方，示好头克汗，策妄阿喇布坦派出五百人护送头克汗之子归国。

可这五百人到了哈萨克之后，却被头克汗一口气全部杀掉，一泄多年怨气。头克汗又主动出击，将策妄阿喇布坦手下将领击杀，掠夺其人民。之后哈萨克试图抢夺策妄阿喇布坦妻子，并掠夺准噶尔商队，策妄阿喇布坦忍无可忍，倾巢出动，讨伐哈萨克。

面对着准噶尔的全力入侵，哈萨克人也知道不团结对敌不行了。1710年，哈萨克各部头领会议，决定共同对敌，发誓将准噶尔人赶出哈萨克草原，不让一根青草落到准噶尔战马口中。次年，哈萨克人全面出击，攻入准噶尔境内，俘虏了部分妇女和儿童。此后哈萨克人连续击败前来报复的准噶尔人。

1714 年，准噶尔部遭遇了大雪灾。策妄阿喇布坦的大本营伊犁河一带，雪深及膝，三百匹的马群，只剩一两匹活了下来，羊群全部死尽。大灾之后又有大疫情，瘟疫带来了大批的人口死亡。准噶尔人遭受的天灾，给世仇哈萨克人提供了报仇的机会。面对着哈萨克人的凌厉攻势，策妄阿喇布坦不得不在各处要隘驻军防守。

至策妄阿喇布坦恢复元气之后，如何能容忍哈萨克人的持续进袭？遂转守为攻。1717 年，双方在阿亚古斯河大战三天。前两日哈萨克人占据上风，至第三日却被打败。哈萨克人的失败，在于内部的分裂，"他们一个汗率军上阵拼杀，另一个汗就撤军不打"。

如同准噶尔人是清国的巨大威胁一般，哈萨克人总是准噶尔人持续不断的骚扰者。1718 年，哈萨克再次攻来，准噶尔战败，此时又逢"策妄阿喇布坦大病"。策妄阿喇布坦的病，实在是难言之隐。当年他从叔父噶尔丹处逃出后，饥渴难耐，不时寻花问柳，得了梅毒。"虽经调治，未能根除。每年皆复犯。胯下红肿，嗓子失音，牙床亦肿，受罪非浅"。

此年准噶尔本部的失败，让远在西藏的准噶尔远征军也感受到了危险，"若不来更换我等，我等永无归返之日，若居此处，均至死亡"。为了安抚在西藏的远征军军心，策妄阿喇布坦伪称派了七千人，将由小策凌敦多布统领入藏更换。

此年哈萨克头克汗去世，为了争夺汗位，诸子彼此争斗不休，长期内耗。当大策凌敦多布的军队从西藏回到伊犁后，策妄阿喇布坦发动了对哈萨克人的大规模攻击。1723 年早春，准噶尔人大规模侵入南方哈萨克草原。此时哈萨克人刚刚度过严冬，人和牲畜都瘦弱不堪，陷入了被动挨打的境地。短短的两三个月，所有哈萨克人陷入厄运之中。

对哈萨克的战役，由策妄阿喇布坦二十六岁的二儿子罗布藏舒努指挥。策妄阿喇布坦的第一个妻子只有一个儿子，即长子噶尔丹策零。第二个妻子是土尔扈特部的色特尔扎布，她十五岁时嫁给了策妄阿喇布坦，生下了五个孩子，最年长的即罗布藏舒努。

长子噶尔丹策零，次子罗布藏舒努，二人为了继承权产生矛盾。1719 年，据降清的准噶尔人称："我台吉之妾乃土尔扈特阿玉奇之女，其生小台吉名罗布藏舒努。策旺阿喇布坦惟怜爱噶尔丹策零，不爱罗布藏舒努。伊等父子相互不和。"

父子不和，兄弟又不和，1720 年，策妄阿喇布坦让长子噶尔丹策零去了北面，防范俄国人的入侵，二儿子罗布藏舒努被派到了西面，对付哈萨克。二儿子去西部边境，正好可以帮母亲报仇。当年策妄阿喇布坦至土尔扈特部迎娶第二任妻子色特尔扎布，归途中被哈萨克人袭击。

罗布藏舒努到了西部前线后，不听从父亲的指挥，更发泄对父亲的不满。罗布藏舒努娶了拉藏汗的一个女儿，又与被俘后送到准噶尔的拉藏汗儿子交好。据投降清国的准噶尔人称，罗布藏舒努与被拘押的拉藏汗儿子密谋，准备一起投清。事情被揭露后，罗布藏舒努被囚禁了两年。

到了 1723 年，策妄阿喇布坦利用与清国、俄罗斯达成和议的机会，借助哈萨克内乱，发动大规模攻势。被释放的罗布藏舒努得到任用，主持了对哈萨克的战事。此战中，罗布藏舒努一马当先，领兵攻取了哈萨克首府，夺取了系列重要城市，俘获了众多的人口。随着战功的积累，罗布藏舒努的名望不断上升，"准噶尔之人，皆心服于罗布藏舒努"。

不过在塔什干、赛里木城下，罗布藏舒努也吃了大亏。当罗布藏舒努带了五千人出现后，哈萨克人使出了最擅长的诈降术："愿为尔等纳贡，以求和好相处。"当罗布藏舒努放松警惕，在城外扎营之后，哈萨克人于夜间发起偷袭，罗布藏舒努"仅带三百兵突围，一面逃跑，一面派人飞报与其父"。

策妄阿喇布坦随即命噶尔丹策零统兵三千，大策凌统兵二千，罗布藏舒努统兵二千，再次出征。此时哈萨克人调兵去攻袭额尔齐斯河，行围魏救赵计，策妄阿喇布坦忧虑后方不保，遂在 1724 年年初仓促收兵。此次远征哈萨克的行动中，策妄阿喇布坦带了女儿齐静一起出征，准备打下哈萨克后劫掠一番，弄点钱财，将她风风光光地嫁给土尔扈特部策凌敦多克汗的儿子。只是受战局影响，钱财没有劫掠充足，女儿也未能成行。为了给女儿准备嫁妆，策妄阿喇布坦一度向天山南路各城勒索财富。"各城索取珍珠、珊瑚等物。我各城人员皆怨声载道，又甚畏惧，无可奈何之下，将所要之物皆给之。"

到 1724 年，策妄阿喇布坦的梅毒病发作，"今年七月底又犯，比起历年皆重"。困扰策妄阿喇布坦多年的梅毒之外，又有天灾来袭准噶尔。秋季，准噶尔人的各处牧场都遭遇了大旱。十月初，又连续降雨雪，刮大风，昼夜不息，牲畜死亡无数。

雍正三年（1725），策妄阿喇布坦恳请清政府将吐鲁番划给自己，又称愿与喀尔喀蒙古划定游牧界，并希望到内地贸易的商队经喀尔喀蒙古境内行进，以节省时间。此时雍正刚刚登基，忙于内务，无暇旁顾西域，基本上答应了策妄阿喇布坦的请求，双方就边境开始谈判。与强大的清王朝达成和解后，策妄阿喇布坦开始全力进军哈萨克。此次进军，准噶尔人毫不留情，哈萨克人遭遇到了"大灾难"。为了部落的生存，本来正在互相残杀的各部哈萨克人再一次团结起来，共同对敌。

团结起来的哈萨克人，立刻显示了强悍的战斗力，"准噶尔往哈萨克出兵大败，甚是恐惧"。

战败之际，准噶尔内部也开始出现纷争。罗布藏舒努在前两年对哈萨克的战争中脱颖而出，成了汗位的有力竞争者。"他受父亲之命攻打哈萨克，并取得胜利"，罗布藏舒努的美名与故事，被准噶尔人称颂。

1723 年年底，策妄阿喇布坦的第一个妻子因病去世，次妻色特尔扎布的地位与作用开始突出。为了让儿子继承汗位，色特尔扎布开始布局。她拉拢准噶尔部的贵族与喇嘛结成联盟，又将女儿嫁入自己娘家土尔扈特，以获得外援。从青海逃来的罗卜藏丹津，得到了策妄阿喇布坦的庇护，但他不满策妄阿喇布坦与清廷议和，支持色特尔扎布，与之结党。

土尔扈特部的阿玉奇汗去世后，策凌敦多克继承汗位，掌握实权的大臣们开始大力支持色特尔扎布，想利用她影响准噶尔。借着策凌敦多布儿子迎娶策妄阿喇布坦女儿的机会，土尔扈特派出使者进入准噶尔，进行秘密联络。

噶尔丹策零意识到弟弟的威胁，开始在父亲面前放风，称弟弟要叛乱。策妄阿喇布坦对二儿子本就有成见，下令将他抓捕。耳目众多的色特尔扎布立即通知儿子，1726 年，罗布藏舒努领了六人迅速出逃，前往土尔扈特，"他哥哥要聚兵打他，他出于害怕投奔我们"。

罗布藏舒努对此也做了描述："我是死去的阿玉奇汗的外孙，准噶尔全军都爱戴我，希望我成为父亲的继承人。珲台吉的大儿子（噶尔丹策零）对此很嫉妒，就向父亲蓄意进行挑拨，从而造成我与父亲之间的仇恨，珲台吉便决意杀死我。"

儿子竞争汗位无望，让色特尔扎布对噶尔丹策零恨之入骨，开始制订谋杀计划。1727年夏，土尔扈特人来到准噶尔部，将毒药交给了色特尔扎布。色特尔扎布找不到机会毒死噶尔丹策零，就决定先毒死策妄阿喇布坦，然后抓捕噶尔丹策零。

雍正五年（1727）十二月，策妄阿喇布坦在色特尔扎布帐篷中坐了片刻，饮了一碗黑奶子马乳酒。自从1698年娶她，到现在已近三十年。十五岁嫁来时的风采不再，容华老去之后，色特尔扎布心中只剩下对夫君的怨恨。策妄阿喇布坦随后前往新纳的第三房夫人帐篷，年轻貌美的佳人，自然更吸引人。刚坐下不久，策妄阿喇布坦就觉得腹痛如刀绞，赶紧找了喇嘛前来查看。

喇嘛查看后询问："珲台吉在哪里吃什么东西来？"

策妄阿喇布坦就将刚刚在色特尔扎布处喝了一碗酒说出，喇嘛道："珲台吉中毒了。"

策妄阿喇布坦哀叹道："我一世好汉，今死在阿玉奇女儿手里了。"

策妄阿喇布坦生于1665年，到1727年去世，时年六十二岁。策妄阿喇布坦一生也是叱咤风云，少年时跟着叔父噶尔丹南征北战，长大后与叔父分裂自成一系，此后称雄一方，不想老来却死在老婆手里。

噶尔丹策零对色特尔扎布的密谋早有警觉，当策妄阿喇布坦被毒死后，在军方实权人物大策凌敦多布的支持下，他立刻发兵平息叛乱。

色特尔扎布被抓捕后，噶尔丹策零亲自审讯，责问她为何要"毒坏珲台吉？"

色特尔扎布道："我是阿玉奇汗的女儿，我生的儿子不能掌大权，所以用毒酒将珲台吉毒杀。"

噶尔丹策零采取了残酷的手段加以清洗，色特尔扎布及其所生子女都被残杀。色特尔扎布被挖了眼睛，割了舌头后，凌迟处死。两个弟弟一个妹妹，都被挖掉眼睛活埋，另一个弟弟被毒瞎眼睛后囚禁。罗布藏舒努五岁的儿子阿齐巴郎也被杀死，一批亲信被清洗掉。罗布藏舒努的妻子，也就是拉藏汗的女儿，则被噶尔丹策零纳入帐中。

罗布藏舒努"闻其母、弟妹皆被噶尔丹策零杀害，结下深仇大恨"，遂向土尔扈特借了人马，又联络哈萨克人一起进攻准噶尔。哈萨克人认为这是个难得的机会，可以利用罗布藏舒努打击准噶尔人。随后，罗布藏舒努迎娶了哈萨克小帐汗的女儿，通过联姻结盟。

此后，罗布藏舒努与哈萨克人联合作战，成为准噶尔边境上的麻烦制造者。罗布藏舒努曾派了名使者带了袋粟米，返回准噶尔部，向他发出威胁："将被俘虏的哈萨克、布鲁特人放回，再将父亲遗留的产业分与我，这就罢了。若不如此，你即可约定地方，我们彼此发兵相战。我兵的数目，即如带与你的粟米数目相同。"看了信后，噶尔丹策零大怒，将来使处死。

噶尔丹策零的血腥清洗，也让他的妹夫罗卜藏策凌不满，联系了出逃在准噶尔部的罗卜藏丹津，相约杀死噶尔丹策凌。噶尔丹策零早有准备，将罗卜藏丹津控制。罗卜藏策凌看着形势不妙，带了一万户出逃，准备投奔土尔扈特部，途中被追回五千户。昔日的青海王罗卜藏丹津，此次参与准噶尔部内斗后失败，被当作了枚棋子，在以后清准交锋中，屡屡被使用。

卫藏战争

雍正五年（1727），西藏噶伦（大臣、宰辅）发生冲突。

噶伦制度创立后，初期噶伦们尚能共同合作，但随着各自实力的扩展，为了利益开始不断爆发争执。康熙年间，有四千清军驻藏，可以平衡各方，不致大打出手。

初期三噶伦之一的康济鼐本是拉藏汗的女婿，在抗击准噶尔军时功劳最巨，又因协助清军入藏，被封为贝子。阿尔布巴、隆布奈是拉藏汗旧臣，也曾协助清军入藏，阿尔布巴更曾亲自前去青海迎接清军。噶伦中，康济鼐代表了阿里与后藏地区的利益，阿尔布巴、隆布奈则代表了前藏地区的利益。

康济鼐出身不如阿尔布巴、隆布奈显赫，被二人轻视，康济鼐也瞧不起其他两名噶伦。隆布奈的两个女儿嫁给了七世达赖的父亲为妾，有了靠山，不把康济鼐放在眼里。阿尔布巴的家族可以追溯到吐蕃王室，他的实力、功劳与康济鼐相差无几，此时屈居于康济鼐之下，大为不满。

康济鼐陷入内部纠纷之中，很是不快，就离开拉萨，到阿里、后藏巡视边防，整顿军备，前后将近两年。康济鼐一走，阿尔布巴、隆布奈掌握大权，就让后藏承担了更多的赋税。康济鼐不甘心，在颇罗鼐支持下，返回拉萨，准备重夺大权。

再回到拉萨，阿尔布巴等人给他穿小鞋，借口拉萨房屋紧张，不给康济鼐解决住房。康济鼐大怒之下，跑去布达拉宫下的柳树林里，搭了帐篷过宿，以示抗议。住房问题解决后，康济鼐要在宅子里悬挂幪幔，去找隆布奈的侍从要。侍从道："政府内库中没有，去布达拉宫找吧。"布达拉宫方面则说："多余的也没有，你要就把达赖宝座上方挂的拿去用吧。"康济鼐屡被刁难，气得心肺欲裂，只是被驻藏清军将领劝住，才没发作。

在这段相对和平的时期，拉萨的传教士得到了更为充沛的资金支持，日子相对好过。从噶伦到驻藏清军官兵，乃至普通民众，纷纷前来向传教士求医。传教士行医不收任何费用，不分贵贱，医术高明，被交口称赞。用藏文编写的《基督教教义》，被散发给僧人们阅读。一些聪明的喇嘛，在阅读了藏文版《基督教教义》后，帮助编写了更加通俗易懂的宣传小册子。康济鼐的孙子读了这本小册子之后，认为其中的内容是正确的，并得到了在场其他人的支持。康济鼐本人对于"白人喇嘛"充满好感，继续给他们过境税的优惠特权，并予他们以庇护。据传教士的记载，康济鼐甚至表示要皈依基督教。

雍正元年（1723）十月，清廷决定增补两名噶伦，并提名颇罗鼐出任其中之一。阿尔布巴、隆布奈大力反对，认为从无后藏人担任高级官吏的先例。经过七世达赖父亲的说服，方才同意让步。剩下的一名噶伦位置，阿尔布巴、隆布奈、七世达赖的父亲，都希望由自己的亲信来担任，互不相让。最后决定将候选人名字写在纸条上，再封入糌粑团中，然后放在神像前用容器颠动，第一个滚出来的就担任噶伦。最终，封有七世达赖总管扎尔鼐名字的糌粑团，在竞争中惊险胜出。

此后由五名噶伦共同处理西藏行政，"于大昭寺内设立公所，五人会办西藏大小事务"。五名噶伦共同会商、处理重要政务之外，他们还有各自的辖区，如康济鼐管理阿里地方兵马事务，颇罗鼐管理后藏一带地方兵马事务。

雍正三年（1725），雍正考虑到准噶尔对西藏的威胁不再，且驻藏军队所需粮饷运输困难，就将驻藏清军全部撤回。六月，清军返回内地之前，驻军将领周瑛生怕自己一走，几个噶伦就打了起来，特意召集众噶伦，"宣布皇仁，明白开说，令伊等务须和衷办事"。

清军撤走后，噶伦们就开始倾轧，颇罗鼐在去后藏的路上被人投毒，"当地的医生和官员都怀疑他能否存活"。投毒事件让清廷很不放心，同年十一月，派了学士班第、宗室鄂齐入藏查探情况。二人入藏后，严厉指责了五噶伦。在天朝的威压下，五噶伦不得不聚集在大昭寺一起办公，虽然他们同床异梦，貌合神离。

当年年中，在康济鼐的支持下，传教士在拉萨用十八两银子买了一块地皮，准备建造教堂。此时拉萨恰逢雨季，一名高级喇嘛宣传，说白人喇嘛建造寺庙，引发了水灾。正在建造寺庙的工匠感到恐慌，都想暗中加以破坏，康济鼐出面指示官员，不得放纵各类工匠有丝毫破坏，方才建起教堂。此年秋季，持续的暴雨导致洪水涌入拉萨，人们在街道中用牛皮船划行。在一些喇嘛的挑拨下，关于传教士与教堂的各种谣言开始风传。康济鼐与七世达赖商量后，由七世达赖出面加以保护，发布指令："不得拆毁白人喇嘛的僧舍，使从遥远国度来的，如此好的人感到悲伤。"

至雍正五年（1727）年初，鄂齐递交了入藏后的观察报告："达赖虽甚聪敏，但年纪尚幼，有偏向乃父之处。康济鼐人虽很好，但恃功绩，轻视众噶伦，为众人所恨。阿尔布巴赋性阴险，隆布奈行止妄乱，扎尔鼐懦弱无能。"报告也建议，设置驻藏大臣衙门于拉萨，以加强对西藏的管理，保障社会安定。

西藏内部的纷争，必然给准噶尔提供干涉的契机。雍正忧心忡忡，"今无事之时当设如有事，预为筹划"，决定派遣驻藏大臣管理西藏事务，加强控制。

西藏派驻北京的使者，将消息提前传到了拉萨，阿尔布巴、隆布奈决定赶在驻藏大臣到达之前，消灭康济鼐、颇罗鼐。"长久以来，我们发誓要消灭康济鼐和颇罗鼐。在皇帝大臣到来之前，若不完成此事，此后愿望将无果报。倘若迅速消灭二人，我们就成为西藏唯一的一顶伞，现在是时候了。"

颇罗鼐在拉萨一直心神不宁，频频出入欢场，以肉体放纵来缓解精神压力。妓女们都在传唱着他的伟大事迹："颇罗鼐每夜嫖个不知足，连个大钱也不多给。一些头人每夜来嫖，都要给许多绸缎和五六两纹银。"颇罗鼐外表放纵，实际内心警惕，他"彻夜不眠，戒备森严"，并发誓，"如果恶人们向我寻衅，我能消灭十个来犯者"。颇罗鼐再三提醒康济鼐，要他多加提防，康济鼐反而嘲讽他："分析你的谈吐，我认为你是懦弱、愚蠢、鲁莽的胆小鬼。"

就在密谋即将展开之前，颇罗鼐夫人身患重病，他半夜离开拉萨，连仆人都不知道，三天就回到了自己的庄园。

雍正五年（1727）六月十八日，大昭寺卧佛殿一侧的办公室内，四名噶伦相聚议事。此日康济鼐心情愉快，谈笑风生。正侃侃而谈时，有信使进来，向康济鼐递上了一封公文。就在康济鼐低头翻阅时，信使扑上来抓住康济鼐的发辫，其他几人都抽出刀来砍杀。

康济鼐拼命摆脱，向门房逃去，但是又被许多双手抓住，利刃飞快砍来，砍杀中有人不断大骂："过去，你凭着一身本领，飞扬跋扈，不把我们放在眼里。你的威风不过如此，该是你倒霉的时候了。"

被愤怒冲昏了头脑的围攻者们，狂乱砍杀之中，竟然互相砍伤。最后康济鼐浑身是血，喉中发出咕咕声，一命呜呼。

康济鼐被杀的第二天，密谋又去攻打他的府邸。康济鼐的两名王妃相抱痛哭，刽子手冲到跟前，举刀要杀时竟然被二人的美貌给迷惑，一时下不了手。两名艳丽如同花神般的王妃，虽苦苦哀求，最终没有逃避死亡。"那枝嫩绿的藤树，那朵绚丽的鲜花，在罪恶的斧子下，一刹那就被砍掉。"

密谋者杀死康济鼐后，随即派兵去后藏抓捕颇罗鼐。

后藏颇罗鼐的府邸之中，正在举行菩萨画像的开光仪式时，拉萨发生动乱的消息传到。

颇罗鼐立即将西藏发生变动的情况奏报清廷，请速派兵入藏，又组织了手下人马，准备与阿尔布巴等人开战。颇罗鼐一一写信给后藏、阿里地区的贵族，寻求他们的支持。这些贵族得到康济鼐被刺杀的消息后大怒，康济鼐的兄长随即就领了两千骑兵与颇罗鼐会合。

前藏军到颇罗鼐的庄园抓人扑空之后，遭到颇罗鼐的反扑，退至江孜固守。此地城堡高大坚固，颇罗鼐未能攻下。隆布奈带了援军攻来，后藏军败退。此后在交战中，隆布奈将抢来的康济鼐军中武器、盔甲、金银、绸缎奖赏给士兵，鼓舞士气，一举击败颇罗鼐。

颇罗鼐带了二十多人狼狈逃出，退向萨嘎。至萨嘎后，颇罗鼐部下主张退往印度，用重金贿赂印度莫卧尔王出兵助战。颇罗鼐坚持依靠自己的力量，平息战乱。之后颇罗鼐聚集部众，再次反扑，采用游击战打击寻觅补给的前藏军队。

班禅出面，居中调停。颇罗鼐表示接受调停，承认被打败，他心中另有算计。在藏北达木地方，有一支原属拉藏汗的精锐蒙古骑兵，拉藏汗死后，这批骑兵成了康济鼐的属民。康济鼐死后，骑兵们表态支持颇罗鼐。借助停战之机，颇罗鼐聚集人马，日夜兼程，前往达木，与这支蒙古军队会合。

得到了战斗力强悍的蒙古军支持，雍正六年（1728）五月，颇罗鼐从达木、羊八井南下，攻入拉萨。阿尔布巴等人躲入布达拉宫，请七世达赖帮忙说情，以便拖延时间，等待清军入藏。三噶伦认为自己并不是背叛清朝，只是内部权力争斗，清军入藏后必然会庇护自己。

班禅又带了三大寺的高僧过来调解，此次颇罗鼐却不给面子："众生处在水深火热之中，你们来调解了吗？"七世达赖父子也出面调停，颇罗鼐回复七世达赖，或移居哲蚌寺，或交出三噶伦，二选一。七世达赖同意交出三噶伦，但请暂勿处死，等清军到达后再处理，颇罗鼐表示同意。达赖遂将阿尔布巴三人赶出布达拉宫，三人各自返回住所，结束了历时一年的战争，各方都在等着清军入藏。

就是否派遣清军入藏，曾让雍正费尽心思。

雍正五年（1727）九月，得悉康济鼐被杀消息后，雍正命云南、四川军队做好入藏准备，随时听候差遣。就如何处理西藏问题，雍正让岳钟琪、云南总督鄂尔泰各自发表意见。岳钟琪认为，前藏贵族为了夺取大权，杀死清廷任命的康济鼐，不除此辈，遗患无穷。鄂尔泰则主张息事宁人，削罚即可。

雍正采纳了岳钟琪的建议，想出兵一劳永逸地解决西藏问题。可前藏贵族又未曾勾结准噶尔，如果清军出兵讨伐，一旦阿尔布巴等人挟持七世达赖去投奔策妄阿喇布坦，将引发更大波澜。在出兵与不出兵之间，雍正左右为难。

随着颇罗鼐在战场上逐渐扳回劣势，阿尔布巴竟主动向雍正请求派兵援助。十二月十三日，雍正批示："今日颇罗鼐与阿尔布巴相拒之势定矣。阿尔布巴竟请兵，真大奇机会，上天所赐也，若如此，大省心力矣。"既然是你请我发兵，朕就不客气了。雍正五年年底，清廷决定明年发兵西藏，即刻着手准备。入藏之前，雍正已确定支持颇罗鼐，打击阿尔布巴为首的前藏贵族。

雍正作此选择，表面上的原因是阿尔布巴等人是擅杀清廷命官，是叛逆之举。另一层的原因则是，康熙年间清军入藏时，皇十四子允禵与阿尔布巴关系如胶似漆。在渡河边，允禵曾深情地握住阿尔布巴的手说："我不会忘记你，你也不会忘记我。"雍正登基后，凡与皇十四子关系密切的人物都被铲除，阿尔布巴只是因为远在西藏，才逃过一劫，现在除掉他的机会来了。

次年五月初，清军出动入藏，阿尔布巴等人正期待着清军支持。清军进入拉萨后，命令三噶伦前去清军首领处，"他们准备了礼物哈达，情绪高昂地去了"，结果三噶伦当天就被铁链困住四肢和颈脖，并在布达拉宫后面的园林中开庭审判，三噶伦及其集团骨干十三人被处死。

时局稳定后，雍正指示清军在西藏驻扎，此后清军常驻西藏，派遣驻藏大臣，成为定制。同时由颇罗鼐保举两名素孚众望的贵族担任噶伦，与他一起管理西藏事务。七世达赖父子则被移往理塘居住，以避免干预政务，减少宗教与世俗政权的矛盾。七世达赖到了理塘后，其父索南达杰奉旨入京觐见。雍正先是对他进行了严厉训斥，在他意识到自己的错误后，又封他为辅国公。雍正在理塘附近修建了一座寺庙（坐落在今四川甘孜州道孚县），供七世达赖禅驻，寺庙修毕，雍正钦赐匾额"惠远庙"。

七世达赖的远行，让在拉萨的传教士失去了庇护者。七世达赖在拉萨时，传教士不时去布达拉宫，向年轻的达赖讲解基督教教义，并就基督教、藏传佛教展开辩论，如转世问题、杀生是否有罪、"业"与因果轮回等。在给罗马教皇的藏文信中，七世达赖驳斥了"上帝创造一切"，认为佛教是最好的宗教。不断的辩论之中，七世达赖对基督教的认识开始改变。在传教士因为拉萨水灾面临谣言攻击时，七世达赖出面给予他们保护。

西藏的纠纷，让千里之外的准噶尔人也想插上一腿，好浑水摸鱼。

雍正五年（1727）十二月，噶尔丹策零的使者特磊到京，这个特磊，也是名巧舌如簧的人物。特磊到京后，奏称噶尔丹策零因为老父去世，想到西藏为乃父"煎茶设供，广行释教以安众生"。

进藏熬茶，又称"熬广茶"，是藏传佛教信徒进藏礼佛布施，之所以称熬茶，因为藏地有喝酥油茶的习俗。熬茶者至布施的寺庙中，向喇嘛们发放酥油茶及钱财物品，喇嘛为其奉经祈福。蒙古各部进藏熬茶所需物品，如茶、丝绸等，要通过与清国的贸易方能获得，而这种贸易，是在进藏过程之中发生。故而准噶尔部入藏熬茶，必须向清国递交申请报告。

西藏噶伦势力争斗正酣之时，噶尔丹零策提出要入藏熬茶，怎能不让雍正心生警惕？

雍正在谕旨中训斥噶尔丹策零："现在西藏地方上两派力量正在举兵相拒，你提出去煎茶设供，似属非分。你准噶尔不过是西北一个小部落，释教广行与否，与你煎茶又有什么关系？"为了防止准噶尔再次入藏，清军重新在前往青海、西藏的战略要地驻军。

此后两年之中，雍正压抑住了自己的怒气，默默地着手进行布置。到了雍正七年（1729），他将自己的怒气发泄出来，对准噶尔用兵。雍正剑指噶尔丹策凌，他宣告"留此余孽，不行剪除，实为众蒙古之巨害，恐为国家之隐忧"。

雍正七年的谋划

雍正的登基，年羹尧出了大力，之后又领兵平定了青海罗卜藏丹津叛乱。在君臣的蜜月期间，雍正甚至下旨，称年羹尧为国家做了贡献："子孙天下臣民当共倾心感悦，若稍有负心，便非我子孙也；稍有异心，便非我臣民也。"从古至今，大概没有哪个皇帝对臣子表达过这样肉麻的话，做过这样的承诺。

然而，宠之越深，害之越深。隆科多、年羹尧挟雍正的无上恩宠，大肆发展朋党，形成自己的势力。年羹尧甚至擅自改动雍正谕旨，公然为雍正代笔作序，而隆科多则违背礼制，私藏皇室宗亲族谱。两人的跋扈，不得不让雍正警惕。从雍正三年（1725）起，雍正开始剪除年羹尧、隆科多势力，二人下场可悲，相继被逼自尽。

曾主持清军入藏的十四皇子允禵被拘禁，作为前方主将的延信也被牵连。雍正五年（1727），延信被革去王爵，并罗列罪状二十款。如与允禵交结，进藏时擅自将七万九千两银子赏给官兵买马匹，与年羹尧勾结，进藏时不用心策划，却说一路有烟瘴，迷惑军心，擅自释放抓到的蒙古俘虏等。

年羹尧在雍正初年得宠，西征青海，一度无限风光。延信主动申请去领兵，也没得到批准。此时雍正却说他与年羹尧勾结，约莫是年羹尧获罪时，延信没有过来落井下石。

外表粗壮憨厚，睡觉时鼾声雷动的富宁安，却精于落井下石。他向雍正奏报，延信家中藏有"大逆不道"的占卜，"云雍正五年天下大乱，延信根基深，能取天下等"。此后延信与隆科多一起囚禁，至死也没被释放。至于噶尔弼，虽然因为不肯进藏，被年羹尧奏报后入狱，但到了年羹尧跌倒之后，他大受重用，得了个善终，可谓此一时，彼一时。

在皇位稳固之后，雍正不遗余力地打击朋党，剪除了自己最为亲信的年羹尧、隆科多，对势力强大的皇族朋党也予以严厉打击。通过打击朋党，雍正收回了被宗室与重臣们分去的部分权力，巩固了君权。雍正也采取了系列措施，以预防朋党的形成，如限制宗室诸王权力，禁止上三旗侍卫官在诸王门下行走，禁止诸王之间私自往来，禁止大臣家人结为兄弟等。

在政局稳定，权力巩固后，雍正积极筹划，以备对准噶尔用兵。在做皇子

允祥

时，雍正就以韬光养晦，低调做人，亲情攻势，最终在帝位争夺战中胜出。在与他视为大患的准噶尔人的战阵中，他也以自己的性格，秘密布置，低调行事，待一切周全之后，迅猛发动，一击命中。

汲取康熙朝对准噶尔部多次用兵仍不能奏效的教训，早在雍正四年（1726），雍正就已经开始准备对准噶尔用兵，以允祥、张廷玉、蒋廷锡三人秘密办理，为此特设军需房。经过允祥的精心策划，用兵西北的军需物资皆出自库帑，而不额外从民间征募，"经理二年有余，而各省不知有出师运饷之事"。

雍正特设军需房，整合六部与各省力量，集中财力人力物力，为军队提供充沛的后勤支持。到了雍正七年（1729），军需房又演变为军机处，处理军机要务。创设军机处，既是对准噶尔用兵的需要，也是集中权力的需要。军机处创设之后，早先的议政王大臣会议徒具虚名，议政王大臣成了虚衔，无应办之事，有名而无实，在乾隆年间最终被裁撤。南书房虽仍为翰林入值之所，但已不参与政务，主要负责文辞书画。但入南书房行走却一直是清代士人心中的最大荣耀，皇帝也常让亲信大臣入南书房作为奖励。

为了配合准噶尔部用兵，军需房被改为军机处，并在隆宗门内办公。隆宗门是内廷与外朝联系的重要通道，非奏事待旨及宣召，即使王公大臣也不得私入。军机处设在此处，既方便办公，又可以保密。不过此时的条件比较简陋，在隆宗门内军机处只是临时搭建了小板房，天寒地冻时，办公极为辛苦。

军机处创立初期，既无专门衙署，也无专门官员，所有官员都从各部调来，作为兼职，是为"有官无吏"。军机处成立以后，内阁仅负责处理一些象征性的国家事务，军机处则成为统治机构的中枢。

军机大臣秉持皇帝之命而行事，以皇帝的私人秘书机构的身份，操国之权柄。军机大臣由雍正亲选满汉大学士、尚书兼任，人数初期并无定额，只有最得皇帝信任，且熟谙政事者方能得任。首任军机大臣三人，分别是怡亲王允祥、大学士张廷玉、大学士蒋廷锡，以允祥为首席军机大臣。

雍正花大力气对付准噶尔，不仅仅是为了满足自己的帝王征服欲望。准噶尔的存在，终究是边陲动乱的根源，更是中原王朝的巨大威胁。

入关之后，蒙古问题成为持续困扰清国的问题。康熙三次亲征噶尔丹，深入塞外千余里，耗费无数，才将噶尔丹逼死。策妄阿喇布坦休养生息，与清国保持了十余年的和平后，又忍耐不住，四处出击，公然挑衅。策妄阿喇布坦一死，儿子噶尔丹策零就咄咄逼人，让雍正如何能够忍受？

雍正七年（1729），在讨论讨伐准噶尔时，大学士朱轼和都御史沈近思等人认为，现在时机未到，不可用兵。散秩大臣达福极力谏阻。雍正斥责道："彼境呈分崩之势，何云不可？"

达福云："策妄阿喇布坦虽死，老臣故在。噶尔丹策零，亲贤使能，诸酋长感其先人之德，力为扞御。我以千里转饷之劳，攻彼效死之士，臣未见其可。"达福名声不响，他的爷爷名气很大，就是被康熙擒下的权臣鳌拜。

达福对噶尔丹策零给予了高度评价，事实确是如此。噶尔丹策零执掌权力后，在准噶尔部广得人望，他还有一点与往日的准噶尔领袖不同，他喜欢看书。每次大营迁徙时，要用两百头骆驼装载着他的书籍随行。瑞典军官列纳特回国时，噶尔丹策零送了他两幅地图，其中一幅是他亲手绘制的准噶尔境域图。图中不但有山脉、河流、湖泊等，还有民族、森林、矿产、野骆驼等的标记，整张图有二百五十个地名和标注。

雍正七年（1729），雍正正式对准噶尔用兵。

此次出征，以傅尔丹为靖边大将军，从北路进，岳钟琪为宁远大将军，由西路进。傅尔丹者，颀然岳立，面微赤红，有名将风。岳钟琪参与过康熙朝的进军西藏的战事，在雍正朝平息了罗卜藏丹津叛乱，战功显赫，经验丰富。达福因为当面和皇帝争执不可用兵，也被派去前方从军。

出师时，雍正帝先至堂子（清皇室将社稷诸神祇供于静室，名堂子）祷告，再御太和殿"行授诚礼"。傅尔丹与出征诸将，挎弓负刀，对皇帝行跪拜礼，傅尔丹再与皇帝行抱见礼。雍正又亲送傅尔丹等上马启行。不过当日大雨如注，旗纛尽湿，傅尔丹狼狈出门，一把美须髯也被弄乱，"识者以为不祥"。

和通淖尔大败

经过充分准备之后，雍正七年（1729）二月，以准噶尔部不肯交出罗卜藏丹津为名，雍正对准噶尔用兵。清军兵分两路，北路以傅尔丹统军，西路以岳钟琪统军。为了此次出兵，雍正准备了将近三年，希望毕其功于一役，彻底清除准噶尔部这个大患。

雍正对于此次用兵的准备是相当得意，曾道："四海升平之时，国用充裕，朕细加筹画，计议再三，凡命将遣官派兵运饷，以及车马甲胄兵器耕具之属，无不经理周详。"

此次用兵结果如何？

插曲来了。雍正的爱将岳钟琪带兵走到半路，突然碰到噶尔丹的特使特磊。特磊很是奇怪地道："我押解罗卜藏丹津前往北京，路上突然碰到几个逃犯，说你带兵来犯。我赶紧给噶尔丹策零报信，噶尔丹策零就让将罗卜藏丹津转送回伊犁，再派我轻骑过来看看。"

特磊这一来，就堵住了雍正出兵的借口。雍正出兵的借口是准噶尔不肯交出罗卜藏丹津，现在特磊跑过来惊讶说："啊，我正要交人，你怎么带兵过来了？"

特磊这一搞，雍正出兵就名不正言不顺了。雍正爱惜自己的羽毛到了极致，为挽回面子，他不惜用一百个谎言去掩饰自己的一个错误。特磊的出现，让雍正面红耳赤，一时找不到理由继续用兵，就下令暂停进军一年，命岳、傅二人回京商议，特磊也被送到京师。

清军暂停攻势之后，准噶尔军却开始了出击，袭击清军后方补给营地，战事正式展开。在初期的战事中，两路清军处于被动状态，屡遭败绩。

雍正八年（1730）年底，准噶尔军小策凌敦多布带领两万人，偷袭清军科尔图马场。

负责看守牧马场的副将查廪畏惧严寒，带了众将躲到山谷里，挟娼妓饮酒作乐。至准噶尔军突袭时，清军毫无防备，战死、被俘的官兵有三千二百余人，马驼被抢走就有一万四千余头。马场被抢后，依照罪责，查廪是要被斩首的，岳钟琪考虑到他是满人，不敢开罪，另外找了个将领做替死鬼。

雍正九年（1731）五月，准噶尔出兵三万，由大小策凌敦多布及大策凌之子多尔济丹巴三人统领，至阿尔泰山会合，攻击清军北路。

五月初，前方主将傅尔丹心情大快，至西域已经两年，却没有能剿灭准噶尔军，这让他如何对得起皇上的厚爱？他的曾祖父费英东是清国开国元勋，他也想立下不世的战功，好告慰九泉下的祖宗们。最近战机突然出现，让他大喜过望。

五月初六的前锋遭遇战中，清军抓捕了名准噶尔俘虏。这名俘虏很是乖巧，将准噶尔军的老底全部供出。噶尔丹策零麾下最有名的就是大小策凌敦多布，"大者善计善将将，小者勇万夫莫夺"，是准噶尔部最优秀的将领。

傅尔丹将大小策凌敦多布当作了自己的大敌，俘虏供称小策凌敦多布现在孤军深入，大策凌敦多布与儿子迟延未来，准噶尔部正在内讧。傅尔丹听了俘虏的供述后满心欢喜，向雍正奏报："臣思贼人尚未全至，乘其不备，正宜速迎掩杀。"

六月初九，傅尔丹领兵一万，分三路出战。出兵后在扎克赛河地方抓获了十二名俘虏，据俘虏供称："小策凌带了一千名士兵正在察罕哈达游牧，距离清军不过三日路程。大策凌途中生病，未曾前进，准噶尔内部发生纠纷，噶尔丹策零已与妹夫罗卜藏策凌开战。"

傅尔丹懒得派遣前锋去侦察核实，就想进兵，"臣等乘夜进兵，袭击察罕哈达贼夷"。

不想部下众将，听了他的想法后多数表示反对。

都统定寿统领精锐，作为前锋陷阵，从不畏战，此次大力反对用兵。定寿认为："安可信俘虏片言，突入敌垒？"

傅尔丹坚持："不入虎穴，焉得虎子？汝何懦怯自损其威也？"

侍郎永国也反对用兵，认为官兵只有乘敌方有隙时方可制胜，现在噶尔丹策零"亲亲用能，人惟求归，贤不失为，将士听命"，他不来攻打我们就好了，怎么能随意出兵呢？

副都统觉罗海兰也认为："敌未可轻，武未可黩，俘虏之言奚足为信？"

傅尔丹却固执己见，驳斥道："我国家之所以无敌者，以武臣不畏死耳。君等安可重蹈汉人积习，自弱其势？"

傅尔丹说得气壮山河，确实，清国是靠着马上的骑射功夫开国，之后又以武力平定了三藩之乱，击败了噶尔丹，将青藏高原纳入了版图。征战之中，宗室亲贵，不知几许，战死沙场。看傅尔丹如此说，其他将领知道反对无用，定寿做好了战死的准备，出去后将战袍脱下交给仆人，嘱咐道："汝持此以归葬焉。"

出战之前，主事何溥拉住马辔，苦苦劝傅尔丹，傅尔丹不听，大骂道："蕞尔竖儒，安识兵家事？"不耐烦酸儒的多嘴，傅尔丹扬起马鞭，将何溥赶走。

十六日，清军进至察罕哈达牧场，获得小胜。傅尔丹得意扬扬，继续寻觅准噶尔军主力。

六月十八日，阿尔泰山正是最美的时候，山阴之处，松涛阵阵，山阳之地，草原肥沃。此处山势连绵起伏，丘陵纵横，不利于大批骑兵展开作战，傅尔丹大为放心，边行边看山景。

前方斥候来报，在博克托岭附近发现敌方放牧的马驼。参赞苏图领了一千前军，急急冲出，准备抢夺牲畜。前锋行了不过数里，突然听到胡笳声从远处缓缓升起，声音沉闷悠扬，如铁如刀，刺破苍穹，击打得清军心胸发闷。

瞬间伏兵从四面八方涌来，如黑云蔽日，有压倒山峦之势，扑面而来。清军知道中了埋伏，却也不慌张，前锋立刻布阵迎战。准噶尔骑兵如大河奔流一般，汹汹而来，清军则是这大河上的卵石，被冲打得浪花四起，却岿然不动。在后路两千人的接应下，前锋清军顺利后撤，与主力会合。

此时清军孤军深入塞外数百里，被准噶尔军大部围困，退，无险可守，进，无处可去，陷入绝地之中。慌乱之中，傅尔丹下令清军主力前往和通淖尔（今蒙古国巴彦乌列盖省境内达彦湖，淖尔蒙语意湖）。

移师之前，定寿追上去质问傅尔丹，将全军带进这种不利局面，"谁之咎也？"傅尔丹默然无语，此时他也无可奈何。

六月二十日，准噶尔出动骑兵两万，居高临下，冲突清军大营。双方力战一日后，傅尔丹遣副都统塔尔岱、马尔齐，领了二千名士兵夺占西山，控制要地。至六月二十一日，又命定寿、苏图、觉罗海兰、常禄领兵据山梁之东。

傅尔丹决定主力后撤，以免被围。撤退时，因为清军占据两翼山头，拦住准噶尔军，主力尚能有序撤退。看到清军撤退，准噶尔军哪肯放过已到手的猎物？奋勇杀出。定寿所在的东山，遭到了准噶尔军猛烈攻击，准噶尔军下马仰攻，箭矢如雨，弹丸飞射。主将定寿已抱定必死之心，来回驰骋，指挥清军反击。

清军主力撤退后，派了援军将西山一路清军接出重围。将领西弥赖带了一千精锐的索伦兵，前去东山援救定寿。索伦兵素称劲旅，以善射闻名，此次雍正花了大价钱给他们装备了鸟枪，又从黑龙江调到西北。阵前交锋时，准噶尔人竟然搬出了自己铸造的大炮，三两下轰击后，索伦兵落荒而逃，自行返回科布多大营。西弥赖看士兵不肯卖命，无法完成救援任务，就挥刀自杀。

到了傍晚，定寿带了部下冲出包围圈。路上定寿传令所有人下马，且战且走，追赶主力。行军时突然大风蔽日，冰雹直下，准噶尔军乘机袭来。定寿下令士兵步行排成方阵前进，占据了一处山头。清军刚登上山头，就被准噶尔军四面围困住。交战中，定寿被鸟枪射中，带伤指挥，与准噶尔军对峙了一夜。

二十二日，定寿所部苦战一昼夜后，火药、弹丸、箭矢都已耗尽，眼看着是无力再抵抗。定寿、苏图、马尔齐等将官自杀，常禄阵亡，觉罗海兰突围而出。

二十三日，准噶尔军主力汇集，有三万余人。清军尚有八千人，勉强可以一战。

傅尔丹命清军中的蒙古兵首先出战。参战的科尔沁蒙古军用红纛，土默特蒙古军用白纛，开战后不久，科尔沁蒙古军先行逃遁，土默特蒙古军则高执白纛，冲入敌阵。其他蒙古兵看到白纛进入敌方阵营，以为土默特兵投敌，也无心再战，各自逃散。科尔沁在蒙古各部中投奔清廷最早，此后披坚执锐，每战必前，故而以科尔沁（蒙古语"锐利"意）为名，不想此次却未战先逃。

看蒙古兵乱了阵脚，傅尔丹也无法加以控制，只能鼓励八旗士兵奋战。至当日夜间，营中蒙古兵、绿营兵陆续逃走，清军大营只剩下四千八旗兵。险境之下，八旗兵反而被刺激出了斗志，发挥出超常战力，打退了准噶尔骑兵多次冲击。

二十四日，准噶尔军如潮水般涌来，余下的四千八旗兵拼死搏杀，奈何攻势汹汹。清军大营被冲破之后，侍郎永国、觉罗海兰、戴豪等人相继自杀。书生何溥穿了身儒服，走入敌阵，叹道"死为国殇，永享俎豆"，被乱刀砍死。

准噶尔此番出战，男女皆骑马上阵，"贼人里边，如今将没有怀身孕的妇人，打得枪，射得箭的，都挑下当兵"。一名清军军官战败后逃窜，想穿越泥沼时，被名骑了战马的准噶尔妇人追杀，将他一掌推入泥沼中，所幸得以不死。

傅尔丹指挥清军结成方阵突围，以火器置在方阵外围，护送辎重，且战且走。

清军之中一度采用了古怪的车营法。为了对付准噶尔骑兵，雍正下令献策，岳钟琪就献了车营法。车宽二尺，长五尺，以一人推车，四人护卫，每百车为队，千车为营。行军时装载粮草军火，至夜间则聚集为营。交战时，两队居前，专门冲突，两队随后，其余五队压阵。雍正在军中推行车营法，期待着立下战功。车营法在实战之中，却没有奏奇功，反拖累清军。和通淖尔大败后，总结失败原因时，很多人归结为大批车辆导致道路壅塞，士兵无法机动，此后车营法被废除。

副将查弼纳是完颜氏，曾因卷入帝位争夺而被囚禁。后来雍正原谅了他，还提升他做了吏部尚书。此次查弼纳作为副将随行，以报效皇恩。查弼纳跃马舞刀，率先冲出包围圈。查弼纳冲出后一看傅尔丹还没突围，唯恐因为失陷主将再次入狱，就再次杀入包围圈，寻找傅尔丹，以致阵亡。郑亲王的孙子巴塞，在乱军中寻找查弼纳时，被准噶尔军围住厮杀，血战而死。准噶尔军将他身上的宗室标识取下，挂在旌旗上示威。

随军医生汤某，仓皇逃窜时还不忘推销："吾有丹药，吸之可以免渴。"只是无人加以理会。汤某命大，跟着清军逃兵一起冲出包围圈。大批清军则没有这么好运了，众多士兵被俘，准噶尔人将他们用皮绳穿胫，挂在马后，从容唱着胡歌凯旋。被准噶尔人俘虏的清军士兵，多数被卖到南疆给回人做奴隶。近三十年后，清军攻入南疆，发现在此苦苦求生的清军战俘，他们已是白发苍苍。可清廷却将这些人视为未能死节，忘本之人，押回加以审查。

清军逃至哈尔哈纳河时，用尽弹药，处境更加困难。二十七日，劝告雍正不要轻率用兵的达福，领兵殿后时战死。

七月初一，清军逃归科布多大营，兵丁陆续至营者共二千余名。傅尔丹领了人马撤退时，塔尔岱再次负责殿后，交战时身中七枪坠地，部属溃散逃尽，只有所骑的大黄马留下。塔尔岱一人骑马独行，六日之后回到科布多。回到营地时，塔尔岱浑身鲜血，昏迷不醒，蒙古医生用羊皮将他包裹住，过了三天方才醒来。大黄马也中了一枪，一人一马逃回。这匹索伦产的战马由此出名，有诗赞曰："转战金河寇已深，裹创惟见血衣襟。伤多马蹶鸣还起，同是将军报主心。"对于这匹马，塔尔岱珍惜无比，"塔公置栈亲饲之"。

科尔沁蒙古兵溃散后，科尔沁亲王躲藏在泥沼中得以活命，后以千金贿赂傅尔丹。傅尔丹受贿后扬言："蒙古白纛者先败。"将土默特首领沙津斩首，土默特蒙古士卒愤怒，径自离开军营。科尔沁最早归顺清室，与清皇室累世姻亲，关系最深。多尔衮曾对科尔沁亲王云，如果有蒙古部有不肯安分者，"尔即便宜行事，吾惟尔是恃"。乾隆《入科尔沁境诗》诗中则云"塞牧虽称远，姻盟向最亲"。对科尔沁部，傅尔丹如何能不加以袒护？

雍正指示傅尔丹，如果科布多大营难以固守，不妨退至察罕叟尔再说（康熙五十四年，清军在察罕叟尔以木栅筑基地，在此驻军屯粮）。雍正又派出顺承亲王锡保至前方办理军务，傅尔丹则协助顺承亲王，将功赎罪。

和通淖尔之战，清军大败，就将领而言，傅尔丹被俘虏的供述迷惑，孤军深入，再被准噶尔优势兵力围攻。初期面对准噶尔汹涌攻势时，清军尚能应对，一度占据上风。只是当清军主力撤退时，索伦兵首先逃跑，不肯救援后卫定寿，导致定寿全军覆没。此后清军军中的蒙古兵临阵又不肯卖力，或逃跑，或投降，导致大败。

此战的祸首，在雍正看来就是索伦兵。他对傅尔丹道："伊所恃者，惟数索伦耳。岂知首先溃败，几致伊于危殆者，即索伦乎？"索伦，满语意为"先锋""射手"，他们一直在黑龙江流域从事狩猎，精于射击术。满洲人崛起于辽东之时，将索伦人也吸纳进了八旗，在历次战役中战功显赫。此次抽调索伦兵入西北，雍正一次拨银十万，鸟枪二千，可谓下足血本。索伦兵临战时表现如此糟糕，主要是准噶尔军中装备了先进大炮，"贼兵设伏山谷，枪炮猝发"。索伦兵不曾见过这等阵势，撒腿逃跑，逃跑途中还散布消息，怂恿后方士兵一起逃跑。不过索伦兵在后来的战事中表现出色，名将塔尔岱、海兰察也出自索伦部。

值得注意的是，此战中准噶尔军使用了新式炮兵。瑞典军官列纳特被俄国俘虏，至西伯利亚考察时又被准噶尔俘获。列纳特精通大炮铸造技术，受到噶尔丹策零的重视。在列纳特的组织下，准噶尔部建立了一支炮兵部队。此战中列纳特亲自指挥炮兵，击溃索伦兵，立下大功。

大败之后，雍正开始后悔当初不听达福的忠告，可此时达福已战死，乃厚恤其家。雍正又想诱惑噶尔丹策零的弟弟，争夺汗位失败后的罗布藏舒努来帮忙。利用参加俄国女皇继位典礼的机会，清廷使者在土尔扈特部与罗布藏舒努取得联系。雍正许诺："伊若诚心返回，与我大臣同来，并可与我大臣一同前往报仇。"罗布藏舒努看到报仇有望，很是高兴，准备归来投诚，一起攻打噶尔丹策零。不想沙俄得知后作梗，极力阻挠，最终无法成行。

准噶尔方面，在雍正七年（1729）和通淖尔取胜之后，噶尔丹策零积极联络各方盟友，分化清廷同盟，壮大自身力量。

西藏的颇罗鼐发来奏报，准噶尔欲送回拉藏汗之子苏尔扎，立为西藏汗。雍正看了批示道：定要小心噶尔丹策零的奸计，西藏如果稍有疏忽，就要重蹈往日拉藏汗兵败身死的覆辙。噶尔丹策零又拉拢喀尔喀王公，称喀尔喀、准噶尔都是一家，喀尔喀部更是成吉思汗后裔，并非人之属下，何不游牧到阿尔泰，"与我会居一处，共享安乐，以联旧好？如有兵戎，协力相拒"。

雍正也加以反击，他列举了罗卜藏丹津的例子。自投奔准噶尔后，罗卜藏丹津的属民被分割掉，自己成为孤家寡人，比较起投效天朝的蒙古王公来，孰荣孰辱？准噶尔人本是成吉思汗的奴隶，你们喀尔喀人是成吉思汗弟弟的子孙，黄金家族的传人，你们会甘心受制于奴隶？

喀尔喀人没有让雍正失望。雍正九年（1731）九月下旬，喀尔喀亲王丹津多尔济、郡王策凌，领兵在欧登楚尔击败准噶尔军，阵斩准噶尔将领喀喇巴图鲁，这是和通淖尔失利之后难得的胜绩。

此战本可取得更大战绩，只是各路清军在和通淖尔大败之后，普遍抱有畏战心理，不敢出兵配合作战。在察汗叟尔大营的顺承亲王锡保不敢出战，在科布多的傅尔丹也不敢出兵拦截准噶尔军后路，以致贻误战机。雍正得到战报后还是很欢喜，给予了厚赏。丹津多尔济本来就是亲王，赏银一万两。策凌本是康熙的女婿，此次被封为亲王，也赏银一万两。

光显寺之战

和通淖尔大胜之后，准噶尔势力日张，清军无敢撄其锋者。噶尔丹策零召集各路将领会商，讨论是否应将清军北路彻底打垮，以占据喀尔喀蒙古。与会者认为，在北路打败清军并不是问题，关键是必须抢夺喀尔喀各部的精神领袖哲布尊丹巴。将他抢到手后，喀尔喀各部才肯顺服。准噶尔拟定作战计划，以骁勇著称的小策凌敦多布，领兵三万，深入库伦（库伦蒙古语"城圈"意，该处有木栅如城，由此得名），夺取哲布尊丹巴。

雍正十年（1732）七月初，小策凌敦多布领兵三万，分两路出师。以准噶尔部的实力而言，三万人已是所能动员的最大兵力。在西线，准噶尔要对付彪悍绝伦的哈萨克人，在北线还有更难对付的俄国人。此前对清军的几次战役中，准噶尔都尽量集中兵力，形成局部优势，突袭清军。此次随同准噶尔一起出征的，还有不满于清廷，投靠准噶尔的喀尔喀蒙古贵族。

七月中，准噶尔军进至在察汗叟尔清军大营西北处。七月十四日，锡保不知是什么想法，派出三千人前去迎战。三千人根本不够准噶尔人吃，很快狼狈逃回大营。准噶尔军的目标是库伦，夺取哲布尊丹巴，故而也不恋战，沿着杭爱山北麓继续行军。

二十日，喀尔喀两位亲王，丹津多尔济、策凌相约前去拦截准噶尔军。不想丹津多尔济畏惧小策凌敦多布，不敢出战，锡保也没有任何动静。策凌孤军出击，被准噶尔军击败后退出战场。

小策凌敦多布加速前进，直扑库伦，以夺取二世哲布尊丹巴。

却说康熙六十一年（1722）康熙去世后，一世哲布尊丹巴接到讣告，以八十岁高龄，与土谢图汗一起前往北京吊丧，不久在北京圆寂。对于哲布尊丹巴的忠心，雍正大受感动，以中央政府的名义确定了哲布尊丹巴的地位，将他和达赖、班禅一样，赐予名号册印。此后又确认了哲布尊丹巴呼图克图转世系统，选转世灵童作为接班人。

雍正二年（1724），转世灵童选定，为喀尔喀土谢图汗部敦多卜多尔济亲王之二子。敦多卜多尔济是一世哲布尊丹巴的亲侄儿，喀尔喀地方上的王公对此不服，转世灵童转来转去，都转到你们家去了，就到西藏去寻求大喇嘛支持，另外找了个转世灵童。

雍正看了头大，西藏六世达赖整出了三个，闹出无穷是非，不料喀尔喀这里也节外生枝，就颁布谕旨称，土谢图汗部这个转世灵童是真的，"出世甚确，应封于库伦地方，以掌黄教"。雍正正式宣布，哲布尊丹巴与达赖、班禅、章嘉地位平等，为此特意拨出十万两银子，给他在库伦修建寺院。

小策凌敦多布没有料到的是，雍正早有准备，预防他抢走转世灵童。去年九月，喀尔喀蒙古亲王策凌从准噶尔俘虏口中得悉，小策凌敦多布要去库伦抢走二世哲布尊丹巴，紧急奏报清廷，并早做准备。二世哲布尊丹巴先是被护卫送到山里，藏在了一个小木垒中。雍正知道后觉得此举太过愚蠢，下令将转世灵童送到多伦加以保护。多伦有座善因寺，本是为三世章嘉修建的，也花了十万两银子，这时刚刚修好，就让二世哲布尊丹巴住了进去。原计划是暂住，等战事平息再返回库伦，不想此后成为哲布尊丹巴的驻地。

二世哲布尊丹巴被移到内蒙的多伦，小策凌敦多布扑了个空，就转袭塔密尔河畔亲王策凌的游牧地。策凌正在前线领兵，没料到后路被抄，小妾和两个儿子被抢走，属民、马驼被劫去。不过小策凌敦多布应该后悔此次对喀尔喀的用兵，因为他惹到了强劲的敌手策凌。

在大漠之西的准噶尔部的紧逼之下，大漠之北的喀尔喀部人纷纷出逃，策凌也随着母亲一起投奔清国，并在北京居住。少年时的策凌，得到了康熙的青睐，"赐居京师，命入内廷教养"，入宫中与皇子们一起读书。成年之后，策凌仪表堂堂，武功精湛，据记载，"王白皙，微髭数茎，不类蒙古世族"。

策凌

康熙四十五年 (1706)，康熙将二十二岁的六女儿许配给了策凌，此时三十余岁的策凌早已成婚，并生下了两个儿子。被皇帝看中，策凌只能抛下原先的妻儿，迎娶了六公主。六公主在三年半之后也就去世，留下了两个幼子。对女儿的去世，康熙无比心痛，将她葬在安定门外，后世称此地为"六公主坟"。策凌对六公主很有感情，要求死后打破蒙古王公葬回草原的惯例，在京师与六公主合葬。

策凌得悉本部被攻破后，初时很是慌张，欲进京求援，有谋士劝告他道："虽然你妻儿失陷，可你的劲旅尚存。如果统率诸部，尽力向敌，遏其归路，则可一战成功。如果单骑归朝，朝中以为你败走，追究起来，恐漠北诸部不复为王所有也。"

策凌权衡再三后，决定出兵，"即断发及所乘马尾誓天"，发誓与准噶尔决一死战。同时策凌请顺承亲王锡保派兵助战。

两军会合后，策凌请八旗兵作为前锋，锡保准备派出精锐，策凌却道："吾所以请王师者，欲以其饵敌。王师纵强，焉能敌彼百战之师？"遂改以孱弱八旗兵为前锋。

光显寺曾经辉煌的建筑，在历次战火中毁塌，残壁断墙上往日五彩斑斓的绘画也在雨雪雾霾的长年浸熏中失色，仍然矗立的佛像面无表情地目睹着这沧桑巨变，肥沃的青草已经占据了往日信徒们跪拜之地，偶尔有游牧民路过此地，都要唉声叹气，蒙古人曾经的辉煌如同这寺院一样已是过去。

八月秋高马肥，寺前的河流在黎明的阳光下闪烁着光辉，寺右边是连绵的山脉，河水至山脉之间，是大片开阔的平原，这里再无往日万千信徒云集的荣光。远方行军而来的马蹄声逼近，刀戈不断发出碰撞声，八旗子弟高高扬起的军旗上，龙昂首欲破空而上。清军对于今天的作战计划颇是迷惑，即将面对的敌手可是凶悍无比的准噶尔人，大将军竟然听从了喀尔喀人的意见，让八旗出来打前锋。

放着手上的精锐不用，派了新兵蛋子老兵油子出来打头阵，不是让人白白送死吗？士兵心里都清楚，打胜仗，捞军功，谁不乐意，可是得有命来花那白花花的银子啊。再说了，准噶尔蛮子是来打喀尔喀的，蒙古人自己厮杀，干嘛让八旗子弟帮他人卖命？牢骚归牢骚，军令难违。行至河边，军官下令沿着河南岸布阵。方阵布好后，八旗器械精良，看上去有模有样。

清军布置完毕，准噶尔军汹汹而至，见八旗兵背水布阵，小策凌敦多布大笑道："刚被打败，又来送死，可以增加俘虏了。"

有心腹提醒他："策凌被我们攻破部落，岂能甘心？我军来往数千里，未看到策凌，恐怕策凌军在此间想包抄我军后路。"

小策凌敦多布自信地道："清国惯例，向来无外藩将领统领八旗兵，策凌断不会在此间。"

自和通淖尔大败之后，八旗兵对准噶尔军心存畏惧。看着黑压压逼来的准噶尔骑兵，八旗兵无心作战，在骑兵冲击下，丢盔弃甲，沿着河岸四散逃。

准噶尔兵冲近正欲追杀时，突闻胡笳声大作，须臾之间，旌旗遍布山谷。

高居于山冈之上，策凌将帽子投掷于地怒道："不破贼，不复冠。"领了部众冲下，驰如风雨。布置河北岸的蒙古诸将听到胡笳声后，结队前进，渡河攻击。

准噶尔军正在追击八旗兵时，突然被两股洪流夹击。小策凌敦多布用兵以勇猛著称，被打了个措手不及，却也不惊慌，不再追杀八旗兵，分了兵马前去迎敌。万千骏马奔腾，摧枯拉朽，无坚不摧。天空箭雨不断掠过，各路旗帜指引冲锋，马刀手上旋转，长矛笔挺向前。

喀尔喀蒙古出击后，八旗精锐也跟着出动。上一次战争中逃跑的索伦兵，此次也奋勇出击，表现出色。索伦兵的帽子皆以水獭皮制成，使用劲弓强弩，每击必杀，是为黑水生兵控万弦，穿熊殪虎势无前。勇将塔尔岱戴了顶索伦人的獭皮帽，策马奔腾，所向披靡，得了个外号"獭帽将军"。

小策凌敦多布指挥部下，迎着对方攻势反扑，但骑兵交战，胜败在于抢得先机。策凌占据山势，居高临下冲锋，又分兵夹击，将小策凌军队围困在中间。小策凌无法发挥骑兵机动性，又无险可据，如同砧板上的肉，被猛力蹂躏。战事进入对峙状态后，清军中的野战大炮发挥了巨大威力，更在密集的敌军中轰开血肉无数。

战事无可挽回之后，小策凌敦多布将所携带的辎重与牲畜，塞在山谷中，阻滞清军追击。自己带了两万人，在夜间经鄂尔昆河上游，往推河（外蒙图音河）方向逃遁。

光显寺之战获胜后，顺承亲王锡保立刻派人通知马尔赛，命他领兵与建勋将军达尔济会合，至推河，截断准噶尔军退路。

大学士马尔赛佩绥远将军印，统领精锐数万人，驻屯扎克拜达里克大营。马尔赛以为此处远离战场，每日置酒高会，对于军事也不上心。看了信后，马尔赛推脱称，已经将准噶尔人逃跑必经之路上的草原烧掉，毋庸担忧。此后喀尔喀亲王丹津多尔济等也遣使报捷，请他出兵拦截后路。

部将都想着抢这趟军功，如果拦截住准噶尔残军，所捕获的高价值目标肯定更多，战后升官发财，不在话下。马尔赛召集将领商议，众将都认为应立刻出兵拦截，不然就晚了。唯独都统李枂明白马尔赛心意，跟着后面附和，认为只要守住大营就行了，不必追击。将领们跪求马尔赛出兵也毫无用处。

准噶尔兵撤退时，从清军大营前方路过，有将官不等马尔赛下令，自行带了部下出城拦截。马尔赛无奈，才带了部下出击。

追了两三日之后，马尔赛借口敌军行军过于迅速，难以追及，径自领兵退回。这样，准噶尔军逃脱了全军覆没的命运。马尔赛贻误战机，计雍正大怒："自古以来，如此背负国家者，史册中亦为罕见。国法军法，俱难宽宥。"十二月，马尔赛在军中被斩首。李枂本是广东将军，因为所统部属至巡抚衙门闹事而被革职，送到京师问了个死罪。雍正饶了他，命他至塞外效力，此次一言坏事，也被处斩。

光显寺大胜之后，策凌大宴属下，有勇士酒酣高歌："朔风高，天马号，追兵夜至天骄逃。雪山旁，黑河道，狭途杀贼如杀草。安得北斗为长弓，射阴桦枪入酒盅。"随着策凌如日中天，他所在的部落也开始崛起，各个小部落纷纷依附。雍正晋封他为超勇亲王，进驻科布多，又从土谢图汗部拨出二十一旗给他，独立成一部落，称赛音诺颜部，成为喀尔喀四大部之首。赛音诺颜，来自五世达赖赐给策凌先祖的封号，蒙古语意为好贵族。

虽然取胜，可策凌小妾及所生的两个儿子却未能救下，被带到了准噶尔部。后来准噶尔人入京时，私下找策凌，问他要不要儿子。策凌回道，公主和我生的才是儿子，他人生的不是我儿子，"即尔送还，予必请于上诛之"。策凌此话，实属违心。

光显寺之战取胜后，塔尔岱领兵一路追杀至推河，距大营千余里。战后，塔尔岱被提升为黑龙江将军，统辖东三省官兵。凯旋时，雍正特意召见他，又赏给他大黄马，"黄绒笼头，领下赐带银牌"。另外赏给他官马场一处，又称塔将军马场。几年后，塔尔岱因病乞休，返回老家黑龙江，这匹黄马留在了京师，新帝乾隆特意嘱咐要将它仔细喂养。

在表彰策凌等人的同时，雍正怒气冲天地将一个人打入了冷宫，此人即岳钟琪。

雍正十年（1732）正月，驻守镜儿泉的副将马顺，派遣弁兵巡逻时，被击伤一人，走失一人。岳钟琪上奏弹劾马顺不遵军令。此事本不大，不想雍正却严厉指责岳钟琪：你是如何防范，又是如何军令？下令将他与马顺都交部议奏。

三月，准噶尔人进袭哈密。哈密自投奔清廷后，一直是准噶尔人眼中的大敌，想要拔掉这颗钉子。岳钟琪指挥驻扎在巴尔库尔的清军，与哈密地方兵联合作战，击败准噶尔人。此战中，岳钟琪派副将军石云倬领兵截断退路。石云倬迟出发一日，导致敌军全身而退。岳钟琪将石云倬送京治罪，可他自己也逃不了灾祸。四月，兵部议定，岳钟琪削去公爵。八月，西路军副将张光泗罗列了岳钟琪调度兵马、筹运军饷、统驭将士等方面的诸多失误，上奏弹劾。

十月，雍正指责岳钟琪："秉性粗疏，办事阔略。平居志大言大，似有成算。及至临时，则张皇失措，意见游移。且赏罚不公，号令不一。不恤士卒，不纳善言。"雍正又列举了他军事上的一系列失误，如让准噶尔人得以劫掠走大量马匹，围剿不及时，导致已落入罗网的敌军逃跑，放弃战略要地等。大学士议奏时，拟斩岳钟琪，被雍正改为斩监候，真是"只因未了尘寰事，又作封侯梦一场"。

岳钟琪被革职囚禁后，雍正突然想起，自己曾赏给岳钟琪三名太监，又将太监收回宫中。清军另一路主将傅尔丹，因为作战无能，建房贪求奢华，偷卖科布多驻军粮食，贪污军饷等罪行被囚禁起来，只是尚未来得及做出裁决，雍正便在八月二十三日夜去世。

雍正十二年（1734），噶尔丹策零派人前来议和。在漫长的战事之后，雍正已经筋疲力尽，答应了议和，将驻扎在科布多的大兵撤回，以表诚意。此年八月，双方开始了第一轮谈判，涉及边界事宜。谈判的同时，驻在阿尔泰、巴尔库尔的清军也逐步撤离。清军在边境沿线，修筑了一系列堡垒，撤军之后，堡垒荒废。两度出使准噶尔的阿克敦，后来路过时感叹道："昔日云屯多羽骑，今来山净见斜晖。白头未了边庭志，万里长途任马归。"

议和时，雍正主要考虑的是喀尔喀蒙古、青海的边境安全，噶尔丹策零考虑的则是恢复贸易，进藏熬茶，双方都想尽快取得突破，好停息这场消耗了巨大人力、财力的持久战争。

雍正发布了系列谕旨给噶尔丹策零，以领导的口气对他训话。雍正念念不忘一个人，这就是出逃前往准噶尔的青海王公罗卜藏丹津，再三索取。雍正还喋喋不休地劝告噶尔丹策零，要信奉佛法，仰佛之慈悲之心，如此才能诚实守信。至于喀尔喀人与准噶尔人通婚，雍正认为这是寻常之事，只要两厢情愿即可。待和约议好，边境安定后，你准噶尔不但可以与喀尔喀人通婚，就是与我大清宗室结亲亦无不可。

十月二十五日，清军使臣傅鼐从巴里坤大营出发，十一月初九，至伊犁河谷谈判。

傅鼐出自满洲名门富察氏，为人敢言，因为帮隆科多儿子说情而被发配黑龙江。傅鼐曾就战局发表自己的看法，雍正不以为然。用兵几年之后，果然应验，就将傅鼐召回。光显寺之战时，傅鼐正在马尔赛军中，一再向马尔赛请战，马尔赛就是不肯。傅鼐愤激之下，自行领兵追击。此次以傅鼐作为正使，阿克敦为副使，一路西行，穷沙万里，雪没马鼻，四个月后方至伊犁。

此后噶尔丹策零三次会见清国使臣，双方言谈甚欢。闲谈时傅鼐口沫横飞：

"今年两路大将军都想发兵，占卜之人推演今年准噶尔流年不利，宜发兵讨伐。只是皇上有好生之德，制止进兵，派我们来谈判。"

"我大国有一毒药，涂于任何箭弓、刀刃，伤及皮肉即可毒发毙命。因皇上不忍，一直不曾允许使用。"

"我大国占卜者曾预言，准噶尔人不产茶叶。若是哪天出产茶叶，就是准噶尔灭亡之时。听说今年准噶尔出了一烹茶之物，不知虚实啊？"

谈判时，双方的分歧集中在边境划分上，清方使者阿克敦坚持以阿尔泰山为界，准噶尔坚持以杭爱山为界。

噶尔丹策零不快地道："阿尔泰乃我游牧中间之地，断不可行。"

阿克敦则认为："此事非创自今，汝老台吉时已如此，特从前议耳。"老台吉，策妄阿喇布坦也。双方相持不下，互不相让。

雍正十三年（1735）三月，清国使团返回北京，将边界问题的难处交给雍正处理。此时雍正不想再战，想早日议和："伊既为此恳求，若坚持不允，恐使臣徒劳往返，终无完结之日。"雍正想答应准噶尔人的条件，以杭爱山为界，但此事又涉及喀尔喀人的利益，就让喀尔喀亲王策凌发表意见。

策凌认为必须以阿尔泰山为界，"贼夷素性狡诈，反复无常。使伊游牧相逼太近，则防守实难。断勿令过阿尔泰岭，方为善策。"

雍正遂依照策凌的意见，回复噶尔丹策凌，但同时也做出了一定让步："议定疆界之后，犹以喀尔喀之游牧逼近尔属，不免疑惧，奏请稍展空闲之地，亦属可行。"即边界划定之后，可以划出一片缓冲地带，双方都不得进入。

眼看着与准噶尔的战事平息，雍正心中的石头落了地。四月，五百名清军护送七世达赖返回西藏，颇罗鼐亲至理塘迎接。三世章嘉此年到惠远寺探望七世达赖，也陪同达赖入藏，沿途七世达赖向他传授了经文。

然而，大清国与准噶尔的战事只是暂时停息。八月，雍正去世，乾隆继位。乾隆继位后，将延续他爷爷与父亲的遗愿，以天朝的强大国力，来耗尽准噶尔部的精血，将天山南北，草原东西，纳入天朝的版图。而雍正创设的军机处，也成为乾隆实现壮志，扩张版图的利器。

第五章
兄弟内耗苦轮回

熬茶与贸易

乾隆登基之初，内部爆发了苗民起义，耗费了一年余时间，两度更换统帅，征调了五省大兵，方才平息了战事。小小的一场苗民起义，用兵日久，军费激增，物价日昂，在西北边陲上，乾隆改变了雍正主动出击的态势，保持了和平状态。自额尔德尼昭一战大败之后，准噶尔部遭到重创，与清廷达成和议，恢复贸易关系，以求恢复元气。

边境的战事停息之后，准噶尔人所要做的第一件事，就是恢复贸易。朝贡是准噶尔人进行贸易的一种方式。官方派遣的正式朝贡代表团，次数不多，无法满足民间的贸易需求。活跃的民间贸易团跑到边境线上，冒充朝贡团队，要求进入边境贸易。康熙二十二年（1683），清廷命令准噶尔，此后凡朝贡团队，都要发给印文查验，注明年月日，无执照者一律不许入境。

朝贡团队自身也是问题多多，康熙二十三年（1684）的朝贡团队，数量达三千人，途中滋生出是非无数，此后又规定朝贡团队，进入内地贸易者不得超过二百人。准噶尔人不吃这一套，依然派出了两千人的队伍大摇大摆入京，照样去做生意。做生意时，因为价格谈不拢，不时爆发肢体冲突，甚至闹出人命血案。康熙二十四年（1685），一名朝贡团队成员，在贸易时发生口角，打死一名商人，依照清国律令被处斩。

乾隆五年（1740），清廷参照与俄罗斯进行贸易的方式，规定准噶尔每四年至京贸易一次，人数不得超过二百。至肃州贸易也是四年一次，人数不得超过百人，贸易期限定为八十日。入京贸易的年份与俄罗斯错开，以免货物重叠，导致跌价。

朝贡之外，进藏熬茶也是准噶尔人的重要贸易活动。此前由于战乱，熬茶已停止多年。至乾隆二年（1737），班禅去世，噶尔丹策零请求入藏祭奠。此时西藏地方上相对比较平静，噶尔丹策零的请求也无可厚非，乾隆许可了准噶尔人入藏，"准用百人入藏"。

乾隆三年（1738），清廷派出以阿克敦为首的使团，再赴伊犁，划界议和。七月四日，跨越了千山万水之后，阿克敦一行抵达伊犁。九日，阿克敦与噶尔丹策零见面。二人上次见面还是雍正十三年（1735），一别经年，二人"叙寒暄甚久"。

此次会谈，噶尔丹策零显示了充分的诚意，对于边界线也不再坚持己见，愿意让步，以求和好。经过多轮谈判之后，乾隆四年（1739），双方最终达成和议，划分边界，"始定议以阿尔泰山为界，厄鲁特游牧不得过界东，喀尔喀游牧不得过界西"。此次出使，就准噶尔人入藏熬茶乾隆也有指示，和约签署后，将允许准噶尔人入藏熬茶，进行贸易。

为了避免准噶尔人进藏熬茶途中生事，乾隆派兵沿途护送，同时命令沿途官员，严密监控准噶尔人，如果有变异立刻调兵处理。乾隆四年（1739）一月，噶尔丹策零遣使入京，请求将入藏熬茶的人数，从一百人增加到三百人。增加人数，不但是为了熬茶，更是为了扩大贸易规模。噶尔丹策零做出保证，此番入藏只是为了尊崇黄教，绝不会招惹是非。乾隆遂许可了请求，同时也做了仔细规划，于沿途派遣精兵护送。

入藏途中，山高皇帝远，有些地方不是清国所能控制的。如四川果洛地区，番民素来强横，常聚集千余人，持枪佩刀，靠抢劫为生。为了保证准噶尔人入藏的安全，四川总督召集当地头人训话，严令驾驭属下，不得滋生事端。此时正主持西藏的颇罗鼐，也接到了防范准噶尔人的指示，为此他挑选了精壮男丁，每日里刻苦训练，做好应对准备。颇罗鼐派出精兵二十人，前往果洛，佯装巡边，以监视准噶尔人入藏，同时约束地方上的不安分之徒。

就在准噶尔人提出入藏熬茶时，远在伏尔加河畔的土尔扈特人也凑起了热闹，请求派遣使团入藏熬茶，同时派十名幼童至西藏学习经典。土尔扈特人入藏熬茶学经，历史上早有先例，本无不可。但此时土尔扈特已臣属于俄国，入藏熬茶团中必杂有俄罗斯人，清国自然不能让俄国人随意入藏，得以一窥高原生态。再者，清国已许可了准噶尔人入藏熬茶，土尔扈特人与准噶尔人素来不和，两支熬茶团同时出现在雪域高原，若是爆发冲突，不知又将生出多少是非。乾隆不想节外生枝，就否决了土尔扈特人的请求。

乾隆五年（1740），准噶尔突然又提出新的要求，原先计划从哈密、肃州一线入藏熬茶，要经过内地，准噶尔人不习惯内地水土，恐途中生病。准噶尔人想自备牲畜，改道经库克、沙什贸易，然后入藏。乾隆断然回绝了此请求，他指出，库克、沙什一路多戈壁，缺乏水草，行走困难。我已经为你们选择了水草好、戈壁少的路线，为何还要选择危险难行之路？

乾隆之所以不同意准噶尔人改变路线，主要考虑是，肃州一线是汉藏聚居区，从此路过，可以避免准噶尔人与青海蒙古各部联系。且此条线路上，乾隆已做了周密部署，若此时突然变更，又将消耗更多国库。

乾隆六年（1741）正月，三百人的准噶尔使团出发，携带了两千余骆驼、一千七百余马、近五百头牛、七千多只羊，及大量的皮张、羚羊角、葡萄干等货物。四月初，准噶尔人行至东科尔（又称丹噶尔，意为白海螺，在今青海湟中县），在此地停留进行贸易。准噶尔使团被安置在东科尔城南，找了个旧院子安置，派遣清军官兵看守，准噶尔人外出时要有兵丁随同。清廷也赏给每名准噶尔人牛一头，羊二只，以示天朝大国之慷慨。

在东科尔贸易时，准噶尔人稍不如意，就称银两、珍珠、绸缎被清方士兵偷窃，百般刁难。交易时，常将已交付的货物偷出藏在身上，被搜出后也不以为耻，只是嬉笑。

贸易正在进行时，准噶尔熬茶团突然请求前往塔尔寺与拉卜楞寺熬茶。这两座寺庙，与和硕特蒙古王公有着千丝万缕的联系。塔尔寺更曾牵涉进罗卜藏丹津叛乱，清政府一直对其严加管理。清政府再三阻止准噶尔人前去熬茶，但熬茶团中的喇嘛表示，不去熬茶，就不回去了。

耐不住准噶尔人再三恳请，最后许可熬茶团前去只有两三日路程的塔尔寺熬茶，拉卜楞寺因为路途遥远，沿途又系蒙古游牧地，不准所请。五月初三，两名喇嘛带了五六十人前去塔尔寺熬茶，由清军士兵一百名护送。熬茶完毕，即回东科尔，同时"先知会蒙古喇嘛暂行回避，仅留番僧"。对准噶尔熬茶团队，不但隔开其与蒙古喇嘛的联系，所有护送官兵严禁与其交谈，以免产生纠纷。沿途所有乞丐都被集中收容，以免影响天朝大国形象。

准噶尔人在东科尔停留做生意，因开价过高，一些货物卖不出去，就将本定于五月进藏熬茶一再推迟。乾隆三年（1738），准噶尔与清国进行贸易时，出于政治考虑，清国曾以高价收购了准噶尔的物品，如绿葡萄，定价每斤一两五钱。结果到了乾隆四年（1739），准噶尔人一口气运来了葡萄一万七千斤，地方官员出面和准噶尔人谈判之后，砍价到一两一斤，也亏得一塌糊涂。所以乾隆五年（1740），就与准噶尔的贸易，乾隆特意指示，准噶尔入内地贸易与俄罗斯同，四年一次，人数不得超过二百。

此次准噶尔人借着熬茶的借口再来做生意，清国就让商人过来谈价。商人做生意，考虑的是盈利，而不是政治了。准噶尔人此次又带了大批绿葡萄，期待着卖出一两银子一斤的好价。不料此番清国人对绿葡萄看也不看，一粒不收。准噶尔人急了，赶紧降价，半两一斤也行啊？仍然无人来买，最后，准噶尔人将绿葡萄以三钱一斤的价格抛售。

准噶尔人漫天开价，没人理会，商品卖不出去。准噶尔人急了，提出"贸易事小，赴藏熬茶事大"，希望不要因为贸易影响到入藏熬茶。清方吃透准噶尔人的心思，嘴上说着不能因为贸易影响到入藏熬茶，"内心仍以贸易之事为至要"。

乾隆与军机大臣会商后，认为准噶尔人来贸易，就应该遵循市价，自行与商人商量，如果一直索要高价，则不予理睬。如要携带货物进藏贸易，也不必拦阻，只是请确定日期起程。乾隆的指示到了东科尔后，准噶尔人也不敢乱开高价了，随即抛售羊皮与狼皮。

七月二十一日，准噶尔熬茶团表示，本预备此月出发，但听说西藏今年早寒，所携带的骆驼不堪途中使用。故而准备贸易完毕后即回准噶尔，至于熬茶之事，"不论何年，俱可前进"。从东科尔进藏，路途相对来说不是很遥远，且准噶尔人熬茶团中的驮马尚有膘壮者，清方甚至表示，可以将羸瘦驮马留下放牧，入藏回来后，养肥了正好回去。

乾隆得知准噶尔人突然变卦后勃然大怒，责问准噶尔熬茶团头领，此事是噶尔丹策零的意思，还是你自作主张？如果是噶尔丹策零的意思，"即为一无定之人，朕将鄙视之"。乾隆表示，准噶尔人这次回去之后，如果再请入藏，将不会批准。

准噶尔使团领队思考再三后，回复乾隆，不去西藏熬茶，返回准噶尔是自己的意思，并坚持不去西藏熬茶。虽然准噶尔熬茶团坚持是自作主张，乾隆却认定："此意定出自噶尔丹策零，弹丸小部落，必无使臣不遵主命之理。"至八月二十六日，准噶尔人起程返回，十月初九抵达哈密。

熬茶团之所以突然放弃入藏熬茶，返回准噶尔，因为它已经完成了使命。准噶尔人此次进入内地，首要目的是进行贸易。此次贸易，清国并未由官方出面高价收购，而让商人自行谈判，导致价格"倍低于前次"。熬茶团所携带的货物中，既有噶尔丹策零交付的货物，也有大小贵族给的货物，都想通过贸易发财。至交易时价格过低，熬茶团就将大小贵族的货物卖掉，回去也无大事，但噶尔丹策零的货物，他们不敢自作主张，擅自处理。既然没法卖掉，入藏熬茶也无意义，不若返回准噶尔，将事情经过禀告噶尔丹策零。此次贸易，也让准噶尔人摸清了哪些货物好卖，哪些不好卖，下次贸易时，就不再携带葡萄、羚羊角之类的物品了。

虽然乾隆狠狠地表示，只要此次准噶尔人不去西藏熬茶，今后将不再许可他们入藏。不过对于噶尔丹策零这样的人物，清国还是以羁縻怀柔为主。乾隆七年（1742），军机大臣鄂尔泰从到京的准噶尔的使臣口中得悉，噶尔丹策零知道中国的鹰犬甚佳，一直羡慕不已。鄂尔泰就上奏，请皇帝赏赐鹰犬给噶尔丹策零。乾隆特意加恩，赏好鹰二只，良犬二只，挑上好鹰绊、犬圈两副赏之。

到了乾隆八年（1743）六月，准噶尔人熬茶团又出现了。此次熬茶团人照例前往东科尔贸易，所携带的货物以皮类为主，如狐皮、羊皮、狼皮、豹皮、猞猁皮之类。最贵的是猞猁皮，好的每张能买到三两，豹皮不过一两五。交易金额为七万八千二百余两。此次交易，清国热情款待，并以现银购买货物，使熬茶团能有银子进藏布施。

至八月十二日，熬茶团贸易结束，起程进藏。十月初三，熬茶团抵达西藏。熬茶团入藏后，先将噶尔丹策零献给达赖喇嘛的礼物送交，又请达赖喇嘛为其父母诵经。此后熬茶团分别前往各大寺熬茶，散发银两给喇嘛。

布施的银两，在哲蚌寺这样的大寺，每名喇嘛给五两银子，在一些小寺则每名喇嘛给五钱。由此看来，布施多少也是根据寺庙名气来的。对于熬茶团在各处的布施情况，清方做了详细记载。除了金银外，布施的物品还有刀、鸟枪、玻璃、镜子、珊瑚等。一些物品如玻璃、镜子、珊瑚之类，是准噶尔人与俄罗斯贸易中所得。

准噶尔人鬼精得很，沿途跋涉之后，大量马驼倒毙，就向皇帝请求赏赐。乾隆特意赏马驼各三百。到了西藏的第二天，准噶尔人就称"秣马草料及柴薪全无"，再请求赏赐，其实是请照料马匹。天朝大国，自然大度，遂将准噶尔人入藏的马驼全部接管，派出干练可信之人，至水草肥美地方放牧，以养出肥膘。准噶尔人入藏后一边大手大脚地布施银两，一边哭穷称生活无以为继。天朝大国继续加以照顾，拨出银两，采购米粮给准噶尔人过冬。又指示已升为郡王的颇罗鼐，如果食物不足，不妨再采购牛羊、炒面、茶叶、酥油等物。为了准噶尔人入藏熬茶，清方花费了将近五十五万两白银，包括了护送官兵的口粮，给准噶尔人的赏赐，沿途的牲畜等。

生活上可以优待宽容，政治上必须认真严格。对于噶尔丹策零提出选带一些西藏有名望的喇嘛至准噶尔传播佛法的请求，乾隆一口拒绝。准噶尔人入拉萨后，整个城市外松内紧。可能与准噶尔人有联系的人物，早被提前送出城外居住。每个重要的寺庙，都有暗哨紧盯。熬茶完毕，准噶尔人被全部送回本部，乾隆一再嘱咐"藏地不可容留准夷一人"。

通过熬茶，准噶尔人在宗教上有了寄托，在经济上有了收获，对于大皇帝乾隆，自然心存感恩，双方关系和睦。但准噶尔内部开始出现大灾难，这就是天花的肆虐。乾隆九年（1744），准噶尔部大量出现天花，噶尔丹策零畏惧不已，一路远逃至哈萨克境内躲避。噶尔丹策零一走，有部属乘机反叛，修建堡垒，拦截过往商旅。噶尔丹策零避过风头后，将叛乱平息，但各部已坐大，不听号令。

乾隆十年（1745）九月，噶尔丹策零去世，享年五十二岁，儿子策妄多尔济那木扎勒继位。

边境线上风云突变，准噶尔人出逃投奔清国，称噶尔丹策零已死。消息传到京师后，有大臣主张对准噶尔用兵，乾隆则认为不应乘人之危而用兵。但乾隆也命令臣下做好准备，预防准噶尔内部的动乱。乾隆此时未对准噶尔用兵，有着几重考虑：其一，康熙、雍正两朝对准噶尔用兵，均无功而返，这不得不让他谨慎对待。其二，准噶尔部中持续不断的出逃者，表明其内部的分崩离析日益严重，待以时日，再做决策，更为有利。其三，乾隆此时正在休养生息，需要暂时维持和平。

树欲静而风不止。乾隆想要平静，偏偏雪域高原波澜再起，又是一番变乱。

驻藏大臣的密谋

乾隆十一年（1746），策妄多尔济那木扎勒提出，要派遣使团入藏为乃父噶尔丹策零熬茶。

对于准噶尔新台吉为乃父尽孝之举，乾隆大度地予以许可，并就入藏的人数、路线进行了商议。就在乾隆忙于布置之时，西藏首席噶伦颇罗鼐突然在二月去世。乾隆担忧颇罗鼐去世后，西藏无总理之人，会给准噶尔人生事的机会，嘱咐驻藏大臣傅清小心察看。

准噶尔使团出发后，因为塔里木河发大水而被耽搁，于九月十四日到达哈济尔。使团共有三百人，携带了大量货物前来贸易。清国接待人员早已做好准备，赏给准噶尔人口粮，同时安排他们前去贸易。贸易过程中，经过清方人员的调解，商品顺利出售。贸易完毕后，熬茶团出发前往西藏，在十二月中旬抵达，此后于西藏各大寺庙朝拜。

此时西藏噶伦颇罗鼐去世，颇罗鼐的儿子珠尔默特纳木扎勒接班，承袭郡王，他与达赖关系不睦，对于准噶尔人入藏熬茶也很是不快。珠尔默特纳木扎勒曾上奏称，准噶尔人入藏熬茶，对西藏"毫无益处"，在准噶尔人来往期间，西藏每日准备骑驮之牲畜马牛，喂养草料柴薪，"只是受累而已"。

新郡王珠尔默特纳木扎勒奏请清廷，不要再允许准噶尔人入藏熬茶。乾隆安慰他，首先称"准噶尔人等狡诈，断不可信"，经常来往西藏，必然产生纷扰。只是此前两次入藏，一次是噶尔丹策凌为父亲熬茶，此次又是策妄多尔济那木扎勒为父亲熬茶，不得不批准。"倘非此等之事，为寻常之事所请，断不准行。"

新郡王对准噶尔人抱有戒心，因为他的地位是赶走蒙古人后才得来的。再说，熬茶团入藏，进贡的财物是给寺院，与他没有关系，他还要给熬茶团准备各种物资，受累无限。就在此次熬茶之后，西藏发生重大变故。

颇罗鼐在乾隆十二年（1747）去世，享年五十七岁。颇罗鼐政治经验丰富，与清廷关系融洽，在他主政期间，西藏保持了繁荣安定。颇罗鼐一生也充满传奇，先后服务于拉藏汗、准噶尔、康济鼐、大清国，历经无数风云变幻，他始终以巧妙手腕游走于其间，保持不败姿势。

珠尔默特纳木扎勒继承了父亲的郡王爵位，总理卫藏事务。因其年轻，乾隆特意嘱咐驻藏大臣傅清，要帮助协调好新郡王与达赖喇嘛的关系，要建议他重用颇罗鼐的旧部亲信，要提醒他提防准噶尔人生事，如果新郡王有不到之处，要加以纠正。可谓用心良苦，寄予厚望。

藏人则对新郡王持恶评，认为他被鬼魅缠身，为所欲为，无法控制，本性狂怒如鳄鱼，让人毛骨悚然。一次狩猎中，噶伦多卡夏仲·策仁旺杰没有狩到猎物，新郡王暴怒，一箭向他射了过来，射中马脖子，继之又是一箭射来，将他的仆人射死，于是郡王很高兴。

新郡王与七世达赖不和，源自于雍正五年（1727）的变乱。当年首席噶伦康济鼐被杀，颇罗鼐认为七世达赖的父亲在背后搞鬼，与达赖结下宿怨。乾隆十一年（1746），颇罗鼐指责七世达赖的亲信扎小草人诅咒他。为此乾隆特意出面调和："朕视尔二人俱属一体，从无畸重畸轻之见。若尔二人稍有不合，以致地方不宁，甚负朕信任期望之恩。"经过驻藏大臣傅清出面劝解，暂时平息了事态，但双方的矛盾未曾化解。

驻藏大臣本是二人，乾隆年间一度改为一人。乾隆十三年（1748）春，傅清调任内地。翌年，调驻藏大臣拉布敦回京，乾隆将纪山调往西藏，令其教导郡王。此期间，驻藏的五百余名清兵，在郡王奏请下，也被撤回了内地。

纪山曾在乾隆三年（1738）至六年（1741）间驻藏，期间与颇罗鼐关系较好。不过纪山此次是获罪降职前来，新郡王对他也不重视，纪山到了后一个月也不来拜见他。

纪山就亲自出马，去王府找新郡王。至王府后，纪山让将颇罗鼐的遗像悬挂起来祭祀，哭道："若乃我兄，今我重至，不得复见。"新郡王躲藏在帏后偷听，看到纪山这般表演，不得不出来抱住纪山大呼："额库（藏语叔叔）！"

经过一段时间的交往，纪山对新郡王做了判断，认为他性情残暴古怪，属下怨声载道，对达赖喇嘛充满猜忌，恐怕会引起纠纷。纪山建议将新郡王的哥哥从阿里调回拉萨，协同办事。不过纪山奏请将七世达赖从拉萨移至泰宁，却让乾隆大为不满。奏折递上后，乾隆责备纪山过于显露心迹，对新郡王应当以教导为主，又决定恢复驻藏大臣二员制，调傅清回去和他共同办事。

纪山一再规劝郡王，要与七世达赖处好关系，与妹妹、妹夫释怨。在与郡王的交往之中，纪山不可避免地要给这个脾气古怪的郡王一点新奇的尝试，如让他坐八人大轿过瘾。要与郡王关系融洽，要对他进行教导，自然得陪郡王看戏喝酒，收些郡王赠送的礼物。日后，这些都将成为纪山的罪状。

纪山的努力，并未能化解郡王对达赖的怨恨。颇罗鼐临死时，脖上出现一大瘤，破裂后流血不止而死，更坐实了被人"符咒镇压"。颇罗鼐之死，让郡王怀疑七世喇嘛在背后捣鬼。当七世达赖表示要为颇罗鼐诵经时，郡王加以拒绝，此后对达赖益加猜疑。此年，郡王一度阻止班禅在拉萨随达赖学经，又向达赖索取黄金千两，并吞没达赖田产。

乾隆对于郡王也开始有所警惕，此子与乃父行事截然不同，将来可能危及达赖乃至西藏安全。乾隆将他的想法告诉了三世章嘉，后者也同意皇帝的看法。乾隆考虑了几个方案，或是清军直接出兵，或以熬茶为名，派兵护送三世章嘉入藏，撤掉郡王，或以郡王的兄长取而代之。就在乾隆部署的时候，雪域高原突起波澜。

郡王声称兄长在阿里要发动叛乱，准备调兵进攻。达赖派人给其兄长通风报信，途中被拦截下来。乾隆在十二月得到郡王用兵攻打乃兄的消息后，更加印证了他的判断，郡王乃是暴戾不驯之士。出兵将乃兄杀死之后，郡王奏请清廷，请将阿里赏给自己年少的儿子，又在要隘处驻兵，防止清军入藏。

在此番纷争中，纪山居中替郡王向乾隆奏报，在写奏折时，纪山将郡王与自己一起列名，这与礼制不合，招致乾隆不满。十二月底，乾隆认为纪山偏向郡王一方："胆怯气馁，被人挟制，不知何以畏惮如此？"乾隆指示拉布敦再次进藏，替换纪山。

乾隆十五年（1750）二月，傅清再度到藏，拉布敦也从成都出发。此月纪山将郡王兄长的死讯报至京师，说郡王要为兄长风光操办丧事，并养育遗孤。乾隆认为纪山被郡王蒙蔽，与他水乳相合，郡王狡诈叵测，实非善类，不可不防。

虽然认为郡王不是好人，可乾隆随后答应了让郡王的儿子统治阿里，并加封他的儿子为台吉。乾隆之所以在处理西藏问题上犹豫再三，前后矛盾，言行不一，再三退让，因为刚刚结束的大小金川战事，让他耗费了无数库帑，损失了几多将士。对于此类千里远征，他暂时偃旗息鼓。此外，此期间郡王遵照乾隆的指示，迎娶了青海蒙古亲王的次女，让皇帝龙颜大悦，认为他无叛心。

傅清、拉布敦到藏后，交接完毕，纪山返回京师。傅清、拉布敦进藏后就知道郡王有野心，想将他擒拿。乾隆则指示二人，不可轻举妄动，只可静以待动。

四月，傅清、拉布敦上奏，郡王出外调兵，并开始搬动炮位，运输火药，可能有变。乾隆则认为，郡王这般行为是为了对付内敌，而不是针对驻藏大臣，指示二人镇静持重，且看他有什么行动。

傅清、拉布敦至西藏后，不似纪山那样曲意逢迎，郡王对此二人衔恨在心，严密监视，并告知属下："我已设计撤回汉兵四百余名，其余不知机早回，必尽行诛戮。"早先郡王对准噶尔人入藏熬茶充满反感，两年之后，为了驱逐驻藏大臣，他主动派人前往准噶尔联系，希望得到军事支援。

乾隆一再指示傅清、拉布敦二人，要小心谨慎，不能让郡王产生疑心，滋生事端，此时乾隆转而认为郡王并无叛变之意。纪山在年中回到京师，乾隆向他询问西藏情况。纪山据实禀报，认为郡王"秉性暴虐，众心怨怒，若不改悔，恐不免谋害"。纪山只是以为郡王将会死于藏人手中，却没想到会让两名驻藏大臣陪葬。

京师与西藏之间，相隔万里，从拉萨到成都，以六百里加急，一切顺利都要十六七天。成都到京师，最少也要十天。奏报从拉萨发出后，最快也要两个月才能得到乾隆发回的指示，就在此期间，拉萨已发生巨变。十月十三日，驻藏大臣设计，准备将郡王诛杀于驻藏大臣衙门内。

郡王自从二月初出拉萨，直至九月方才回来。之后驻藏大臣称乾隆有旨送到，命他到驻藏大臣衙门听宣读。

十三日黎明，郡王带了扈从前往驻藏大臣衙门。

驻藏大臣衙门在大昭寺北面大街上，前临八角街，后靠冲赛康。衙门是一栋三层楼房的藏式院落，是雍正六年（1728）从一名藏人贵族手中购来，楼高墙固，"即偶有意外之事，易于防守"。

拉萨的清晨，此时已充满寒气，途中罕有人迹。过去半年来，郡王虽不在拉萨，他的手下将两名驻藏大臣的举动监视得清清楚楚。他甚至知道，北京的大皇帝想调拉布敦回京，用班第来代替他。可这个能弯上弓，能左右射弩的顽固老家伙却不想回去，仍要留在这里，其中必有问题。不过过去半年来，他处处占据上风，将侄儿赶去寺院为僧，将老父颇罗鼐的旧部或杀或黜革，更成功地骗过了乾隆，他相信在拉萨没谁能威胁到他。

素有名望的妹夫班第达与自己不和，可现在家产被抄，妹子和他分居，儿子被羁押，听说他母亲也逃入深山。班第达留在拉萨也无法作为，只能由自己处置，达赖、班禅现在对自己也是充满畏惧之心。如果准噶尔人能出动策应，牵制住天朝的大军，一统卫藏，指日可待。政治上太过平坦造就的自信心，往往容易忽视涌动的不满暗流。暗流奔来时，傲然俯视苍生的帝王，将若蝼蚁般在巨浪中翻滚。

对于这两个赖在拉萨不肯走的老家伙，郡王也很是头痛，最好还是派人将他们绑了送出西藏。若是害了这两人性命，天朝大皇帝肯定要兴兵前来问罪。大小金川的那些人，如此凶猛善战，战碉林立，从来没有谁敢招惹，也被大皇帝派兵给平定了。想着想着，郡王走到了衙门门前。

郡王来衙门已好多次了，父亲以前带他来这里时，心里总有闷气，每次来都要献上哈达，还得跪下接旨。不过现在还没有部署好，暂时得忍耐。那几名噶伦，被自己弄得战战兢兢，每次看到自己喝酒，都将死囚准备好，好给自己练刀箭过瘾。郡王想着早点见完驻藏大臣，回去后可以喝酒杀人解闷。

郡王敢来衙门，因为他不怕。原来有五百名驻藏清兵，现在都调回了内地。衙门里也不过百十名随从官兵，自己的军队足以将他们全部杀了。一名仆人先溜进衙门去打探，然后出来在他耳边耳语了几声，衙门内没有什么动静，一楼的官兵正在睡觉呢。

衙门的一名仆役过来迎接，其实不要他带路，郡王也知道去哪里见两名大臣。郡王挥手示意随从在楼下等候，自己带了五人直接上了三楼。两名驻藏大臣穿着朝服，在楼上等候，脸色一如平常。傅清让五名随从在外候着，郡王随自己到卧室中听宣旨。郡王进入卧室后，傅清命他跪下听旨，郡王平素骄横，此时却也不敢悖逆。傅清，是首席军机大臣傅恒的堂弟，傅恒则是皇后的弟弟，皇上面前的首席红人。

郡王跪下准备听旨时，傅清突然从怀中摸出把寒光闪闪的顺刀，往郡王刺来，这刀还是郡王之父颇罗鼐生前所赠。郡王平日里喜好武功，反应敏捷，心中暗道不好，赶紧避让开。郡王站起来正想怒骂时，拉布敦不知什么时候摸出把腰刀，用力向他砍来，电光石火之间，郡王用右臂一挡，鲜血乱溅。

门外郡王的随从听到室内动静，有四人冲了进来，想搭救主人。只有负责郡王公文及交际事宜的罗布藏扎什却是狡猾，一人从楼上跳窗逃了出去。

傅清拔刀一通剁杀，接连砍翻四人。拉布敦则持刀追杀郡王，郡王边躲边逃，伸手去腰间拔刀准备抵抗时，此时头上突然被猛击。鲜血迷糊之间，他看到驻藏大臣的一名仆人，拿了木榨，抡圆了砸向自己的头颅。郡王被木榨砸死后，拉布敦将他脑袋砍了下来，随即命一名把总，持了令箭去找辅国公班第达，让他主持全局。

驻藏大臣没有留意到，罗布藏扎什在混乱中逃出了衙门，随后聚集了千余人，用火枪攻击驻藏大臣衙门。

衙门内官兵人少，靠着楼房的坚固拼死抵抗。叛军一时无法攻下，就聚了木柴放火焚烧。混战中，傅清三处负伤，遂自杀。拉布敦苦战良久，受伤尤多，死于乱军之中，参将黄元龙等人战死，阵亡千总两名，兵四十九人，另有平民七十七人被杀。驻藏大臣衙门内的八万余两饷银被洗劫一空，衙门被一把火焚烧殆尽。事件后，活下来的兵丁八十余人与一百二十名汉人民众，到布达拉宫暂住。

班第达闻变之后，逃到达赖处避难，达赖也惊慌不已，闭门不出。罗布藏扎什威望不足，无法统驭藏兵。另有千余士兵前去布达拉宫，请班第达出来收拾乱局。班第达领了士兵反攻，很快击溃乱军，罗布藏扎什逃走。达赖遂令班第达主持事务，又从灰烬中找出傅清、拉布敦及清军的尸骸，加以收殓。十月二十三日，班第达将罗布藏扎什等为首的十三人擒获，囚入监狱，等待清军入藏后处理。

十一月初六，拉萨事变的消息方才传到成都。变乱发生后，罗布藏扎什曾以死掉的郡王名义，命令拉萨附近的头人，将驿站上负责传递信息的汉人驿丁杀死。驿丁逃散，导致川藏之间驿站通信中断。所幸驿站只中断了一二日，之后即恢复正常。得到拉萨变乱的消息后，四川总督策楞、四川提督岳钟琪紧急会商，决定由岳钟琪领兵三百，前往打箭炉，以防不测。

十二月二十一日，班第达领军从青海入藏，抵达拉萨，处理后事。为首的叛乱分子，在四天后被分别处以凌迟、斩首等刑罚。

傅清、拉布敦死后入了贤良祠，子孙承袭一等子爵，世袭罔替。在重建后的驻藏大臣衙门处修建了"双忠祠"。今日拉萨八廓街上，仍可以寻觅到它的踪迹。

在商讨新任噶伦人选时，达赖认为必须从喇嘛中选择可信之人，与噶伦一同办事，如此方可稳定局面。经过各方商讨之后，同意了达赖的建议，遂从达赖的弟子中选择一人作为噶伦。此后僧人得以直接干预世俗政务，达赖对政治的世俗影响力，日益增加。

至于纪山也被乾隆迁怒，认为是他放纵了郡王，导致事态失控，赐他自尽。可纪山在入藏之初，就曾提醒过乾隆加以提防。乾隆自身态度多变，一再退让，导致郡王跋扈难制，他也应承担责任，可谁人敢让皇帝认错反思？

乾隆十五年（1750），郡王曾派人至准噶尔求援。翌年春，郡王派往准噶尔的使者回到西藏被擒，搜出准噶尔送来的书信及礼物。乾隆得知后大怒，下令将郡王的妻子与儿子处死，作为惩戒。至于待迎娶的青海蒙古亲王的女儿，则不受此事牵连，因为皇帝是这门亲事的媒人。

一向喜欢蹚西藏浑水，插手高原事务的准噶尔，为何缺席此场纷争？因为准噶尔内部，在乾隆十五年（1750），也有着一场更大的兄弟厮杀。

无尽的兄弟厮杀

乾隆十五年（1750）春，一场盛大的围猎在即，被围猎的不是牲畜，而是人，谁将胜出？

参与围猎的，有噶尔丹策凌的长子喇嘛达尔扎，作为继承人的二子策妄多尔济那木扎勒，还有准噶尔部名将小策凌敦多布的儿子达什达瓦等人。

噶尔丹策零去世后，根据他的遗嘱，十六岁的二子策妄多尔济那木扎勒成为接班人，人称阿占汗（一说认为阿占是他的乳名）。

噶尔丹策零有三子一女，长子为喇嘛达尔扎，次子策妄多尔济那木扎勒，幼子策妄达什，女儿为乌兰巴雅尔。喇嘛达尔扎虽是长子，但出身平凡，母亲是名婢女。蒙古部最重出身，显赫的家族背景，自然会有雄厚力量的支持，在继承人竞争中常能胜出。

乾隆十五年（1750）春，阿占汗派使臣去清国，请求派人前往西藏熬茶。此时所请，也不是以前的三百人，"准我处每次差二三十人，往唐古忒地方四大庙及黄教各庙请安"。

此时西藏内部纷扰不已，乾隆怎肯让准噶尔人再去添乱？乾隆回复道："朕为天下主，可行之事，断无不允行者。今无故每年令二三十人前往，不惟事有不可，即照尔所请，日后又必言人少请多增人数。每年必派官兵照看尔往之人。"乾隆也将西藏郡王拿出来作挡箭牌，称他曾奏请停止准噶尔人往藏，朕若准你们去，郡王也不会让你们入藏。

若说在与清国打交道时，年轻的阿占汗表现尚可。可在内部事务上，短暂的韬光养晦之后，阿占汗露出了他的真实面目。

阿占汗虽是少年，却性情残暴，每日里以斗狗为戏。辅助他主政的，一是母舅活拖洛，再者是他奶妈的儿子纳庆。历来都是主少臣疑，权臣必无好下场，纳庆在乾隆十一年（1746）冬就被残酷杀死。

噶尔丹策零最好鹰犬之嬉戏，受他的影响，儿子也迷上了这口，不过他用来对付的是人。擒住纳庆后，将他剥光了衣服，放出黑鹰来啄他。纳庆孔武有力，竟将黑鹰一把抓住，拧断了鹰腿。于是将木笼里关押的俄罗斯撕狗放出，将纳庆咬死。纳庆的妻子是活拖洛的妹妹，阿占汗不放心，派手下领了二百人，将活拖洛抓住杀掉。其他可能威胁到他权势的亲戚、臣子，也被他一一处死。

这后生小子把持了权力，鹰犬之戏已经让他无法满足，又调集了兵马，准备与俄罗斯、哈萨克开战。边境线上，乌云密布，准噶尔部内，人心惶惶。同母姐姐乌兰巴雅尔多次劝告他，阿占汗却不听劝告，转而怀疑姐姐捣鬼，要推翻自己。

此时俄国正是女沙皇当政，阿占汗忧虑姐姐效法，也要做"扣肯汗"（queen，女皇）。阿占汗果断下手，将姐姐送到南疆拘禁起来，此后乐得清静。

此时能与他争夺权力的，只有他的哥哥喇嘛达尔扎。喇嘛达尔扎此年二十三岁，有一千多户属民，在西南边境游牧。弟弟失道寡助，哥哥喇嘛达尔扎不得道也得了众多支持，为首的便是乌兰巴雅尔的丈夫赛音伯勒克。赛音伯勒克看着自己心爱的妻子被送去天山之南囚禁，妻弟整日胡作非为，就联系了一批实力贵族，准备在1750年春天的围猎中，聚集人马，袭杀阿占汗，再拥立喇嘛达尔扎为新首领。

准噶尔部落内最有实力的，一是大策凌敦多布的孙子达瓦齐，靠着爷爷打下来的家产，过着逍遥的日子，不想过多参与是非。

另一名实力派则是小策凌敦多布的儿子达什瓦什，他一直看不起喇嘛达尔扎，扬言："他是噶尔丹策零占了别人的女人带来的，不是亲骨头。"

达什瓦什得悉了这场密谋之后，将消息报告给阿占汗。阿占汗得知有人密谋反对自己后，大吃一惊，不知所措。达什瓦什经验老到，指点阿占汗，擒贼先擒王，但现在喇嘛达尔扎有了防备，不妨将这场密谋的军师厄尔锥抓住，他们就不攻自破。

厄尔锥尚在睡梦之中，就被人擒获，随即快骑出动，准备将他押送至阿占汗大营，那里有俄罗斯撕狗与黑鹰等着他下饭。这批轻骑正在驰骋时，突然后方涌出了大片奔腾的铁流，喇嘛达尔扎、赛音伯勒克亲自带了部落中的精兵追来。

纵横决荡之后，厄尔锥被抢了下来。喇嘛达尔扎兴高采烈，正要收兵回营时，灰头灰脸的厄尔锥却凑了上来，让他且慢收兵。厄尔锥认为既然密谋已暴露，大战不可避免，此时突击，乘其不备，可以一举击溃。不然待阿占汗、达什瓦什集合兵力，做好准备之后，又是一场苦战。喇嘛达尔扎、赛音伯勒克听了后都点头称是，快骑出动，直扑阿占汗大营。

阿占汗拿着肉块，正在喂食撕狗时，毫无防备的大营就被奔涌而来的甲士冲破。达什瓦什骑马想出逃，却被擒下。

盘腿坐在父亲昔日的大帐内，喇嘛达尔扎猛喝了一口马奶酒，看着被绑来扔在地上的弟弟与达什瓦什，脸上露出了满意的笑容。"你这个婢女生的贱种！"躺在地下的弟弟口中不停谩骂，达什瓦什则一声不吭。

赛音伯勒克想着帮达什瓦什求情，到底他是英雄小策凌敦多布的儿子，饶他一命，可以收买人心。至于残暴的妻弟，则随他处置了。

喇嘛达尔扎用小刀割了块羊腿肉扔进嘴里，摸了摸溅在胡须上的马奶酒，走到达什瓦什身边，用小刀割开他的喉管，看着鲜血汩汩地流出。看了哥哥此举，阿占汗吓得浑身发抖，喇嘛达尔扎也不多话，将他挖去双目，然后嘱咐手下，将他送往阿克苏囚禁。

新台吉喇嘛达尔扎的毒辣手段让人胆寒，也有人不畏惧他。

喇嘛达尔扎掌权之后，将达什瓦什的部落分割，其中有不堪被分割的萨喇尔，率部出逃，投奔清国。喇嘛达尔扎就命达瓦齐追击萨喇尔，杀掉达什瓦什的儿子以绝后患。达瓦齐是"很有根基，很有力量的人"，他的祖父大策凌敦多布，

达瓦齐

曾领兵行军几千里，从伊犁至拉萨，战功赫赫。达瓦齐也是准噶尔部巴图尔珲台吉的直系子孙，认为自己可以继承汗位。

达瓦齐与达什瓦什交好，不理喇嘛达尔扎的命令，反而问："达什瓦什又没和我争地位，为何拿他？如果拿了，又要我怎么样呢？"

达瓦齐在自己的领地上过着快活的日子，放纵萨喇尔出逃清国。萨喇尔逃至清国后，将准噶尔内乱的情形全数汇报，使得清政府了解到其内部虚实。萨喇尔也备受重视，被赏为散秩大臣，所带来的人口安插在察哈尔地方，并赏给牲畜等物资，由萨喇尔管理。

达什瓦什的儿子在此后的战事中死去，遵照蒙古人不与女人为难的习俗，达什瓦什的妻子被放过，领着五千户在伊犁河畔游牧。五年之后，她带了自己的人马，投奔清国。

虽然内部纷乱，可对贸易的渴望，却未曾停息过，准噶尔迫切地需要贸易，以获得现银，支持内部争斗。乾隆也发现了这一点，即准噶尔内部越是纷乱，从事贸易的欲望就越强烈。乾隆十五年（1750），准噶尔人涌至边境贸易。九月，陕甘总督尹继善提议，限制贸易规模，羊不得超过三万只，各类皮张不得超过三万张，牛马不得过一千，总价不得过七万。乾隆指示，此年可以从宽交易，此后如果多带货物，则不准入境。

喇嘛达尔扎成为新台吉后，秉持了以往头领们对俄国的强硬政策。他派出使臣前往俄国，抗议沙俄在额尔齐斯河上修建军事要塞，要求拆掉要塞，归还被扣押的准噶尔人。喇嘛达尔扎又向哈萨克汗的女儿求婚，以结成联盟。哈萨克汗同意了这桩婚事，只是因为女儿得病去世，才未能成功。这门婚事让俄国很是紧张，唯恐二者联合起来，所幸未能成功。出于对喇嘛达尔扎的不安，俄国人开始寻觅可以扶持的对象。

就在准噶尔部内讧不已时，一个人物走上前台，此人来历颇为传奇。

当年策妄阿喇布坦为夺取西藏，引诱和硕特部拉藏汗的长子噶尔丹丹衷来伊犁与自己的女儿成亲。在谋取西藏失败后，策妄阿喇布坦杀掉噶尔丹丹衷，将女儿改嫁到辉特部。不料女儿此时已怀孕，生下了噶尔丹丹衷的遗腹子，即阿睦尔撒纳。

1722 年，阿睦尔撒纳出生时，满身鲜血，当时人皆云其为复仇而来，后来果然导致了准噶尔部的覆灭。阿睦尔撒纳成人后，继承了辉特部，也加入了准噶尔部争雄的行列。（自土尔扈特部西迁伏尔加河后，辉特部取代土尔扈特成为卫拉特四部之一。）

阿睦尔撒纳劝告达瓦齐，你的好友达什瓦什之子也被杀掉了，恐怕你也逃不过，与其坐以待毙，不如一拼，推举新的台吉。二人准备拥戴噶尔丹策零的幼子策妄达什为准噶尔台吉，参与密谋的还有和硕特部台吉班珠尔，班珠尔是阿睦尔撒纳同父异母的哥哥，是噶尔丹丹衷的儿子，继承了和硕特部。

阿睦尔撒纳的密谋被喇嘛达尔扎发觉，提前下手将弟弟策妄达什抓捕拘禁，不久将幼弟诛杀。部落内的残杀，让准噶尔人都不寒而栗，祈祷着有人能收拾乱局。据俄罗斯人的情报："除了喇嘛达尔扎的同伙外，所有平民情绪激动。全准噶尔都倾向于达瓦齐。"

喇嘛达尔扎暂时没有动手除掉达瓦齐，一则因达瓦齐实力较强，二则远征需要做点准备。到了乾隆十六年（1751）秋，喇嘛达尔扎命达瓦齐前来议事。

达瓦齐知道其中有诈，不肯离开自己的游牧地。达瓦齐对来请自己的使者道："这明明是你们哄我去害我。"达瓦齐扬言，要喇嘛达尔扎的四名亲信大臣（宰桑）过来做人质，自己才肯去伊犁。

喇嘛达尔扎愤愤不已，派厄尔锥带了一万人去讨伐。喇嘛达尔扎出兵的消息，被人迅速通报给了达瓦齐。

达瓦齐乱了阵脚，与阿睦尔撒纳、班珠尔、沙克都尔、车凌、达什等人商议之后，决定投奔清国，定在乾隆十六年（1751）九月二十六日出发。此事又被达什、沙克都尔泄露出去，喇嘛达尔扎派兵追来。沙克都尔是阿睦尔撒纳辉特部继父的儿子，这次卖了兄弟一把。达瓦齐提前行动，途中虽将追兵击溃，可喇嘛达尔扎已在前往清国的道路上布置了重兵。无奈之下达瓦齐只好带了一百多人，与阿睦尔撒纳一起投奔哈萨克的阿布赉汗。

哈萨克此时分裂为大中小三帐，大帐占据了哈萨克草原的东部，中帐占据了中部，小帐占据西部，阿布赉汗统领中帐哈萨克。1724 年，阿布赉汗的父亲在与准噶尔人的战斗中战死，此年阿布赉才十三岁，被一名仆人带了出逃。父亲战死后，那些显赫的亲戚无人关照阿布赉，他一度落魄，靠放牧为生。成年之后，阿布赉参军，靠着战功逐渐崛起。在频繁的战事之中，阿布赉先后被柯尔克孜人、准噶尔人俘虏，靠着好运得以逃脱。成为哈萨克中帐的领袖后，阿布赉利用各种机会，打击世仇准噶尔。对达瓦齐、阿睦尔撒纳，阿布赉汗视为奇货，加以收留，以资利用。

喇嘛达尔扎取胜后，将阿睦尔撒纳的部众及领地的一半，分给了他兄长沙克都尔，又将达瓦齐的家眷都抓了，送去伊犁，预备擒获达瓦齐后一起处死。达瓦齐手下以回人为主的贸易团队，则被他吞并。

喇嘛达尔扎对于达瓦齐、阿睦尔撒纳二人颇是忌惮，只要不把他们二人杀了，自己总觉不安全。喇嘛达尔扎派出的使者，抵达骁勇的哈萨克人营地，向阿布赉提出了引渡要求。阿布赉汗的回复是："即使是逃离主人的狗，也禁止引渡。"这是哈萨克人的习俗。

还没有要回这二人，喇嘛达尔扎就在此年派兵攻打更难招惹的柯尔克孜人。据在喇嘛达尔扎身边的俄国人观察，准噶尔人不相信好战好杀的喇嘛达尔扎能统治长久。

喇嘛达尔扎做了台吉后，在乾隆十五年（1750）春派出使团前往清国，以准噶尔部内到西藏进修过的喇嘛已快死光为由，请派出喇嘛赴西藏学经。乾隆则回复：至藏学经，事不可行，要学经，可选聪慧喇嘛十人或二十人，至京师学习。此年准噶尔部派出以回人为团长的四百人贸易团，带了马匹牲口四万余，浩浩荡荡，行至边境，请求贸易，因为超出规定数字甚多，被清廷赶了回去。至年底，准噶尔又派出在贸易团队至边境，再三恳求贸易。查验之后，发现准噶尔人这次所携带的货物在清方规定的数字之内，态度较为恭顺，清方遂许可了贸易。

乾隆十七年（1752）春，喇嘛达尔扎再派使团入京，申请派出熬茶团队入藏，请达赖派出高僧到准噶尔，又向乾隆索取出逃的萨喇尔。三项请求，乾隆一个也没答应。乾隆命令在西藏至准噶尔的要道驻以重兵，又秘密从黑龙江调遣精兵三千至西北边境线上，防止准噶尔人生乱。为了保护驻在库伦的哲布尊丹巴，令喀尔喀部出兵四千，在库伦附近驻扎。

九月，喇嘛达尔扎派赛音伯勒克、讷默库济尔噶勒，带了三万人攻打哈萨克。哈萨克人无奈，遂决定交出达瓦齐、阿睦尔撒纳二人，以免战端。

哈萨克部落中有名小头目与达瓦齐相好，就将此事告知，达瓦齐、阿睦尔撒纳带了一百多人出逃。俄国人对于出逃到哈萨克的达瓦齐、阿睦尔撒纳倒是感兴趣，派人到哈萨克接近二人，企图将他们诱至俄国境内，作为干涉准噶尔的筹码。只是俄国人到达哈萨克时，达瓦齐、阿睦尔撒纳已逃走。清国此时也得到了二人出逃的消息，乾隆已经做好了准备，若二人来报将热情地款待。

二人一路逃回塔尔巴哈台，此处是阿睦尔撒纳属部的游牧地。阿睦尔撒纳收回了自己的人马，又将沙克都尔及其一家全部杀光。此时二人何去何从，是投奔俄国，还是投奔清廷，抑或直扑伊犁？

雪中奔袭伊犁

大雪之中，一队人马在艰辛跋涉。天山浩荡，已无法辨识道路，且走且停的这支队伍，想找个落脚点避寒。可多年的对外战争之后，加上一次次的内耗，已是百余里渺无人烟。途中好多个避风的山坳，白雪之下，隐约可见被抛弃的生活器具。

阿睦尔撒纳瞅了眼粗壮的达瓦齐，他正摸着手中的那柄弯刀，花纹钢制成的弯刀是他爷爷大策凌敦多布当年在西藏的缴获。对这把刀，达瓦齐爱若性命，扬言死时也要抱着这把刀才能闭眼。大雪中，士兵们穿着黑羊皮制成的厚裘，呵出的暖气将眉毛上的冰冻湿润。

阿睦尔撒纳夺回塔尔巴哈台营地后，提议立刻出动，在雪中偷袭伊犁。达瓦齐胆怯，认为该出逃投奔清国。阿睦尔撒纳举出达瓦齐祖父大策凌敦多布当年千里奔袭拉萨的例子，让达瓦齐精神一振。祖先的威名可不能在自己手里丢了，草原上的骏马越跑越快，刀越磨越锋利，后世的子孙越战越强。阿睦尔撒纳、达瓦齐遂凑了千余名精装士兵，挑选了最快的刀，最好的马，囊里装满了马奶酒与牛肉干，雪夜之中，奔袭伊犁。

对阿睦尔撒纳，准噶尔人有敬惧之心，传说他出生时双手带血，生而就是为了复仇。可处死他父亲的外公策妄阿喇布坦早已经去世，舅舅噶尔丹策零也死了，上代人的恩怨已经过去，这代人也无从去寻觅仇家。孤军前往伊犁，除了恶劣的天气，山路的难行，在伊犁城外还有喇嘛达尔扎部署的军队，这是一场充满危险的豪赌。

乾隆十七年（1752）年底，奇兵突入伊犁。

伊犁河谷的冬季，白雪皑皑，险峻的转山弯道，一重又一重，远远地能眺望见雄伟的"固尔扎都纲"。噶尔丹策零时期，在河谷边修建了雄浑的喇嘛寺庙，达瓦齐祖父大策凌敦多布从西藏掠回的金银宝器，也被供在庙中。此后喇嘛们有了固定的居所，不必在帐篷中礼佛，也免去火灾之虞。寺庙称为"固尔扎都纲"，"固尔扎"蒙语意为羚羊或马鹿，在口语中被用来指代伊犁，"都纲"则是藏语大殿之意。

从塔尔巴哈台到伊犁的要道上，喇嘛达尔扎派了四名宰桑驻防，想过去也要费些功夫。四名宰桑有二人想投靠达瓦齐，有两人则忠于喇嘛达尔扎。达瓦齐、阿睦尔撒纳领了兵出现后，派人找宰桑们说话。阿睦尔撒纳道："我不是来找你们厮杀，我们要找喇嘛达尔扎，他坏了弟弟的命，又想害我们。我们不该被害，请你们让开。"

忠于喇嘛达尔扎的宰桑道："你本是和硕特部的人，现在又落在了辉特部，没资格干涉我们的事。"阿睦尔撒纳指着达瓦齐道："他是巴图尔珲台吉的后人，大策凌的孙子。"宰桑则道："那也不成，喇嘛达尔扎这一支才是准噶尔的头领，其他旁支都没资格。"

话刚说完，旁边一名宰桑拔了刀，从他后心捅了过去，顿时倒地毙命。另一名宰桑看了吃惊，纵马要逃，阿睦尔撒纳搭了箭，一箭射穿他的脖子。达瓦齐打马上来，看了地下的两具尸体笑道："杀了喇嘛达尔扎，僧格这一支就没了后人，看谁来做珲台吉。"

达瓦齐、阿睦尔撒纳突然出现在伊犁，让正搂着美娇娘、就着火炉饮酒的喇嘛达尔扎吃了一惊。不过定下心之后，也不忧虑，这两人过来拼命，也没多少人马，等把这两人活捉了，弟弟阿占汗的撕狗还可以饱餐一顿。达瓦齐领了兵，进到伊犁游牧地时已是汉历腊月。喇嘛达尔扎营盘扎得牢固，派了亲信把守，也不急着与达瓦齐开战。就这样对峙了几天，达瓦齐开始忧心忡忡，喇嘛达尔扎营内粮草充足，拖上段时日不是问题，自己孤军突入，粮草不足，耗不起时间。阿睦尔撒纳派了手下，想联系内应，却没有成功，也无计可施。正束手无策时，喇嘛达尔扎身边突然发生变故。

却说准噶尔大小贵族，每年都要派人到边境贸易。准噶尔人上马征战是把好手，到边境和商人谈生意却有所不足。做生意，南疆回人是一把好手，与俄罗斯、哈萨克、布鲁克，甚至更远地方的人都做生意，大大小小的贵族身边，都有回人为主的贸易团，专门至各处从事贸易。

上次喇嘛达尔扎攻破达瓦齐营地，将他的贸易团全部抓了送来伊犁，就是想为己所用。回人虽然被准噶尔灭了国，可靠着做生意的本领，照样吃香喝辣，不管谁做了台吉，都离不开回人。这次达瓦齐领兵打了过来，回人却是忧虑重重。喇嘛达尔扎残暴好战，让回人很是为难，回人头目与在伊犁的回人商议后决定："不能为了他一个，苦了众生。"

腊月二十一日（1753 年 1 月 24 日），回人在内部发动，将喇嘛达尔扎擒了送给达瓦齐。喇嘛达尔扎当即被阿睦尔撒纳杀掉，各部都拥戴达瓦齐做了新台吉。准噶尔部的大小贵族虽然不满于喇嘛达尔扎，总不好将他擒拿了送给达瓦齐。由回人出面，早日摆平乱局，该游牧的游牧，该贸易的贸易，各自安心。只是没人能料到，这黑胖粗大的达瓦齐当了珲台吉，折腾起来不输阿占汗、喇嘛达尔扎。

乾隆十八年（1753）二月，乾隆很是狐疑地对军机大臣道，去年喇嘛达尔扎派人申请去西藏熬茶，朕没有同意。一年多以来没看到喇嘛达尔扎派人入境，是不是阴谋不轨？或已派人潜伏入藏，也未可知。乾隆一度考虑，如果五月准噶尔人还没有使团派出，就让熟悉边境情况的官员，至哈密一线刺探情报。

至六月，乾隆得到情报，"达瓦齐承袭台吉"。另有消息称，达瓦齐已遣使前来，乾隆指示前方，如果进行贸易，则人数货物要参照以往的惯例，严加管理。新的台吉达瓦齐，将对清准关系带来什么样的影响？是战争，还是和平？

阿睦尔撒纳降清

偷袭伊犁取胜之后，达瓦齐将自己原先被抢走的人马与游牧地，都赏给了阿睦尔撒纳，作为感谢。昔日喇嘛达尔扎的亲信称，"也有杀了的，也有看守的，并发往别处去了"。赛音伯勒克不愿意听从达瓦齐的指挥，被抓住后，送到叶尔羌偏僻地方囚禁。达瓦齐做了新的台吉后，喇嘛达尔扎的旧臣多遭诛戮。

人们哀怨地发现，赶走了鹰，迎来了狼，驱走了狼，又来了虎。"达瓦齐不是正经主儿，人心离乱得很，里头的喇嘛也都不服，又与哈萨克、布鲁特家打仗。"在连续出了巴图尔、僧格、噶尔丹、策妄阿喇布坦、噶尔丹策零这样的风流人物后，准噶尔部的气运已被耗尽。此后统领部落的，却是残暴好杀之徒，在无尽内耗中消磨气数。

乾隆十八年（1753），舒赫德建议派人前往伊犁修好，乾隆斥责他道："所谓派使修好，殊为不晓事体。"之前止兵修好，遣使谈判，那是与噶尔丹策零修好而已。达瓦齐系别支，胆敢作乱弑君，自立为台吉，本当兴师问罪，但我大国无乘内乱兴师之理，怎么能遣使修好？至于与准噶尔的贸易，此年有大臣请遵循往日惯例，照常进行。出于对达瓦齐篡位的不满，乾隆下令不准进行贸易，并称以往是与噶尔丹策零及他的两个儿子贸易，"今达瓦齐非其族类，乃由弑夺所得，且达瓦齐并未遣使请安奏明，何得循往例？"

准噶尔连年内乱，导致卫拉特各部及回人纷纷迁入内地避祸。对前来投奔的准噶尔人，前方的安西提督王进泰，以哈密毗邻准噶尔，加以收容会生是非为由，下令将大批想内附的准噶尔人拦阻在边境外，又将马匹器械扣留。十二月，乾隆批示，以往噶尔丹策零的两个儿子当台吉，朕还给点面子，允许贸易，遣回逃人。现在达瓦齐是篡位之人，属下投诚过来，自当收留安置，何必阻拦在边境外？如果准噶尔出兵来追，即当严守边境，不得令追兵入境，如果胆敢硬闯就扣押下来。至于将人阻挡在边境外，又扣留马匹器械，"非推诚布公之道"。

达瓦齐上位后，终日饮酒，四处征伐，搞得准噶尔部鸡飞狗跳，人人哀怨。达瓦齐出兵与小策凌敦多布的孙子讷默库那济尔噶尔交战，并威胁杜尔布特布部车凌出兵助战。车凌惶恐不安，就领了部落在乾隆十八年（1753）十月投奔清国，投诚人口计三千一百七十七户，其中还包括了往日战争中被俘的五十名绿营兵。这车凌也不是什么好人，出逃途中不停劫掠，招惹了不少是非。

达瓦齐手下骁将玛木特的部落也被劫掠，玛木特的妻儿被抢走。玛木特一路追击车凌，至边境线上也不停下，冲入清国境内。乾隆得悉后大为恼怒，认为边关将领没有能加以围剿，丢了清国脸面，将前方将领达青阿降职。次年达青阿用计，擒获玛木特，乾隆认为胜之不武，难以服人，下令将他放了。

杜尔伯特部此次来投清的贵族，有车凌、车凌乌巴什、车凌孟克，故称三车凌。三车凌投奔之后，乾隆十九年（1754）五月，乾隆在承德避暑山庄万树园设宴款待，隆重招待了十一天，赐宴八次。接见三车凌时，乾隆跌坐在由十六人抬着的紫檀雕花步辇上，威风凛凛，气态昂然，此年他四十四岁，正是年富力强。乾隆与他们就准噶尔部内乱的情况作了详细了解，坚定了用兵的决心。

乾隆封车凌为亲王、车凌乌巴什为郡王、车凌孟克为贝勒。三车凌目睹了乾隆朝的盛大景象，无不瞠目结舌，这皇室的富贵，奢华的生活，岂是蒙古高原上

万树园赐宴图

的苦寒日子所能比拟？也更坚定了追随天朝大皇帝的决心。不过从流传下来的《万树园赐宴图》中可以看出，被接见的"准夷"中，多数人还未曾开化，在大皇帝的天威之下，没有循规蹈矩，垂手跪立，而是窃窃私语，东张西望，心里不知是向往草原上的劫掠生活，还是迷上了这天朝的奢华。

此前来投奔的喀尔喀蒙古各部，一身野气未脱，不通礼节，招惹出不少是非。清国曾派出所谓"教养人员"，前往蒙古各旗教导礼仪。此次三车凌来投奔，乾隆着急接见，尚来不及教导礼节，也就出现了画中景象。

借拥立之功，阿睦尔撒纳开始扩张势力。阿睦尔撒纳野心勃勃，狡黠过人，一直想一统卫拉特四部。阿睦尔撒纳本是和硕特拉藏汗之孙，成长在辉特部，成为辉特部台吉。在达瓦齐成为准噶尔台吉之后，阿睦尔撒纳又攻袭杜尔伯特部，杀死杜尔伯特部台吉，也就是他的老丈人达什，逼迫妻弟依附于自己。阿睦尔撒纳的同父异母哥哥班珠尔又是和硕特部台吉，利用自己的特殊身份，他能控制和硕特部。准噶尔四部中，阿睦尔撒纳控制了三部，自恃实力雄厚，又瞧不起无能的达瓦齐，二人关系破裂，内战又起。

清军布阵图

乾隆十八年（1753）十月间，阿睦尔撒纳派了十名属下去伊犁送口信。阿睦尔撒纳对领队的巴牙儿嘱咐道："你见了达瓦齐就说是我说的：好酒要少吃，不可听底下人的话，将阿拉台一带地方拨给我管。"这十人到了伊犁，将话传达，达瓦齐听了发怒，将十人抓起来关押。到了十一月，达瓦齐发兵与阿睦尔撒纳打仗。

赛音伯勒克（其妻是噶尔丹策零之女）的父亲额林沁，在儿子被流放到叶尔羌后，带兵投奔了哈萨克的阿布赉汗。听说阿睦尔撒纳与达瓦齐开战，就带了兵前来帮助阿睦尔撒纳。阿布赉汗也出兵，进至准噶尔西部，迫使达瓦齐分兵驻守。伊犁的喇嘛也不满于达瓦齐，纷纷扬言要将他擒了送给阿睦尔撒纳。开战之后，达瓦齐三战三败。

清廷对于准噶尔人的情报工作，一直在边境线上开展。策楞担任定边副将军，刺探到达瓦齐与阿睦尔撒纳已和好，帮助阿睦尔撒纳的五万名哈萨克士兵已经撤回。乾隆看了奏报后却骂道："俱属荒唐，全不可信。哈萨克各为生理，并无总统之人，无论不能聚兵至五万之多。所谓业已和好，亦无实语。"由于地理的隔阂，初期清国对于哈萨克人了解并不多，有限的了解还是间接地通过准噶尔。康熙年间，策妄阿喇布坦向康熙陈述了哈萨克人杀掉自己使团五百人，抢劫准噶尔属民时，有了哈萨克人骁勇善战的印象。至乾隆时，对哈萨克的了解已较多，故而能判断哈萨克分裂之后，难以凑到五万之兵。

乾隆十九年（1754）五月初四，乾隆预备用兵伊犁。"自达瓦齐篡位以来，众夷猜疑，阴怀叵测，将来必滋扰生事，不得不先为防范。"此时准噶尔人内附者众多，可以用来作为攻击主力。"朕意机不可失，明岁拟欲两路进兵，直逼伊犁。从前数十年未了之局，朕再四思维，有不得不办之势。"

此时貌似山穷水尽的达瓦齐得到了天山南路贵族的支持，重整兵马。天山南路，此时的叶尔羌、和田、喀什噶尔，已落入了反准噶尔的黑山派和卓手中，能给达瓦齐提供支持的，只有阿克苏、乌什等城的领主了。只是达瓦齐没有想到，日后将他擒获送交清国的，正是当下的盟友。

六月，达瓦齐击败阿睦尔撒纳。此战中，猛将玛木特又立下大功，领兵陷阵，无人能挡。此年冬，阿睦尔撒纳带了自己的妻弟杜尔伯特部台吉纳默库和硕特部台吉班珠尔，三个部落两万五千余人出投清国。七月初六，阿睦尔撒纳抵达喀尔喀边境线，请求内附。

对于投奔过来的阿睦尔撒纳，乾隆极为欢喜："阿睦尔撒纳乃最要之人，伊若来降，明年进兵，大有裨益。"与此前投奔来的卫拉特各部贵族相比，阿睦尔撒纳的身世最为显赫，背景最为复杂，实力最为强大，能力也是最强，乾隆对他有惺惺相惜之感。乾隆兴高采烈地告诉军机大臣们，只要阿睦尔撒纳过来投诚，那么"即为朕之臣仆"。

阿睦尔撒纳刚来降时，时任参赞大臣的舒赫德认为此人不可信任，将来必要反叛，请乾隆将他软禁，并将其部移居远处。不料此时乾隆迷上了阿睦尔撒纳，对舒赫德的建议大为恼火，加上处理前方事宜时屡与乾隆发生分歧，就将他降职处分。

不久定边左副将军策楞，又提出意见，不可将阿睦尔撒纳安插在乌里雅苏台附近。此处是通往准噶尔的要道，如若安插在此，明年用兵伊犁一事，不可避免地要被泄漏。他的潜台词是，还是将阿睦尔撒纳的家眷，安置到可以控制的地方去。

乾隆看了奏折大为不满，训斥他："阿睦尔撒纳系远方新归之人，岂有将伊妻子分散之理？此必舒赫德意见，策楞附会而已。此事策楞、舒赫德不知是何居心，乖张谬戾，实为朕所不料。"下令将阿睦尔撒纳妻子一家，送到乌里雅苏台地方游牧，以合家团聚。

阿睦尔撒纳前来投奔时，曾进献了九门火炮，策楞也就收下了。乾隆知道后，指责策楞，这是人家在表忠心，让我们不怀疑，你怎么能收下呢？乾隆又向阿睦尔撒纳献殷勤："此项炮位，仍留在尔处备用。"

乾隆对阿睦尔撒纳期待已久，此前达瓦齐、阿睦尔撒纳出逃哈萨克时，他得到报告，称二人即将来投，就已下令做好迎接准备。乾隆指示，对二人携带来的部众，"给与口粮及骑驮牲口，量为接济"。只是二人在哈萨克杀了个回马枪，雪夜奔袭伊犁，击杀喇嘛达尔扎，就无来投奔天朝的心思了。

此次阿睦尔撒纳来投，乾隆是何其激动，待他是何其之厚，赏赐是何等之丰。阿睦尔撒纳所部，暂时在水草丰茂的乌里雅苏台（今蒙古国扎布哈朗特）游牧。阿睦尔撒纳被封为和硕亲王，纳默库、班珠尔被封为多罗郡王，其他同来归降的大小头目，各有封赏。

阿睦尔撒纳部中有缺少衣服的，立刻从张家口采办了皮袄三千件送去。有缺粮草的，立刻从陕西采办米粮，如果来不及，则立刻从张家口买了送去。乾隆又派亲信去安慰阿睦尔撒纳，"大皇帝念尔初到劳苦，暂为安息"，待休息好了，再来热河与朕相见。

达瓦齐手下大将玛木特看到投奔清廷，有这么多好处，也在入冬后率部投奔，被授以内大臣职。

乾隆十九年（1754）十月，乾隆决定对准噶尔用兵。此次用兵的考虑，一是准噶尔部长期内耗，实力不振。二是大批准噶尔人投奔清廷，这些人对达瓦齐痛恨在心，又熟悉准噶尔地形，可用作攻击达瓦齐的前锋。三是边疆长期内乱，大批部落出逃到中国境内，造成了无数纷扰，故而需一劳永逸地解决边疆问题。至于用兵准噶尔，乾隆改变往日的战略，决定"以夷制夷"，然后将车凌、阿睦尔撒纳分别加以安置，稳定边疆。

就对准噶尔用兵，乾隆召集满汉王公大臣商量。在会议上，出于康熙、雍正两朝用兵多次，仍未能解决准噶尔部的前车之鉴，大多数王公大臣不主张用兵。但首席军机大臣傅恒力主用兵，认为准噶尔部经康、雍二朝未能解决，始终是心腹大患。此时适逢准噶尔内乱，又有大批准噶尔人来投奔，应抓住时机，当机立断，立刻用兵。乾隆也同意傅恒的意见，决定对准噶尔用兵。

至于此次用兵的理由，则是达瓦齐并非噶尔丹策零的后裔。乾隆在诏书中声讨了达瓦齐辜负噶尔丹之恩，断其后嗣，夺其基业，"朕尚为不平"。其实，准噶尔的内乱，与乾隆何干呢？再说，噶尔丹一系，与清皇室堪为世仇。现在乾隆挺身而出，说要为噶尔丹策零复仇，估计乾隆自己也不信这套说辞。

乾隆决定在十一月初九大祀典礼之后前往热河，命阿睦尔撒纳先到避暑山庄等自己。从京师到避暑山庄，沿途本来停息六站，为了二人早日见面，乾隆命改作三站。得知乾隆要召见之后，阿睦尔撒纳驰马三日，飞赴热河避暑山庄。

在避暑山庄，阿睦尔撒纳见到乾隆，行蒙古式抱见礼，乾隆从容应对，并一起较量了骑射功夫。乾隆用蒙古语询问了准噶尔内乱经过，并就进军伊犁听取了阿睦尔撒纳的意见。阿睦尔撒纳就乾隆秋季用兵的计划提出了自己的看法。一般认为，秋高马肥，利于用兵，阿睦尔撒纳则认为，"我马肥，彼亦马肥"，不若改在春季用兵，乘其不备，且不能远道，可一战取胜。乾隆听取了意见，改变了用兵的时间。宴席结束后，阿睦尔撒纳对乾隆极为叹服，惊叹道："真天人也！"

从避暑山庄到京师，乾隆频繁宴请阿睦尔撒纳，二人情谊日见深厚。然而，这阿睦尔撒纳终究是山野猛虎，草原雄鹰，而不是皇帝的笼中臣仆。

第六章

弯弓射天狼

玛木特入卡事件

乌梁海，辽代称"斡朗改"，元明称"兀良哈"。生活在唐努山、阿尔泰山一带的乌梁海人（森林中人），是蒙古兀良哈部后裔。在其名前加上所游牧的山名，作为区别，分为唐努乌梁海、阿尔泰乌梁海、阿勒泰淖尔乌梁海三部。

乌梁海人只是外界对他们的统称，各地的乌梁海人，人种、语言不同。唐努乌梁海人，其语言是突厥语，而非蒙古语。阿尔泰乌梁海人中，部分操突厥语，部分操蒙古语。

17 世纪，乌梁海人向喀尔喀和托辉特部纳贡，以换取保护。卫拉特四部雄起之后，乌梁海人改向卫拉特人纳贡，一度处在噶尔丹控制下。噶尔丹死后，策妄阿喇布坦想控制乌梁海人，康熙也不甘示弱，派兵征伐，控制了一部分乌梁海人。至雍正时期，乌梁海人名义上处于清国控制之下，向其进献贡物。乌梁海人所居住地区盛产各种皮毛，貂皮更是上品，每年都要上贡清皇室。

乾隆四年（1739），清国与准噶尔划分了边界，一些混合游牧地区被划为无人区。但这些所谓的无人区，却是乌梁海人过冬之处。为了躲避大风雪，乌梁海人不得不越界游牧，屡被清方指责。

乾隆十八年（1753），准噶尔人内讧，也牵连到了乌梁海人。此年十月，三车凌率部出逃，进入清国境内。达瓦齐手下将领玛木特一路追击，至边境线后，不顾卡伦（满语哨所、站、台意）官兵拦阻，强行闯入，是为玛木特入卡事件。

此事发生后，乾隆接连发旨，指责玛木特闯卡行为，命军机大臣、兵部尚书舒赫德前往军营办理事务。到了十二月，乾隆得悉玛木特入境之后，又逃了出去，大为不满，斥责前方将官："若不能擒获玛木特，伊尚何颜复返？"

此事本系准噶尔人挑起，不料乾隆却决定出兵讨伐乌梁海，这却是为何？

玛木特入境之后，受到乾隆严厉斥责的清军副都统达清阿，派精兵出了卡伦四处查探玛木特踪迹。结果在边境外并未找到，又至卡伦内搜索。

在卡伦内也未见到准噶尔人，但有了新的发现。清军官兵在边境内看到一些蒙古包，住的二十余人都是乌梁海人，蒙古包外还有大批牛马等牲畜。清军官兵对乌梁海人进行了询问，原来这些乌梁海人是跟着玛木特过来的，沿途捡拾了一大批三车凌出逃时丢弃的牲畜。清军问完，就放这批乌梁海人出境。

蛮夷小邦，竟敢私自入境，而且还想占便宜，捡拾投奔天朝上国的杜尔布特部的牲畜，这让乾隆生出怒气，下令出兵抓捕。

军机大臣舒赫德肩负着讨伐乌梁海人，抓捕玛木特的重要使命，于乾隆十九年（1754）正月抵达前方军营。正月十二日，舒赫德迅速拟订了作战计划，计划分兵两路，分别擒拿玛木特与乌梁海人。

此前投奔清国的萨喇尔，也受命出击，且乾隆一再坚持以他为主将，以达清阿为副将，合兵一路，抓捕乌梁海人及玛木特。号称"铁汉"的舒赫德，却顶住乾隆压力，坚持兵分两路，以达清阿抓捕玛木特，以萨喇尔抓捕乌梁海人。乾隆碰上舒赫德这样敢顶杠的人，只好做出让步。

在调查到入卡乌梁海人头目的驻地后，萨喇尔带领了二百八十人迅速出动，于正月二十五日夜，包围了乌梁海人营地。清军此番小题大做，对付几十人的小部落，出动精兵，半夜抓捕。抓捕时，一半清军负责捕捉牲畜，另一半去抓人。两名在蒙古包中的乌梁海人小头目，被大批甲士冲入后擒住，随后被押解到军营。抓捕行动中，额外抓到了九名喀尔喀和托辉特部人，他们因为在乌梁海经商贸易，长期定居于此。

审讯之后，结果却让清军将领与乾隆大吃一惊，并无地自容。这却是为何？

据被擒获的乌梁海人供称，车凌逃跑时，沿途抢劫，"吾属八耕户亦被车凌掠去"。乌梁海人心有不甘，就出动五百人追击，其中四十人越过卡伦，入境追索被劫走的人口，只是未曾追到。

乌梁海人在返途之中，恰巧遇到了玛木特。玛木特称达瓦齐有令，让乌梁海人一起再入卡伦追击。玛木特以杜尔伯特人所遗弃的牲畜相诱，乌梁海人就派了二十人跟着一起出动，进入卡伦拾取牲畜，并被清军发现。

玛木特在被达清阿设计诱擒后，对此事的来龙去脉也有详细陈述。车凌到玛木特的游牧地休整了三天，此间将玛木特十五岁的孙子连同妻子、女儿一并抢走。玛木特帮助达瓦齐打完仗，回到游牧地后发现人畜妻儿被抢劫一空，就纠集了一百四十人去追讨。路上碰到了乌梁海人，就请他们帮忙，沿途收拾被遗弃的牲畜。玛木特领了百余人冲过卡伦，之后又退出，二十名乌梁海人则留在清国境内整理拾到的牲畜。

杜尔伯特三车凌来投奔，在当时是一件庄重无比的大事，三车凌被塑造成了弃暗投明的英雄形象。乾隆在承德摆下盛宴，隆重招待，封三车凌分别为亲王、郡王等。更命令宫廷画家，日夜赶工，绘制出了壮丽的《万树园赐宴图》。一切都很美好，只是不曾想到，由玛木特入卡事件，却调查出了三车凌不光彩的一面。逃跑途中，三车凌带了手下，四处劫掠，抢人妻儿，烧杀抢掠，无恶不作。为了脸面，清廷将这些不光彩的事情掩盖下去。在《清实录》中，只见乌梁海人擅自入卡的记录，至于真正的原因则被掩盖。

虽然抓捕行动很是成功，舒赫德、达清阿等将领却没有被赏赐，反被乾隆一通痛斥。只有萨喇尔一人，得到了乾隆的奖赏。

玛木特被抓捕后不久即被释放，随即参与了达瓦齐与阿睦尔撒纳的战事，以其骁勇，击败阿睦尔撒纳。至于被抓捕的两名乌梁海人则被囚禁，其余人被释放。

军机大臣建议将两名乌梁海人也释放，但乾隆不同意，认为玛木特是诈捕，不释放的话他不会心服。乌梁海人则是力取，决不能放回。被囚禁的一名乌梁海人，不久因为出痘，感染天花死去。

此时达瓦齐内战正酣，大批乌梁海人至边境一带躲避战火。乾隆令乌梁海人前来归附，不然就要驱逐至阿尔泰山之外。面对乾隆的威胁，乌梁海人却不肯投奔，纷纷出逃，"择艰险之地居之"，以求自保。

乾隆恼羞成怒，命令舒赫德出兵进剿。"铁汉"舒赫德再次抗拒，认为乌梁海人勇悍，且清军马瘦，阿尔泰山又下大雪，无法前去驱逐。乾隆看了舒赫德奏报大怒："朕不解舒赫德何以至此？"

二月底，萨喇尔派了斥候侦探，发现乌梁海人纷纷翻越唐努山逃走，沿途都是被遗弃的蒙古包。乌梁海人分散在各处，清军有力无处使，根本无法动用大兵进剿。乾隆只好改变策略，转而安抚，下令准其在原地放牧，不必迁移，每年进贡减半。

三月十四日，舒赫德派人带了乾隆谕旨，到各处招抚乌梁海人。清国使者磨破了嘴皮子，可乌梁海人就是躲藏在各处山中，不肯出来，因为山外有清国大兵，出来结局难测。舒赫德建议将兵撤回，利于招抚乌梁海人，乾隆却没有同意。

一些乌梁海人离开阿尔泰山，翻越唐努山以躲避战端。可乾隆却不肯罢休，招抚不成，那就继续用兵。到了六月，看着青草长出，乾隆判断乌梁海人已经回到原游牧地居住，准备出兵围剿。至于用兵围剿乌梁海人的理由则很荒诞，乾隆称："明年大兵进剿时，伊等或暗行送信准夷，或在大兵之后乘间偷窃，俱大有关系。"

军机大臣与前方将官，对于乾隆一直喋喋不休地纠缠于小部落乌梁海人都大为不解。策楞建议根本不必出兵，来年用兵时，乌梁海人得到消息，只会各自逃遁，哪里会去给达瓦齐通风报信？乾隆看了奏报后，又是怒气冲天，破口大骂："伊二人自到军营，畏葸猜疑，毫无筹画。凡所部署，事事不合机宜。"

此番乾隆用兵的另一个理由是，阿睦尔撒纳此前有两次想来归附，却被乌梁海人拦阻。"从前两次遣来之人，俱被乌梁海阻回，甚属可恶。或今年发兵剿灭，或俟明年进兵时攻掳，以充口粮。"乾隆此时流露出了他的真正心思，即将乌梁海人的牲畜可留待明年充作军需之用。

就在乾隆准备用兵时，阿睦尔撒纳突然来降，貌似乾隆失去了用兵的理由。可乾隆却不这么想，指令策楞、舒赫德继续调兵遣将，进攻乌梁海人。这二人对于用兵不是很积极，也不想重用投奔过来的卫拉特人，甚至建议扣押阿睦尔撒纳的妻儿作人质，这更让乾隆生气。七月，策楞、舒赫德二人被革职，改以班第、鄂容安到前方主持军事。

班第到了前方后，积极准备用兵，派了斥候去打探到乌梁海人的营地。九月初，清军大兵出动，围剿小部落乌梁海。出兵之后，散居于各处的乌梁海人纷纷被清军擒获。至十一月份，清军共抓获乌梁海人两千户，抢夺了大批牲畜，其中抢来的战马就有两万余匹。

乾隆用兵乌梁海这样的小部落，通过劫掠，补充了大批军需物资，为来年清军的用兵提供了支援。乌梁海人成了清准争斗中的牺牲品。乌梁海人被分散安置，设旗分佐。乾隆下令将剩余的牲畜赏给乌梁海人，又减免了一半贡物，将春天被抓的乌梁海小头目放回，以笼络人心。此后，乌梁海人被置于清国的统治之下。

格登山勒铭

乾隆二十年（1755）二月，清军出兵，直指伊犁。此次用兵，以卫拉特兵为前锋，喀尔喀兵出动两千五百人，绿营兵出动六千人，还有小部分满洲兵。

清军兵分两路。北路以班第为定北将军，阿睦尔撒纳为定北左副将军，统领六千卫拉特兵为前锋。西路以永常为定西将军，萨喇尔为定西左副将军，统领三千杜尔伯特部兵为前锋。主力与前锋之间，相隔数日路程。

投清的勇将玛木特，也受命参加远征，担任北路参赞大臣。出征前，玛木特向乾隆道："阿睦尔撒纳豺狼也，虽降不可往，往必为殃。"此时乾隆与阿睦尔撒纳正如胶似漆，哪里听得进别人的劝谏？反而认为玛木特"与倾心降服者不同"，对他极不信任。

阿睦尔撒纳对于这名曾击败自己的勇将十分忌惮，上奏乾隆，以赶不上北路军为由，想让玛木特留在京师。乾隆表示，玛木特去不去无关紧要，若是他到了北路军，就让他留下好了。玛木特一路狂追，最终还是赶上了北路军前锋，让阿睦尔撒纳颇是郁闷。

乾隆让卫拉特所部打前锋，就是要发挥其战力，为此特意将主将、副将分开。乾隆的考虑是，一旦主将、副将合在一处，则众人只知有主将，不复知有副将，阿睦尔撒纳的用处就会下降。以熟悉草原情况的卫拉特兵打前锋，可以让其自相残杀，又可减少后勤供给。如果卫拉特部在前受阻，再出动后方清军主力坐收渔翁之利。可出兵之后，定西将军永常想抢夺战功，急着追赶前锋。乾隆看他不能领悟自己的安排，斥责他草率，将他调回肃州。

阿睦尔撒纳、萨喇尔担任前锋，沿途仍使用所部原先旗帜。就旗帜问题，阿睦尔撒纳曾与乾隆有过沟通，认为使用原先的旗帜，可以吸纳旧部前来归降，故而不用清军旗帜。

此次出征，一路长驱直入，基本上做到了兵不血刃。阿睦尔撒纳带兵前行，一路上各部不断前来投降。准噶尔部看到阿睦尔撒纳得到清廷全力支持，知道达瓦齐必败，也就归附了阿睦尔撒纳。对于来投降的准噶尔各部大小头目，清廷根据其实力、名望，分别予以封赏。

达瓦齐也探听到了清国要用兵的消息，但他以为要在青草长出后方才用兵，每日照常饮酒，也不做任何准备。进军神速的清军很快进入伊犁，惊慌失措的达瓦齐率领亲兵近万人退守伊犁南部的格登山，依山扎营，准备做最后的血战。

达瓦齐的最后努力，被二十五人轻松击溃。

五月二十三日夜，清军派出以阿玉锡为首的三名准噶尔军官，带领二十二名准噶尔降兵前往格登山查探山路，以备天明时进攻。不料此二十五人乘夜色直扑达瓦齐大营，纵横决荡，来回冲击。达瓦齐军不战自溃，彼此践踏。至黎明时，有七千人投降。

阿玉锡本是准噶尔部的一名低级军官，因为犯了事，要被处以断臂的酷刑，于是徒步跋涉，投奔清军。萨喇尔内附之后，知道阿玉锡的骁勇，将他推荐给乾隆担任侍卫。此年一起出征，立下大功。

达瓦齐带了两千余残兵，往天山南麓逃窜。六月初八，乌什城城主霍集斯带了牛羊，捧着美酒，去迎接达瓦齐，请他入城暂住。霍集斯兄弟四人，在南疆能呼风唤雨，都是达瓦齐一手扶持起来的。达瓦齐认为霍集斯不会背叛自己，入城后烹酒煮羊，喝得烂醉如泥。伏兵涌出，达瓦齐当即被绑缚了起来，他儿子还没醉倒，用刀刺伤一人方被擒下。

在平定天山北路后，天山南路也被招抚。在进军伊犁时，作为人质被扣押的白山派和卓波罗尼都兄弟，向清军南路前锋萨喇尔投降。乾隆随即下令，让和卓返回原居住地，管理天山南路，不想日后生出无穷是非。

格登山之战中，清军意外地拿获了一个逃窜已久的敌人，这就是原青海和硕特部亲王罗卜藏丹津。罗卜藏丹津于雍正二年（1724）在青海发动叛乱，失败后逃往伊犁。为了追索他，雍正发动了远征准噶尔的战役，却未能将罗卜藏丹津拿获。不料二十六年后，雍正的儿子乾隆，将这个宿敌擒住。

雍正朝战事中，被俘虏的满洲、蒙古、绿营兵丁，此次也全部被释放。

十月十七日，达瓦齐被解送北京，得到乾隆特赦，被封为亲王，又将宗室女许配给他为妻，后终老于京师。罗卜藏丹津也被乾隆免除死罪，并赏给房屋，授其二子为侍卫，老死于北京。

过惯了草原快马飞鹰生活的达瓦齐，在京生活百无聊赖，每日无聊时，取乐的法子就是驱赶鹅鸭到池塘中。曾在军机处担任章京的赵翼记载了达瓦齐的外貌与性格，达瓦齐"体极肥，面大于盘，腰腹十围，膻气不可近"。这达瓦齐虽然长得肥胖，体味浓烈，倒也乖巧。乾隆一次木兰行猎，下马时没有座椅，站着等候时。扈从的达瓦齐捧出一堆落叶，请乾隆上坐休息，"上大笑，赏银币以宠之"。

于格登山大破达瓦齐的阿玉锡，回京之后，受到乾隆接见，封为散秩大臣，列入平准五十功臣，画像悬于紫光阁。此后又由郎世宁为他专门作《阿玉锡持矛荡寇图》，此图现存台北故宫博物院。乾隆还特意作《阿玉锡歌》，表其功绩："神勇有如阿玉锡，知方亦复如报恩。今我作歌壮声色，千秋以后斯人闻。"

攻克伊犁后，乾隆龙颜大悦，阿睦尔撒纳赏亲王双俸，玛木特只是晋封为三等公。乾隆在给班第的密旨中，认为玛木特背后揭阿睦尔撒纳的短，见面时又加以迎合，多半是年老昏聩，不可信任，"玛木特系一狡猾之人，其行为更可不必深论"。

阿睦尔撒纳与玛木特，到底谁更狡猾？谁会背叛？

大小和卓复归

清军在进军伊犁时收获颇丰，除了多年来一直想要捕获的罗卜藏丹津外，还意外地得到了大小和卓。

四月，清军在进军途中，白山派大小和卓兄弟二人，带了属下三十余户前来投奔。波罗尼都、霍集占兄弟二人称："策妄阿喇布坦时，将我父缚来做人质，至今也不将我等放回，愿投降大皇帝为臣仆，恭进玉盘一个。"（其实"霍集占"乃是"和卓集占"的快读，应称集占，只是约定俗成称为霍集占）大小和卓的父亲阿哈玛特，是阿帕克的第三个儿子，被策妄阿喇布坦囚禁至死，两个儿子也一直被囚禁。至清军进入伊犁时，白山派的和卓子孙已被囚禁了四十余年。

乾隆本意是让波罗尼都、霍集占兄弟二人选一人进京觐见，另一人则留在天山南路，统领旧属。至五月，大小和卓表示，愿意回故土，招服叶尔羌、喀什噶尔地方民众，同来归顺。

策妄阿喇布坦、噶尔丹策零统治时期，在天山南路采取了扶持黑山派，打压白山派的做法。黑山派也主动与准噶尔部合作，只是在噶尔丹策零死后，天山南路不满于准噶尔的长期勒索，开始驱逐准噶尔人，呈现出纷乱景象。

乾隆决定选择大小和卓兄弟中的一人，选调四百名清军和一千名卫拉特蒙古兵，护送前去招抚叶尔羌各城。抓到达瓦齐，并将他献给清军的霍集斯，陪同波罗尼都前往南疆。霍集占则继续留在天山北路，统领他的旧属。

策妄阿喇布坦时期，虽然黑山派与准噶尔人合作，帮助进攻天山南路，但黑山派、白山派和卓，都被送到伊犁关押，只是黑山派的待遇较好，白山派则被严密监禁。1720 年，黑山派和卓达涅尔被释放回南疆，长子留在伊犁作为人质。噶尔丹策零时期，鉴于黑山派坐大，利用达涅尔去世之机，将叶尔羌、喀什噶尔、阿克苏、和田分给达涅尔的几个儿子，以分而治之。天山南路，从和卓到地方官员，定期要到伊犁充当人质。

在达涅尔诸子中，喀什噶尔的玉树普最为仇恨准噶尔人，"观察异教徒的事态，等待他们中间发生动乱，以便伺机使用无情的宝剑"。达瓦齐与阿睦尔撒纳闹翻时，玉树普正在伊犁做人质，他判断时机已经到来。玉树普借口布鲁特（柯尔克孜）人入侵喀什噶尔，争取到儿子返回喀什噶尔，随后又让儿子发来消息，称难以抵抗，必须父亲回去才行。玉树普向达瓦齐保证，返回天山南路后，一平息事态，将为他的战争提供支援，于是被释放回了喀什噶尔。

乌什地方历来是亲准噶尔的霍集斯的势力范围，玉素普从伊犁返回喀什噶尔时，二人恰巧碰面。霍集斯发现玉素普形迹可疑，急忙赶到伊犁，向达瓦齐汇报："玉素普可能要叛乱。"

达瓦齐立刻派兵去追，但是没有能够追上。此后玉素普赖在喀什噶尔，不肯再去伊犁。喀什噶尔的亲准噶尔派系，看到玉素普要闹事，就联合哈喇罕（准噶尔派驻各城的官员），预备杀死玉素普，不想事败。

阿克苏领主也亲准噶尔，得知喀什噶尔事变后，立刻给伊犁去信，"除非派军队来，马上就要失去喀什噶尔、叶尔羌及和田"。此时达瓦齐忙于战事，无暇派出军队，于是派了名使者前往喀什噶尔，要求地方领袖协助抓捕玉素普。

达瓦齐的使者带了三百名士兵，抵达喀什噶尔，但喀什噶尔只准五人进城，城内的大小贵族，又都拥护玉素普。准噶尔人发现在喀什噶尔无法完成任务，就转而前往叶尔羌。准噶尔人认为，玉素普的哥哥，叶尔羌的城主加罕比较憨直，容易得手。加罕事先得到了弟弟的警告，也做了思想准备。可驻叶尔羌的哈喇罕，以生病为由，请加罕过来聊聊天，好获取些慰藉。老实人加罕没有多想就去了，结果被逮捕，叶尔羌也被准噶尔人控制。

加罕的儿子不但不笨，还聪明得厉害，立刻从叶尔羌出逃，抓捕了些亲准噶尔分子的家属作为人质，又组织了军队准备反攻。玉素普得知侄儿行动后，也组织起了军队，准备进攻叶尔羌。此时准噶尔人无力顾及天山南路的事务，就将加罕释放，撤出叶尔羌，返回伊犁。于是喀什噶尔、和田、叶尔羌等城市，尽被黑山派把握。对准噶尔人愤恨不已的玉素普，甚至准备出兵攻打伊犁，可惜生病而未能出战。

清军进至伊犁，擒获达瓦齐时，正是黑山派势力鼎盛之际。只是此时的清廷，对于白山派、黑山派的历史纠葛，并没有多少认识。乾隆简单地以为和卓是叶尔羌、喀什噶尔的领袖，被抓到准噶尔充当人质，此时只是让他们回去恢复统治而已，并没有意识到黑山派对此将有激烈反应。

白山派大和卓波罗尼都、四百名清军、一千名蒙古兵，加上霍集斯，先来到阿克苏。阿克苏城主阿卜都是乌什城主霍集斯的兄长，兄弟二人一直倾向于白山派。在阿克苏、乌什，大和卓招募了一支军队，继续向叶尔羌、喀什噶尔进军。

黑山派领袖玉素普正忙于组织军队，布置防卫时，突然去世。平庸无能的加罕，被确立为新的首领，这场战斗的结局，此时已被决定。加罕毫无主见，被贵族们怂恿，派了支远征军，主动去进攻乌什。当精锐的清军，彪悍的蒙古兵，林立的波罗尼都军在乌什城下布阵之后，叶尔羌派出的军队被吓坏了。战斗开始后，叶尔羌的军队不是投奔敌人，就是撒腿逃跑。作为雇佣兵追随叶尔羌方面出战的柯尔克孜人，在逃跑时又乘机劫掠了叶尔羌地区。

　　喀什噶尔的白山派多年来一直被压制，看到旧主之子带了雄师过来，无不热泪盈眶，四处活动。负责守城的是柯尔克孜雇佣兵，在金钱攻势下，立刻调转矛头，向黑山派发起攻击。黑山派遂放弃了喀什噶尔，逃向叶尔羌。

　　当波罗尼都带领的军队从喀什噶尔出发，向叶尔羌进军时，黑山派领袖加罕沮丧万分，产生了出走前往阿拉伯朝圣的念头。可叶尔羌的贵族们，哪里肯放他走？波罗尼都给加罕送了一封最后通牒信，署名首先是中国大皇帝，其次是阿睦尔撒纳，这也反映了此时天山南北的统治秩序。

　　加罕拒绝了最后通牒，这个平凡的人，最后壮烈地死在战火之中。叶尔羌被攻克后，黑山派和卓家族遭到了血腥屠杀，只有加罕的弟弟带了两个孩子逃到了印度。清军官员正在协同波罗尼都攻打叶尔羌，突然被加以扣留。此时阿睦尔撒纳发动叛乱，派使者前来擒拿清国使者。大和卓波罗尼忘记了清国皇帝对他的天恩，站到了阿睦尔撒纳一边……

天外狼之死

　　"功如彭宠辽东豕，心是温禺天外狼"，乾隆愤愤地写下诗篇，诅咒历史上那些忘恩负义，背叛主子的逆贼。在乾隆的心中，阿睦尔撒纳是古往今来天字第一号大逆贼。

　　用兵伊犁之前，乾隆就已和阿睦尔撒纳将话挑明，战事平息之后，将分封卫拉特四部，不会让你一人总统四部。一路上阿睦尔撒纳招兵买马，收容旧部，扩充实力，并对乾隆道："卫拉特四部如果没有总统之人，人心不一，恐怕又生变乱。"建议平定伊犁后，选择一名能让四部心服者，统领四部，实际上是毛遂自荐了。

达瓦齐被擒送北京，阿睦尔撒纳进驻伊犁，独断专行，任意杀掠。他是乾隆封的亲王，却不穿清国赐给的官服，不用清廷所颁给的副将军印，私自使用噶尔丹策零小红铃记。阿睦尔撒纳派出党羽到天山南北、青海各地活动，又与西藏喇嘛勾结，预备统一准噶尔四部。

平心而论，乾隆待阿睦尔撒纳不可谓不厚，授其双亲王。比较起来，进军伊犁的其他将领，没有任何人有这样的待遇。班第、萨喇尔立下了汗马功劳，只封了公爵。原两江总督鄂容安没有任何奖励，永常也没有任何封赏。喀尔喀亲王额琳沁多尔济帮助征集了三万匹马，一路行军至伊犁，乾隆一句嘉奖的话也没有。

清军大军撤走后，在伊犁的大臣有定北将军班第（原军机大臣），定边右副将军萨喇尔，西路军参赞鄂容安（原两江总督），喀尔喀亲王额琳沁多尔济，科尔沁亲王色布腾巴勒珠尔，内大臣玛木特。科尔沁亲王色布腾巴勒珠尔是乾隆第三女的额驸，地位尊崇，此次到了伊犁，却和阿睦尔撒纳勾搭上，又与班第不和，事事为难。

班第将阿睦尔撒纳在伊犁的作为密报给了乾隆，乾隆看了之后，却给了一道模棱两可的回复，一方面，他让班第、鄂容安与萨喇尔商议如何行动，另一方面又说"若无确据，亦不能逃朕洞鉴"。乾隆的意思是，若是阿睦尔撒纳真要反叛，你们自己看着办，可如果是你们诬陷，朕也不会被你们蒙蔽。

在会商时，鄂容安建议效法驻藏大臣傅清、拉布敦的做法，直接擒杀阿睦尔撒纳。班第却忧心忡忡，认为阿睦尔撒纳还未公开反叛，若是随意诛杀，"以撄上之怒哉"。

六月二十八日，班第、鄂容安、萨喇尔联名，陈述了阿睦尔撒纳诸般跋扈情景。乾隆看了奏报勃然大怒，下令将阿睦尔撒纳擒杀。

乾隆本意是由班第擒拿下阿睦尔撒纳，如果不成功，则选派一名具有威望的将领，将他擒送到热河处置。班第手中兵少，不敢在伊犁动手，决定将阿睦尔撒纳诱去热河。陪同阿睦尔撒纳去热河的人选，就落到了喀尔喀亲王额琳沁多尔济的头上。

额琳沁多尔济是二世哲布尊丹巴呼图克图的长兄，哲布尊丹巴则是所有喀尔喀蒙古人的精神领袖。乾隆进军西北时，令额琳沁多尔济在喀尔喀蒙古征集马匹，又命他为西路军参赞大臣。自出兵之后，他随同萨喇勒，一路进军至伊犁。

乾隆二十年（1755）七月七日，喀尔喀亲王额琳沁多尔济，受命护送阿睦尔撒纳前往热河朝见乾隆。额琳沁多尔济随从士兵不过一百人，阿睦尔撒纳的扈从则有三百多人，且还是百战精锐。

八月十九日，行至乌隆古河时，阿睦尔撒纳将副将军印交给喀尔喀亲王，称要回去看看自己的游牧地，再行入觐，这本是人之常情，无可厚非。阿睦尔撒纳离开时，额琳沁多尔济派了二十五人随同监视。当阿睦尔撒纳准备逃跑时，这批士兵曾出手拦截，只是寡不敌众，被迫退回。次日，额琳沁多尔济借了三百名士兵去追捕，同时将详细情况奏报乾隆，处理可谓及时。

哈萨克此时遣使入京，与阿睦尔撒纳同行，也一并跟着逃走，增加了事态的复杂性。

阿睦尔撒纳逃出后，他的部下随即在伊犁进行煽动。清军营中金帛茶布等物颇是充裕，"夷众眈眈以视"。八月二十三日，伊犁的喇嘛、回人、准噶尔人持了武器，涌至伊犁军台劫掠。在伊犁的清军只有五百人，平时疏于防守，兵散处，马远牧，又无外援。

八月二十九日，清军且战且退，至伊犁以外二百里时被包围。班第看着无法突围，挥刀自杀，鄂容安是名书生，无力操刀自杀，就由仆人操刀，一刀刺穿腹部。永常所统领清军，虽有数千劲旅驻于乌鲁木齐，却不敢前往救援，反而一退八百里，至巴里坤避祸。忠于清廷的萨喇尔带兵突围途中也被擒住，送往伊犁囚禁。萨喇尔后来被救出送到京师，有大臣请将其诛杀。乾隆认为他是藩部孱臣，不知大节，未可苛加责备，令他在班第、鄂容安灵柩前叩首，然后释放。

以前被乾隆不满，认为是年老昏聩的玛木特，叛乱发动时正在伊犁放牧。玛木特杀敌三人，突出包围，因为身体患病不敌，不久又被擒获。擒获这个老仇家后，阿睦尔撒纳下令将他勒死，作为报复。乾隆得悉玛木特的死讯，后悔无比，写了首长诗哀悼他，却不肯承认自己的识人之误。

达什达瓦（小策凌敦多布之子）被喇嘛达尔扎杀死后，由其妻统领他的部落。阿睦尔撒纳一度向她求婚，想加以控制，遭到拒绝。又想派外甥管理达什达瓦部户口，再被拒绝。达什达瓦的旧将萨喇尔，对于旧主加以回护，建议将"达什达瓦属人，作为公中管理，并给游牧，以绝其侥幸之心"。清廷随即同意，以萨喇尔之兄担任此部落总管。此次兵变之后，达什瓦什妻子领部出走，内迁巴里坤，后再迁承德。

阿睦尔撒纳叛乱后，清廷随即重新封了准噶尔四部头领，并调动军队入天山作战。

乾隆二十一年（1756）正月，喀尔喀亲王额琳沁多尔济因为放走阿睦尔撒纳，被乾隆赐死。这是乾隆一手造就的冤案。额琳沁多尔济事前并不知晓乾隆的部署，乾隆曾指令班第，将诛杀阿睦尔撒纳一事加以保密，不可使额琳沁多尔济知晓，认为他"不过一小有才之人，未经更事。一切密要之语，且勿令与闻"。

阿睦尔撒纳地位显赫无匹。有辉特部贵族告密，称阿睦尔撒纳将要叛逃，额琳沁多尔济也无可奈何地称："他是双亲王，我是单亲王，不敢便宜从事。"在偕阿睦尔撒纳前往热河途中，额琳沁多尔济做了最大限度的努力，如派兵监视，事后借兵去追，可还是没有得到乾隆原谅。额驸色布腾巴尔珠尔，因为知情不报，乾隆本也要将他处死，只是考虑到公主要守寡，才饶了他一命。

三月，清军再次攻入伊犁。清军前锋快马狂追，进至特克勒，与阿睦尔撒纳只有一日距离。看着情势不妙，阿睦尔撒纳派人至清军营中，伪称阿睦尔撒纳手下反叛，已将他擒获，不久就将人送来。清军将领玉保得信后，也不加核实，立刻停兵不前，以红旗捷报报告给策楞，策楞又飞报乾隆。

乾隆看到"为恭报捉获逆贼阿睦尔撒纳捷音事"后大喜，开始封赏前方将领，策楞封为一等公，玉保封为三等男爵，并颁谕宣示中外，各省督抚接到消息后，纷纷具折祝贺，一片欢腾。结果，乾隆被狠狠地抽了记耳光，他所痛恨的阿睦尔撒纳，利用缓兵之计，成功逃入哈萨克。策楞、玉保虚报战功，让皇帝丢尽脸面，被革职送京查办，又以达尔党阿为定西将军，兆惠为定边右副将军。

乾隆咬牙切齿，对天发誓，一定要擒获阿睦尔撒纳："如阿逆不获，即二年或十年或二十年，兵断不止。"尚留在伊犁的阿睦尔撒纳同族，虽已投诚，也被剿杀。乌梁海人支持叛乱，抢劫官兵，也被大兵围剿。被擒获的叛乱首犯，如阿巴噶斯兄弟三人，被送至京师凌迟处死。

参与了进军伊犁，立下功劳，刚被提升为郡王的青衮扎卜，对乾隆的不满情绪日益上升。此年五月，青衮扎卜在出征的喀尔喀士兵中进行煽动："喀尔喀系成吉思汗后裔，向不治罪。清帝藐视成吉思汗子孙，无故枉杀亲王额琳沁多尔济，人心不服，众心思叛。连年用兵准噶尔，强征喀尔喀兵丁，无偿征用马驼牛羊，使民众生活日益贫困，无以维持。如此下去，为朝廷效劳何益？"青衮扎卜登高一呼，喀尔喀兵纷纷响应。青衮扎卜领了自己的部下，擅自返回喀尔喀游牧地。一些喀尔喀贵族受到鼓动，也擅自带兵回撤。连接前方与京师的北路台站，由于大批喀尔喀士兵擅自出走，从十台至二十六台中断。台站承担着来往通信，运输粮秣，存储军需等任务，站台中断，直接影响前方战事。

自康熙三十年（1691）多伦会盟之后，喀尔喀蒙古各部一直效忠清廷，此次竟然发动叛乱。为了平息事态，乾隆一方面迅速将青衮扎卜抓捕，解送至京师处死，另一方面又抬出哲布尊丹巴，让他通行晓谕，安定人心。哥哥无端被杀，哲布尊丹巴初时极为愤怒，准备器械，有反叛之心。

三世章嘉是二世哲布尊丹巴的师傅，连夜派了使者去库伦游说，云："况吾济方外之人，久已弃骨肉于膜外，安可妄动嗔相，预人家国事？"哲布尊丹巴按下了心中怒意，配合乾隆安抚喀尔喀各部人心。三世章嘉一纸书信，抚平喀尔喀，乾隆称赞他道："尊胜上师你真是饶益众生的，法力无穷的大德。"此后三世章嘉更受乾隆器重，地位日隆。每年元旦三世章嘉入朝时，京师民众以手帕铺在道上，凡被坐车压过者，则以为有福。

清军追兵深入哈萨克抓捕阿睦尔撒纳，双方最近时不过相距两三里。阿睦尔撒纳又使出诈降计，称哈萨克人已抓住阿睦尔撒纳，只是要等阿布赉汗到达后才能送人，请暂停进兵。清军再次中计，停兵不前，使阿睦尔撒纳得脱。

阿睦尔撒纳逃入哈萨克后，得到阿布赉汗的支持，七月下旬领了哈萨克兵与清军大战一场，落败而归。清军威胁阿布赉汗交人，阿布赉则云，阿睦尔撒纳是穷鸟投林，不忍执献，请网开一面，饶他一命。此时天气渐转冷，追兵悬于塞外，后勤补给困难，遂撤回境内，由兆惠领了驻扎伊犁，待机再出境抓捕阿睦尔撒纳。没有抓到阿睦尔撒纳，乾隆极不甘心，认为"叛贼一日不获，伊犁一日不安，边陲一日不靖"。

清国准备在准噶尔境内，推行盟旗制度，以便加以控制。盟旗制设旗编佐。每百户设一佐领，不满一百者则设置办佐领。佐上设旗，掌旗者称扎萨克，由中央任命，统领各佐。各旗划定游牧区域，不得过界游牧，不得私自往来，互不统属。旗之上设盟，盟分左右翼，盟长不得私推，须由中央批准之后委任。漠南蒙古分六盟四十九旗，漠北蒙古分四盟八十六旗。各旗所统领的佐也有不同，最多者如鄂尔多斯右翼中旗，有八十四个佐，少的旗不过七八个佐。

盟旗制度对蒙古各部实行了分而治之，缩小了各部领袖的权力与领地范围，准噶尔、辉特部头领对此大为不满，又发动叛乱，十一月在乌鲁木齐起兵。驻扎伊犁的兆惠领军东进，却被困于乌鲁木齐。在巴里坤清军援军救援下，才狼狈撤回。逃窜到哈萨克的阿睦尔撒纳返回天山北路，与参与反叛的贵族会合，一时声威大震，准噶尔全境失陷。正被押解前往京师的策楞、玉保，途中被卫拉特蒙古兵袭杀。

乾隆二十二年（1757），清廷下定决心，务必要将阿睦尔撒纳擒拿归案。

此年改变了前两次"以夷攻夷"的做法，抽调八旗、索伦、绿营精兵七千，分两路再次攻打准噶尔部。鉴于前两次因为粮食问题无功而返，此次清军沿途驻扎屯耕，又招募回人随军安插屯种。六月，清军再次进入伊犁。

为了搜捕阿睦尔撒纳，清军进入哈萨克境内与哈萨克交战。六月初七，阿布赉汗遣使求降，让乾隆颇是欣慰，胜利就在眼前："叛贼之所以虚张声势，惟恃一哈萨克耳。"以往阿睦尔撒纳每一次落难的时候，都投奔了哈萨克阿布赉汗，此次也不例外。六月二十日，阿睦尔撒纳带了二十人前来投奔，阿布赉汗称将在次日接见他，暗中却将马匹收走。阿睦尔撒纳察觉后，带了亲信八人连夜步行出逃。

对于阿睦尔撒纳来说，此时已近于山穷水尽，走投无路。但他却找到了一条生路，出逃前往俄国西伯利亚。阿睦尔撒纳逃至俄国后，得到俄方的庇护与优待，被藏在一个名为库杜斯克的酒厂中。阿睦尔撒纳以为有俄国的支持，旋会再起。不想九月间在俄国患上天花，不久病死。

阿睦尔撒纳死后，俄方隐瞒了他的死讯，并拒绝了清廷的追索要求。后来无法掩盖阿睦尔撒纳逃俄的事实，又伪称阿睦尔撒纳在渡额尔齐斯河时淹死。清军组织了大量人力在额尔齐斯河上打捞尸体，自然是一无所获。

乾隆二十三年（1758）正月，阿睦尔撒纳的死讯传到清国，乾隆派出使者前去查看尸体，要求将尸体带回。俄国人则拒绝交出尸体，认为俄国已满足了清国的要求，尽到了责任，甚至比要求办的事情做得更多。为了让清国相信阿睦尔撒纳已死，俄国将他的尸体运到边界，任由中方两次派人查验。清国使者查看时，阿睦尔撒纳尸体保存完好，面貌宛然，毫无可疑。

没有将尸体索回，乾隆大为愤懑，令理藩院通知俄国，如果不打算交出阿睦尔撒纳尸体，就断绝关系。俄国认为交出尸体之后，清国会将尸体悬挂在边界上，以儆效尤，同时树立石碑侮辱俄国，遂拒绝交出尸体。双方的谈判持续了两年，此间乾隆使出各种招数，先是将抓到的俄国俘虏送回，希望能换回尸体。此招无效后，又下令抓捕在京的俄国人，甚至想向俄国宣战。乾隆最终放弃了追索尸体。未能将阿睦尔撒纳挫骨扬灰，也是他心中一大遗憾。

阿睦尔撒纳死后，准噶尔部的叛乱并未平息。

乾隆对准噶尔部叛而复降，降而复叛之举极为恼怒，令前线将领对准噶尔部"必应全行剿灭，不得更流余孽"。"帝怒于上，将帅怒于下。"清军入伊犁的战役中，对卫拉特各部进行了血腥屠杀。为了躲避战祸，卫拉特各部民众，躲入天山山脉之中。一些卫拉特蒙古人，出没于山林之中，通过劫掠为生，被称为"玛哈沁"（蒙古语中肉为"玛哈"，卫拉特中贫困无赖，觅肉食自活者为玛哈沁）。

玛哈沁在各地为非作歹，清人笔记中多有杀人吃人肉的记载。"有遣犯之妇，入山采樵，突为玛哈沁所执。已褫衣缚树上，炽火于旁"，妇人左股刚被割下一块肉，突然有枪声传来，玛哈沁以为官兵过来追杀，将妇人丢下逃窜。妇人被救出时，已血肉狼藉矣。玛哈沁甚至敢抢夺清军台站，获取火药、食物。台站的畅通与否，直接关系到清国对天山南北的统治，乾隆下令，"务将藏匿玛哈沁等尽行剿杀以清道路"。

战事平息之后，清军继续出动，搜捕逃脱的卫拉特民众，凡山林水洼，可渔猎生活之处，被反复搜捕。遇到准噶尔部民众时，清军将其壮丁赶出，全数斩杀，妇孺则运入内地赏军，多死于途中，"于是厄鲁特之种类尽矣"。从茫茫戈壁至大雪山麓，不复见人迹。有史家认为，清军用兵伊犁前，卫拉特各部人口有六十万，用兵之后，基本被屠戮殆尽。至此，曾经称雄于草原的卫拉特各部最终衰落。"凡病死者十之三，逃入俄罗斯、哈萨克者十之三，为我兵杀者十之五，数千里内遂无一人。"

乾隆对准噶尔用兵，初意是以夷制夷，利用投诚的准噶尔人击败达瓦齐，再分封卫拉特四部，各自统治原先疆域。清廷对卫拉特四部，则保持宗主的地位。不料阿睦尔撒纳叛变，在伊犁的班第等人兵败自杀，卫拉特四部又彼此混战。边境上的乱局，使得乾隆决意全力用兵西域，将卫拉特四部铲除殆尽，而天山南北的广漠土地，也被纳入了版图。如乾隆所言"此诚上天将全部卫拉特赐我国家耳"。

准噶尔的败亡不是由于外部原因，而是内部的自相残杀所致。康熙、雍正两朝，以举国之力，远征准噶尔而不能成功，最终维系了一个僵持局面。至乾隆年间，由阿睦尔撒纳掀起的持续内讧，耗尽了准噶尔的精血，再加上各种瘟疫，导致曾经称雄草原的这个马上民族衰落。当年准噶尔部为了控制西藏，进而与清廷争夺天下，先诱骗和硕特部拉藏汗之子丹衷来部落和亲，后又杀拉藏汗与丹衷，不料准噶尔部最终也亡于丹衷遗腹子阿睦尔撒纳手中，诚为历史的吊诡。后世人评论道："准噶尔之平，实启自阿睦尔撒纳忽降忽叛，兵端由此起，即疆舆由此定。"

黑水营之围

乾隆二十年（1755）八月，留在伊犁的小和卓霍集占，在阿睦尔撒纳发动叛乱后，立刻率众响应。阿睦尔撒纳与小和卓联合，有兵四千余，其势颇盛。

当阿睦尔撒纳败局已定时，霍集占立刻调转枪口，帮助清军反攻，并趁着混乱的局面逃回南疆。霍集占逃跑时，将在伊犁的"回人"及"回人总管"全部带走，霍集占回到叶尔羌时，哥哥波罗尼都尚不知道阿睦尔撒纳已败逃，霍集占立刻杀掉阿睦尔撒纳的使者，又将此前被扣押的清军官员送回。至于南下帮助白山派作战的卫拉特蒙古兵，则被他全部留了下来，精兵难得。

霍集占返回南疆后，反客为主，利用自己从伊犁带回来的"回众"及卫拉特蒙古兵，掌握了大权，哥哥波罗尼都则被边缘化。霍集占比乃兄更为凶狠，更加狡猾，在与清廷打交道时也更具迷惑性。

对霍集占在阿睦尔撒纳叛乱中的举动，清方洞然于心，但不想深入追究此事。定西将军策楞，在战后让霍集占不必再回伊犁，但要迁到吐鲁番居住。霍集占则采取了麻痹策略，屡次派人至清军军营，表示要来投诚，又派遣使节到京师，感谢皇恩，情甚诚笃。再加上他释放了被扣押的清国官员，竟然蒙蔽住了乾隆。

天山南路，在经过了几番生死搏杀后，尚能对大小和卓构成威胁的，只有控制阿克苏、乌什的霍集斯兄弟。霍集斯也是个投机分子，在抓获达瓦齐时，他就暗中与阿睦尔撒纳联系，希望今后能支持他总领南疆各城，只是没想到半道杀出个大小和卓兄弟，才没有得逞。阿睦尔撒纳叛乱后，霍集斯并没有参与，因为他的野心在天山之南，而不是天山之北。

霍集占采取了分而治之的策略，将霍集斯调往和田，霍集斯兄长阿卜都被调往叶尔羌，儿子分别调往阿克苏等城。老奸巨猾的霍集斯被调离老巢之后，只好依附于大小和卓。由天山进入塔里木盆地的两个重要城市库车、拜城，两城城主感受到了小和卓霍集占的威胁，就逃到天山北路投奔清军，求得庇护。此二城落入小和卓手中之后，整个天山南路，尽入其彀。

乾隆二十一年（1756）十月，根据前方的信息，伊犁的定边右副将军兆惠判断霍集占不安分，下令阿敏道立刻进军，肃清阿克苏、库车地方，又命霍集占亲自前来伊犁谒见。乾隆还没有认清局面紧张，如同上次西藏郡王叛乱一般，此次他依旧主张招抚。乾隆指示兆惠，如果霍集占来了伊犁，要善为安抚，毋庸示以兵威。

至闰九月，阿敏道领兵至库车附近，得知霍集占带了三四千人在乌什城，霍集占的侄儿阿布塞塔尔则带了一千人驻扎在穆舒尔河畔，占住了从伊犁进入天山南路的要道。阿敏道进至库车时，库车守军出战，被清军击退。库车守将是霍集斯的儿子呼岱巴尔氏，他声称早已归顺，只是畏惧阿敏道所带来的卫拉特蒙古兵，不得已方才出战。阿敏道就将主力卫拉特蒙古兵遣回天山北路，自己带了百余名官兵进入库车，准备开展招抚工作，结果却被囚禁。

兆惠得悉阿敏道领了百余人进入库车后，判断形势不妙，断难招抚成功。兆惠向乾隆奏报，如果霍集占继续不听号令，则明年整兵前去讨伐。乾隆仍然做着招抚的春秋大梦，他指示兆惠，霍集占估计真是害怕卫拉特蒙古人，所以不敢前来投降，你做好安抚工作，霍集占就会亲来谒见将军你啦。乾隆还命令天山南路有影响力的和卓额敏，前去安抚大小和卓，让他们来京师觐见。乾隆此时力主安抚，以将主要心思放在天山北路，早日击溃阿睦尔撒纳。

就在乾隆做着招抚的美梦之时，大小和卓发动。乾隆二十二年（1757）三月，大小和卓将囚禁的清军都统阿敏道及兵丁百人全部杀掉，公开叛乱。在经历了蒙古的长期统治后，天山南路被烙下了深刻的蒙古烙印，叛乱后小和卓霍集占就自称"巴图尔汗"。

乾隆二十三年（1758），清军以雅尔哈善为靖逆将军，出兵天山南路。出兵之前，清廷特意声明，此次兴师只为霍集占一人，"波罗尼都被迫从行，已命分别办理"，以分化瓦解大小和卓兄弟。

清军出吐鲁番，于五月初抵达库车。库车城依山修筑，以柳条夹土砌成，可有效防御炮火轰击。霍集占在城中驻有重兵，并以亲信统领。清军至库车城下，发起多次强攻，均不能奏效，只好将城池围困，切断水道。兄弟二人分工，大和卓在喀什噶尔驻防，小和卓则在乌什盘踞。看着库车危急，霍集占亲自领了三千人前来救援。战斗中，霍集占被箭射中，领了残兵八百人冲入城中。次日，霍集占领兵突围时被击溃，入城中固守。

雅尔哈善围城时大意，也未在通往阿克苏的隘口上布置兵马，堵住霍集占逃路。六月二十三日夜，霍集占领了四百人，从库车西门突围。在库车西门拦堵的清军都统顺德讷，借口夜已深，不发兵追击。至天明后发兵追击时，霍集占已往阿克苏逃去。雅尔哈善一方面弹劾顺德讷，另一方面全力攻城。乾隆看到奏报后，大为震怒，将雅尔哈善、顺德讷革职，改派纳穆扎尔为靖逆将军。又命令在天山北路的兆惠，迅速挥师南下，纳穆扎尔到达后，须听从兆惠指挥。至八月，守城头目于夜间逃跑，城中余众三千人投降。

兆惠于八月二十日，与正在军中的雅尔哈善会师，收回靖逆将军印，执掌天山南路军事大权。此时阿克苏城内居民发动起义，将霍集占手下赶走，兆惠兵不血刃，进入阿克苏。霍集占一路逃至乌什，老狐狸霍集斯又准备反水，定计摆下鸿门宴，擒拿霍集占，只是未能得逞。霍集斯又派儿子呼岱巴尔氏去向清军投降。

清军进驻乌什后，兆惠问计于霍集斯。霍集斯认为，大小和卓兄弟现在仅能守叶尔羌与喀什噶尔，两城不过万人，不足与清军对抗。霍集占与柯尔克孜关系不好，如果要出逃，只有从叶尔羌西南一条路。至于波罗尼都，为人一直谨慎，大兵一至，自当归降。

兆惠听了霍集斯这番乐观分析后，不待后路清军的到来，带了马步兵四千，与霍集斯一起往叶尔羌出发。

霍集占从乌什出逃后，至喀什噶尔与乃兄会合，议定各守一城，互为掎角。霍集占领兵前往叶尔羌守城，波罗尼都则在喀什噶尔。至叶尔羌后，霍集占将周边的民众收入城中，将粮食作物全部收割，未熟者焚毁。又在城东北五里外修筑高台，驻扎军队，以策应叶尔羌主城。

十月初五，清军出现在叶尔羌城下。叶尔羌城池高大宽广，周围共十二个城门。叶尔羌城东有条由南往北流向的叶尔羌河，俗称黑水河，河对岸是水草丰茂的草地，城南棋盘山下则是牧场。

十月初六，清军分七队进击。城中敌军出动两队骑兵各四五百人，被清军击退。城中又派出精锐骑兵数百人援助，索伦兵拔腿想逃，所幸健锐营数百人岿然不动，才未乱阵脚，将敌军击败。当日，兆惠估计援军即将到来，遂分兵八百人，由都统爱隆阿统领，前去迎接。

兆惠看着自己兵少，一时难以取胜，就选择了城东水草丰茂的村庄挖沟筑垒，扎营待援，此即黑水营。此时清军整体局势不利，兆惠从伊犁带来的军队，分兵之后，可以出战者有三千人，所带的马不过千余。

投靠和卓的卫拉特蒙古兵与部分和卓军，在城南棋盘山看守放牧的牲畜，兆惠决定发起袭击，夺来充作军需。

十月十三日，兆惠带了千余名骑兵直扑城南棋盘山，和卓军已在河东列阵以待。兆惠领兵过桥与敌交战，刚过了四百余人时，桥突然塌陷。敌军乘机扑来，一时间弹飞如雨，马奔如雷。和卓军先以骑兵冲锋，再以步兵压阵。

清军过河的士卒虽然人少，都知道若不死战，更无活路了。结成方阵，拼死抗击，将第一波骑兵打退。敌方骑兵退回后，步兵跟着压上，以火枪连环射击。浓烈的火药雾气弥漫在河谷之上，清军已无退路，只能殊死拼搏。河对岸的清军看了着急，只能隔河放枪，遥遥声援，却无多大效果。

兆惠骑了匹高头大马，顶戴花翎，在阵中指挥，岿然不动。和卓军看到他昂然立于军中，知道是首要人物，就集中火枪向他射击。第一匹坐骑中弹倒毙后，兆惠换了一匹坐骑，继续指挥，又中弹倒毙，兆惠脸部及小腿被枪击伤，裹了伤口后，持刀指挥作战。

四百人的清军，在和卓军火枪的不停射击下，倒下了一批。不过清军也不甘示弱，以弓箭、火枪反击，这些士兵都是在天山北路身经百战的老兵，枪箭精准，每击必中，和卓军步兵虽然人多，却奈何不得。正在鏖战之时，此前退下的和卓军骑兵，从两翼包抄上来，将清军冲散。清军散成数处，各自为战，至日暮时分，清军伤亡百余人，余部泅水逃回黑水营地。此战中，双方都以火枪为主要武器。16 世纪后，由于火药枪的使用，使得游牧部落的马上骑射优势下降，因为"训练士兵开火绳枪，比训练他们拉开一张弓的时间要少得多"。素以弓箭闻名的索伦兵，也全部换上了火枪。乾隆十五年（1750）十月，乾隆道："索伦等围猎，从前并不用鸟枪。今闻伊等不以弓箭为事，惟图利便，多习鸟枪。"乾隆对此大为不满，严禁索伦兵使用鸟枪，并将已经使用的鸟枪全部收回，"严禁偷买自造，查出即行治罪"。虽然不准索伦兵使用火枪，在清军其他部队中，火枪被大量装备。

十三日败退之后，清军困守黑水营，和卓军也挖掘壕沟，加以围困。被围困之后，兆惠一时倒也不着急突围，一则军中粮草充足，二则军中马力不足，突围之后也难以远行。

就在十三日，赶往前方的将领纳穆扎尔、三泰与副都统爱隆阿相遇。爱隆阿以骑兵二百五十人、步兵二百，护送其前往黑水营。为了加快速度，纳穆扎尔、三泰只带了骑兵前行，不料途中与大和卓波罗尼都带领的五千援军相遇，二人被围困后阵亡。爱隆阿领兵前来救援，也被击败。兆惠被困之后，爱隆阿遂收集各台站，退往阿克苏。

和卓军不时向黑水营清军发起攻击，均被击退。到了十一月上旬，大小和卓听闻柯尔克孜人（布鲁特）突然出动，劫掠英吉沙。此时兆惠又发起反击，夺取两座营垒。大小和卓误判形势，以为柯尔克孜人与清军联合，就想议和。兆惠开出条件，必须两和卓入京觐见。此时喀什噶尔危急，波罗尼都遂领兵撤退，对付柯尔克孜人，议和一事再无下文。

黑水营在黑水河东岸扎营，此处长有大片的胡杨林。和卓军筑起高台，居高临下，向清军射击，很多枪弹被胡杨林给挡住。清军在砍伐木柴时，从胡杨树中取到了和卓军射过来的数万枚铅弹。

十月二十二日，和卓军掘开水渠，水淹黑水营。兆惠派遣官兵，开挖水渠，将淹过来的水引导到坎儿井中。南疆地区，冬季寒冷，遂通过人工开凿的坎儿井，引导水流到各处使用。清军通过坎儿井避免了水淹，又获得水源，并不稀奇。在外人看来，这无比神助，为之添加上了神秘色彩。霍集斯也被围困在黑水，这老狐狸鞍前马后，颇是卖力，也算将功补过。

兆惠营中粮草，预计可以用一两个月。在掘壕安营时，又挖到回人埋藏的米谷二十余处，每处有一二石。叶尔羌地处南疆，此地区民众至秋季，将粮食、蔬菜封存在地窖中，以供冬季食用。地窖中挖出的粮食，为数并不多，只是因为其戏剧性色彩，而被当时重视，后世夸大。乾隆曾指示兆惠，回人多有挖窖藏粮食者，需要留心挖掘，以资接济。至十二月中旬，清军营中粮食吃光，遂以马驼充饥。

被围困之后，兆惠挑选了五名索伦兵，每人携带一封告急信，前往阿克苏舒赫德处。十月二十日，舒赫德接到报信后，立刻飞驰报告京师。乾隆得到黑水营被围的消息后，令富德为定边右副将军，阿里衮、舒赫德为参赞大臣，领兵救援。

十一月十一日，富德从乌鲁木齐出发，一路急行军。十二月十六日抵达阿克苏，此前舒赫德已领了三千五百人先行。富德带了三百人，星夜追赶，十二月二十五日与舒赫德会合，前往叶尔羌。霍集占得悉清军援军将至后，加紧围攻黑水营。

乾隆二十四年（1759）正月初六，援军与和卓军相遇，敌方出动五千骑，清军只有三千余人，且多是步兵。清军以善射步兵列阵于前，排列枪炮，交战十余次。战后，清军马匹或因疲劳倒毙，或中枪炮损伤，仅存百余匹。此日交战中，大和卓波罗尼都肋部中枪，受伤甚重，被抬入叶尔羌城内，随即返回喀什噶尔。

次日晨，清军经过戈壁，和卓军占据高处扎营，双方相持一昼夜。初八日，和卓军见清军军中马匹缺乏，士卒疲乏，遂四面围攻。清军驻扎地满是沙砾，缺乏水源，只能以零星冰块解渴。

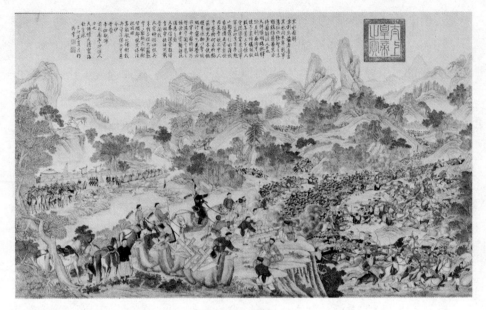

黑水河围解图

　　初九日夜，在后方解送马匹的参赞大臣阿里衮赶到，爱隆阿领兵护送。看前方戈壁滩上，灯火若繁星闪烁，知道两军相持。阿里衮纵马挥刀，大呼突进，千余士兵一起响应，所携带的两千匹马、一千匹骆驼蹴地若雷动，清军士气大振，呼噪驰突，冲入敌阵。富德看着援军来到，全军出动，内外夹击，将敌军击溃。

　　正月初八，黑水营清军遥听到北方枪炮声不绝于耳，判断援军已到。当夜即挑选了千余名精兵，兵分两路出击，焚烧敌营。兆惠又派人冲出包围圈，与富德取得联系。十三日，富德领军驻于黑水营北二十里。翌日，援军发起进攻，黑水营清军冲出，两军会合，当晚即北返阿克苏。

　　黑水营解围之后，霍集占知道清军不久将要再次出动大兵，这次却不是他所能抵挡的。霍集占开始做好撤退准备，将家眷行李送到叶尔羌西面，一旦形势不妙，立刻往西南逃往帕米尔高原的巴达克山。波罗尼都不甘落后，也早早做好逃跑准备，将家眷、财富送到喀什噶尔西南的塔勒巴楚克河畔，自己留在喀什噶尔城中，随时准备出逃。

六月，清军兵分两路，兆惠领一路，攻喀什噶尔，富德领一路，攻叶尔羌。

大小和卓在叶尔羌、喀什噶尔裹挟民众，大肆搜刮财富。六月二十七日，波罗尼都裹挟民众从喀什噶尔出逃。闰六月初二，霍集占从叶尔羌出逃，与哥哥会合之后，兄弟二人往巴达克山逃去，途中被裹挟的民众纷纷逃回向清军投降。清军此番出击，兵不血刃，即占领了喀什噶尔、叶尔羌。

巴达克山是中亚古国，位于今塔吉克斯坦北部、阿富汗南部地区。"其国负山险，田地腴美，筑室以居，耕而兼牧猎。"巴达克山在明代就开始向中国朝贡，清代也向清廷朝贡。

明瑞领兵一路急行，在闰六月底追上了和卓逃兵。清军以九百人击溃和卓军六千余人，歼敌五百，生擒三百。大小和卓战败后逃跑。七月初，富德、阿里衮、明瑞统领的清军会师，挑选了四千人的精兵，轻装快骑，一路追赶。七月初九，和卓军在两山之间布下埋伏。清军分为三队，以正面攻打山口，左右两路夺取两山，将和卓军再次击溃。

耶稣会士记载道，副将军富德得知和卓已逃往巴达克山，于是以每天一百多里的速度追赶他。七月十一日，富德得到通报，在巴达克山山区附近，有大量回民活动。清军追至。霍集占、波罗尼都领了最后的一万二千余人，据山布阵，进行抵抗。

老狐狸霍集斯这次分外卖力，竖起大旗，用维语高呼："降者生，否则必死！"执旗属下中枪死，换人再执旗，霍集斯声音高亢，响彻四野，正在逃跑的民众闻声后，纷纷前来求降，大小和卓兄弟带了四五百人逃入巴达尔山。清国使者随后也进入巴达尔山，索取大小和卓兄弟。

七月二十八日，巴达尔山国主素尔坦沙邀请大小和卓兄弟入城，波罗尼都入城，霍集占则在城外，扬言若是将清国使者交出，将世代为巴达克山做奴仆。素尔坦沙不允，霍集占就在城外纵兵抢劫村庄。素尔坦沙立刻将波罗尼都拘禁，又领兵出城，将霍集占围困在一座山岗上，霍集占负隅顽抗，胸、背、胯三处被击伤，随即被擒。

清国使者责令素尔坦沙将大小和卓交出，素尔坦沙与部落内头人商议后，认

玛常斫阵图，玛常随副将军富德出征，深入敌阵，弃坐骑负伤应战，后升护军统领

为古训不得将落难同类献给他人，如果移交大小和卓移交给清国，恐怕别国不满，要来闹事。

在清国使者离开二日后，素尔坦沙派人追上，称霍集占伤重而亡，以为搪塞。八月二十三日，素尔坦沙亲赴富德军营，富德责令他在二十五天内，将生者缚送，死者呈验。过期不至，即行进兵。

八月二十六日，素尔坦沙带了清国使者返回。此时事情又发生变化，霍集占与巴达尔山的敌国勾连一事被发现，素尔坦沙聚众公议后，决定将大小和卓处死。

大小和卓先是被关押在同一间屋内，几日之后，十几人冲入屋内，先是一刀将霍集占首级砍下，又一刀将波罗尼都砍伤。屋内有人起来反击，被乱刀砍死，随后众人刺杀波罗尼都胸部，一命呜呼。

素尔坦沙下手铲除大小和卓，也是无奈之举。素尔坦沙杀害了叔父及其诸子而获取了政权，但叔父有一子逃脱，一直在进行争斗。霍集占到了巴达尔山后，与政敌勾搭，威胁到素尔坦沙的统治。素尔坦沙出手杀死大小和卓，也是为了捍卫自己的统治。

清国使者过来查验时，却未看到大和卓的尸体，据称是被其手下抢走。据熟悉大小和卓兄弟的人查验，确认留下的尸体确是霍集占。大小和卓兄弟死后，战

事至此告终。在追索大小和卓时，清方并未要求引渡其家眷，甚至连大小和卓手下的亲信也没有引渡。乾隆二十七年（1762），清方始提出引渡大小和卓家眷，巴达克山在压力之下，交出了大和卓的妻子与儿子。大和卓波罗尼都四岁的儿子，逃到了中亚浩罕国，并得到庇护。和卓的子孙，在后世的历史上又将掀起无数波澜。

大小和卓败亡后，老狐狸霍集斯的土皇帝梦也告终。霍集斯在各个时期都善于见风使舵，得以自保，清廷对他极不放心。乾隆二十三年（1758）四月，借着霍集斯前往北京觐见的机会，清廷着手铲除其势力。为了安抚霍集斯，清廷授予他郡王爵位，又将他家眷全部送到京师，予以丰厚待遇。霍集斯何等狡猾？与其反抗掉了脑袋，不若主动投诚，还有富贵荣华可享。霍集斯主动上奏，请求留在京师，以报答皇恩，为天山南路的地方势力们做了良好表率。对霍集斯的上路，清廷很是满意，让他家族世袭罔替郡王，又给予系列优待。

霍集斯留在京师坐享荣华富贵，他的老巢乌什，却在乾隆三十年（1765）发生变乱，起因却是一种植物——沙枣树。

香妃与乌什事变

布鲁特（柯尔克孜）各部早先处于噶尔丹控制之下，此后又被策妄阿喇布坦、噶尔丹策零父子控制。准噶尔人对布鲁特、哈萨克等部，征取重赋，使得各部"无不怨念"。

康熙五十三年（1714），策妄阿喇布坦曾派儿子去攻打布鲁特人，此年大雪，深至三尺，师出无功，反而被杀掉五百人，其余人返回时染病而死。康熙在用兵准噶尔时，一度考虑联合布鲁特人夹攻，只是因为路途过远，未能执行。雍正时期，噶尔丹策零既要与清国用兵，又要对付布鲁特、哈萨克，左右难顾，极为被动，不得不与清国形成和议。

乾隆二十年（1755），在清军进军伊犁，擒获达瓦齐后，布鲁特直接与清国接壤。骁勇善战的布鲁特人，从此被视作威胁。依照清廷的命令，卫拉特各部的头领暂时不要入觐，以防范布鲁特人。阿睦尔撒纳被任命为准噶尔汗的一个重要原因，在于他能对付凶悍的哈萨克、布鲁特。

乾隆二十三年（1758）一月，乾隆对布鲁特各部宣告："尔等若如哈萨克慕化归来，朕将令照旧安居，不异服色，不授官爵，不责贡赋。惟遣使来请朕安，即加恩赏赉。"此后清军在追击阿睦尔撒纳的途中，东布鲁特人表示"情愿归诚"，入京觐见。

此年十月，当兆惠在叶尔羌被困时，布鲁特人出兵袭击英吉沙，迫使大和卓波罗尼都返回喀什噶尔，减轻了兆惠的压力。在清军追击大小和卓的过程中，"布鲁特人等陆续投见者甚多"，以致兆惠不得不暂驻英吉沙，"办理抚赏事宜"。

至乾隆三十年（1765），乌什地方发动兵变，却与布鲁特人有着间接联系。

却说此年二月十四日夜间，乌什突然爆发动乱，办事大臣素诚被杀，城内官兵都被杀戮一空。

乌什本是霍集斯的地盘，平定大小和卓后，霍集斯被清廷弄去北京，做了个安逸郡王，世袭罔替。乌什地方，则由清廷派了官员管理。乌什土地肥沃，物产丰裕，就是清朝官员勒索一二，民众也能忍受。但民众的忍耐总有限度，过度的盘剥，加上地方官员荒淫无度，最终激起强烈反弹。

此次事变，说来可笑，却是因为沙枣树引起。沙枣树是南疆最为普通的一种树，树皮青褐，叶子乌绿。"四五月间开花，香弥里许，亦号香柳。"沙枣树果实色白，形如内地小枣，回人以此酿酒，名阿拉克。

此年清廷在乌什地方征调了二百四十名回人，专门办理沙枣树入京。不料这批回人却聚集起来，半夜执了火枪，杀入城内，围攻驻守清军。

那么，回人为何要运送极其普通的沙枣树，又激起民变？这还得从香妃逃难布鲁特说起。

香妃所属家族，与大小和卓出自同一高祖，其父名为和卓阿里。和卓阿里去世得早，五叔额色伊、兄长图尔都一直对她予以关照。大小和卓返回南疆之后，额色伊、图尔都带了香妃，出逃前往布鲁特避难。此后又联合布鲁特人，攻袭英吉沙、喀什噶尔，缓解了被困黑水营清军的压力。

大小和卓平定后，香妃随同立下功劳的五叔、哥哥入京觐见。乾隆二十五年（1760），在招待平叛有功人员及其家属的宴席上，颜容出众的香妃被乾隆一眼相中，选入宫中当了贵人，因其先祖为和卓，又称"和贵人"。在宫中，别具异域风情的香妃，得到了乾隆的格外恩宠。各地送来的贡物，她常独享一份。她有自己的回人厨师，烹制南疆特色的食物，如手抓饭、洋葱拌菜。她继续穿着南疆服饰，而不是宫廷服饰。

乾隆三十三年（1768），她被确立为容妃，此时才开始换上后宫服饰。后世之所以称之为"香妃"，实自此开始，据说她全身弥漫着一股沙枣花香。香妃在宫中地位仅次于皇贵妃、贵妃（自皇后去世之后，乾隆就未曾再立）。为了取悦于她，让她稍展思乡之情，乾隆在京修建了"回子营"，设有清真寺，以及南疆风情的市肆与浴室"浴德堂"。

香妃出生在叶尔羌，年轻时随族人出逃布鲁特部，沙枣花的香味陪着她成长，让她刻骨铭心，难以忘怀。至北京后，思乡心切的她，在皇帝的无限恩宠之中，也就提出了移植沙枣树的请求。

将沙枣树移植入木桶，再辗转送到京师，在当日是件耗时耗力的工程。

乌什地方上的清廷办事大臣素诚，糊涂淫酗，更有不雅癖好，不时将少年带入官府中，不令归家。素诚的儿子也不是好人，看到有姿色的妇女就带入官府，父子宣淫，"乌什回子久欲寝其皮而食其肉矣"。

在平定大小和卓之乱后，清廷在回疆进行了官僚制度改革，本地人不得担任"阿奇木伯克"（清廷封的官，正三品，以回人贵族担任）。所选用的阿奇木伯克，多从最早归顺清廷的哈密、吐鲁番等地挑选。清廷派到各地的文武官员，由朝廷供给俸禄。派至各地的阿奇木伯克薪水，则由地方供给。这些人到了各地后，将地方上的民众视为奴仆，肆意掠夺，满足一己之私。

乌什的阿奇木伯克阿卜都拉是哈密地方人，被调到乌什。阿卜都拉性情残暴，心情不悦时，就鞭打乌什当地人取乐。阿卜都拉曾将瘦羊四百只硬卖给回民，每只索价四两。在运送沙枣树入京时，更从中牟利，盘剥无数。

此次运送沙枣树，从乌什征调了二百四十名民夫，恰好素诚的儿子也要返回京师，就强迫民夫帮他运送行李，又命赖黑木图拉为头目，沿途看押行李。运送行李之前，赖黑木图拉不知道货物要送到哪里，就去找阿卜都拉请示。阿卜都拉没有给他指示，反而以唐突为由，将他抽了数十鞭。赖黑木图拉又去找素诚官衙的小官请示，又被"重责三十大板"。

赖黑木图拉是乌什本土势力，其父额色木图拉曾被清廷赐予四品顶戴花翎，在南疆也是有头有脸的人物。办事大臣素诚曾强行留宿赖黑木图拉的妻子，赖黑木图拉隐忍不发。此次再被凌辱，新仇旧恨顿时涌上心头，就以这批民夫为主力，准备反叛。

赖黑木图拉为首的叛乱分子闹事时，扬言阿睦尔撒纳、大小和卓，都带了兵来支援。此时这三人早已死去，只是消息闭塞，地方民众不知晓。赖黑木图拉又派人去中亚各国联系，搬取救兵，被布鲁特人拦截下来，未能成行。赖黑木图拉之父额和木图拉反对闹事，责骂儿子。赖黑木图拉回骂其父"无如此父亲"，开枪擦伤额和木图拉额头。

闹事当夜，有人去向阿卜都拉告密，不料他饮酒正在兴头上，听到这些话后不耐烦，将告密者驱走。三更之后，赖黑木图拉领了众人将阿卜都拉全家杀死，然后拥入素诚官衙内，将其父子及家奴兵丁全部杀死。赖黑木图拉闹事后，又想将阿卜都拉女儿纳入房中，只是老婆嫉妒，逼着他将人杀掉。

阿克苏办事大臣卞塔海听到乌什事变之后，带了五百名兵丁赶来。城内有人打开城门迎接，卞塔海不分青红皂白，下令开枪。城内迎接的民众赶紧闭门坚守。原先城内参与闹事的不过二百余人，此番枪击之后，更多民众加入闹事者行列。

卞塔海随后用炮攻城，却被城内众人击败，三座大炮也被抢走。随后赶来的库车大臣鄂宝，也在城下被击败。喀什噶尔参赞大臣纳世通也领了兵前来，到了城下后，初期不想进兵，只想安抚，又想独吞战功，行文阻止伊犁将军明瑞前来增援。至闰三月，伊犁将军明瑞到达乌什，乌什城外清军近万人。明瑞抵达后，纳世通又妄自尊大，擅自用兵，战败后推卸责任。

赖黑木图拉占领乌什城后，将城外的民众及牲畜全部驱入城内，囤积了大批粮草，依赖坚固城池防御。乌什城虽小，但四面环山，进攻不易。四月下旬，城内饲料减少，不得不将牲畜赶到城外放牧，清军趁机攻击，夺取牛马驴三百余。

五月中旬，守军接连出城放牧，抢割水草。在月底的交战中，赖黑木图拉中箭身亡，由其父额色木图拉接替指挥。乾隆得悉儿死父继，负隅顽抗后，指示要将乌什叛乱者全部剿灭，不可因其投诚而有所姑息。五月二十五日，卞塔海、纳世通，因为"办事糊涂"，被在军前正法。一场小小民变，在各路大军围剿之下，竟然五个月不能平息。

至八月十四日夜，城内有准备投降清军者，将额色木图拉及首要分子四十二人擒住，移送清军。次日明瑞传集回人及布鲁特人，将额色木图拉等首恶凌迟处死，"可恶之徒"十余人被斩首。明瑞、阿桂决定将投降的叛乱分子三千人及家眷一万人，分为四队，发给盘缠，迁至伊犁屯田。

乾隆得悉明瑞、阿桂的处理意见后大怒，痛骂二人为"两个该杀的"，竟然将余党送到伊犁屯田，还发给盘缠。乾隆甚至嘀咕道，你们两个"该杀的"就自己留下这三千人，等他们叛变之后，如何处理，悉听尊便。

乾隆大骂明瑞、阿桂二人，认为这般作为是想充好人，少杀生，得福寿。又大骂两个"该杀的"不想杀人，是在暗讽"朕多杀生"。乾隆继续大骂，叛党即便免死，也不能送去伊犁屯田，更不能让其妻女团聚。乾隆下令明瑞、阿桂，将三千男人，以五百人为一队，送往内地为奴，如果途中逃脱，即将家眷处死。

乾隆气恼之下，又令明瑞、阿桂二人，赔偿路费。看着皇帝胡搅蛮缠，明瑞、阿桂改变措施，将"始终助恶"者两千三百人押解到摩多地方处死，所有妇女分配给无妻之索伦、察哈尔、厄鲁特兵，老妇人、童稚赏给官兵为奴。

乾隆对此处理仍不解气，事后将伊犁将军明瑞、内大臣阿桂革职留用。素诚虽然死了，可他没有办理好运送沙枣树一事，也让乾隆痛恨，下令将他家产查抄，还活着的儿子发到伊犁充军。

乌什事变之后，清廷将天山南路的管理方式也做了调整。阿奇木伯克的权限被做了划分，对当地人的赋役明确定额，印文公告。内地商人进入天山南路后，不得与回人杂居。原先驻在喀什噶尔的总理回疆事务参赞大臣，暂移驻乌什，处理天山南路各城事务。伊犁将军与总理回疆参赞大臣的权限也得到明确，伊犁将军总统新疆军政要务，参赞大臣受其限制，赞襄军政。战后乌什一片凋零，又拨款调粮，屯田驻兵，解送牲畜，稍稍解决了当地的民生。

赖黑木图拉家族与霍集斯联系密切，此番闹事之后，乾隆甚至怀疑老狐狸霍集斯又在背后捣鬼。待事情水落石出，证明霍集斯与此事无关之后，乾隆对他恩宠如故。霍集斯在京师居住二十余年，每逢蒙古王公、外藩使者朝贡，在紫光阁、畅春园等处的盛大宴会上，都可以看到他活跃的身影。

此次事件后，乾隆也羞于再提沙枣树一事，反正还有其他方式可以取悦香妃。至于香妃，则继续被各种传说所附会。香妃去世后，下葬在清东陵之中。今日喀什所谓的香妃墓，实际上是和卓阿帕克之墓。后来左宗棠收复新疆，幕僚萧雄跑到喀什噶尔时诗兴大发，将阿帕克墓当作了香妃墓，"庙貌巍峨水绕廊，纷纷女伴谒香娘"。此后以讹传讹，喀什也就出现了香妃墓，并被当作了旅游景点。

天山南北平定之后，各地人口匮乏，此时哈萨克、布鲁特人乘机东迁，更吸引了一批远在伏尔加河流域的卫拉特人回归，这就是土尔扈特东归。

土尔扈特东归

清国与土尔扈特的联系，早在康熙年间就已开始。康熙五十一年（1712）五月，清廷决定向土尔扈特部派遣使者。之所以不远万里派遣使团，主要是被土尔扈特的诚意打动。

在策妄阿喇布坦吞并了阿玉奇汗一万五千帐之后，准噶尔与土尔扈特关系恶化。土尔扈特多次派遣使者来朝贡，均被策妄阿喇布坦拦截。

历经周折，辗转反复后，土尔扈特使团经西伯利亚而来，极具诚意，让康熙颇是感动，故而派遣使团前去慰问。康熙指示使团，如果阿玉奇提出联合攻打策妄阿喇布坦，则断不可应允。此外，阿玉奇汗的侄儿阿喇布珠尔，至西藏熬茶后，由于策妄阿喇布坦的拦截，不能返回土尔扈特。康熙将他封为贝子，妥善安置。此番阿喇布珠尔也要派人同去，至土尔扈特送信。

使团以太子侍读殷扎纳为首，另有纳颜、图理琛及卫拉特人舒哥、米斯等五人，同行的还有三名武官、二十二名仆人、阿喇布珠尔派遣的四人，共计三十四人。内阁侍读图理琛不是使团领袖，只是他将旅途经过撰写成《异域录》，由此闻名，后世也将使团称为"图理琛使团"。

取道准噶尔部，穿越中亚，本是前往土尔扈特部的捷径。只是策妄阿喇布坦一直予以封锁，不得不绕道西伯利亚远行。使团取道俄国，少不了要与俄国交涉。俄国本不同意使团与土尔扈特部联络，在弄清了清政府的意图后，方才同意使团入境。

使团从北京出发后，经内蒙、外蒙，穿越西伯利亚，历时两年多，行程两万余里，最终抵达土尔扈特部。使团耗时两年多，主要因为俄国一再阻碍，消耗了使团大半年的时光。康熙五十三年（1714）六月初一，使团抵达土尔扈特部驻地，阿玉奇派遣属下前来迎接。次日，在俄国使者陪同下，殷扎纳前去宣读谕旨。

俄国官员对此有记录："中国的使臣来到了可汗帐前，从木盒里取出一份金纸书写的国书。总头目殷扎纳拿着国书，举过头顶，十分肃穆地走进帐篷，一直走到可汗座位前。可汗坐在置于波斯地毯上的丝绒座椅里，致词结束后，殷扎纳用双手拥抱了阿玉奇的双膝，阿玉奇则将右手放在使臣肩上，表示感谢。"

图里琛的记载则是："至阿玉奇汗帐前，下马，交付谕旨，阿玉奇汗跪接，北向恭请东土大皇帝万安。"很明显图里琛在此处说了谎，依照蒙古人的习俗，接待使者时，大汗坐着接收国书。对于滞留在清国的侄儿，阿玉奇表示，他是否回归土尔扈特，由康熙决定。但侄儿断不能从准噶尔回来，如果走俄国境内，能否穿行须看沙皇态度而定。

使团在土尔扈特部逗留了十四天，筵席不绝。土尔扈特部主要头领分别设宴款待来使，并向康熙赠送了礼物。返回途中，较为顺利，康熙五十四年（1715）五月使团抵达京师，向康熙详细汇报了出行经过。

阿玉奇汗去世后，土尔扈特国力日渐衰落，而俄国也不断对伏尔加河移民，并频繁征调土尔扈特人从军。至渥巴锡接掌土尔扈特部时，大批土尔扈特人失去牧场，缺乏足够的水草游牧。俄国派驻土尔扈特的官员在报告中写道："土尔扈特人原先游牧的伏尔加河草原，几乎所有地方都被俄国人的村庄占据，不许土尔扈特人靠近那些地区。双方不断地发生争吵、抢劫、斗殴，彼此侵夺人口牲畜。"

俄国不断干涉土尔扈特内部事务，进行分化瓦解。土尔扈特汗之下，设有八名王公组成的议事机构"扎尔固"，"扎尔固的那一切决定只有经过汗的批准才能在法律上生效"。1762年，俄国规定，扎尔固的成员不得由汗任命，而须经过俄国批准。汗不得改变扎尔固的决定，如需更改，需要请示沙皇，以此限制土尔扈特汗的权力。

土尔扈特人时常派兵参与沙俄的战事，以换取俄国提供的枪支、火药以及金钱。在战斗中，土尔扈特人可收获战利品及俘虏，战后可以获得俄国的奖赏。势力强大时，土尔扈特人可以根据自身意愿，决定是否派兵参战。至阿玉奇汗去世后，由于内部争斗削弱了自身力量，此时出兵帮助俄国作战，已经成为土尔扈特的义务。

在土尔扈特经济状况持续恶化的情况下，俄国却不断从土尔扈特征调兵马。1756年，为了准备与普鲁士的战争，俄国要求土尔扈特派遣四千名骑兵，每人准备两匹马赴乌克兰。另外提供四千骑兵作为后备，随时准备出征。此时土尔扈特已无力派出八千骑兵，但也提供了五千名骑兵。

阿玉奇时期，土尔扈特人有七万帐，至渥巴锡时，已锐减到四万一千帐，在俄国的频繁战事中，土尔扈特人已经无力出兵。1768年，俄国与奥斯曼帝国开战，下令渥巴锡派遣两万人至亚速海参战，剩下的土尔扈特人则参加对库班人的战斗。渥巴锡抗议，称无力提供如此多的兵力。俄国人则称，四万一千帐的土尔扈特人，足够派出两万人的军队。在俄国压力下，渥巴锡最终派了一万人参战。战事中，土尔扈特领袖渥巴锡被俄国将领训斥，遂率军自行从高加索撤离。

经济上的不断恶化，俄国对土尔扈特内部事务的持续干涉，连年的征调兵员，迫使土尔扈特去寻找新的游牧地，以逃避俄国的压迫。此期间，准噶尔部的覆灭给他们提供了一个新天地。

在阿睦尔撒纳之乱平定后，伊犁等地虽然形势比较稳定，但已不复当日繁荣光景。伊犁、塔尔巴哈台等地丰茂的水草，吸引了哈萨克人与布鲁特人，两部借着归顺清廷的契机，提出将牧地东移。乾隆二十二年（1757），哈萨克阿布赉汗派遣使者，要求至塔尔巴哈台一带游牧，被乾隆拒绝。此后布鲁特人提出要返回旧日游牧地伊克塞湖，被"酌量赏给"。哈萨克、布鲁特等部，实际上已无视乾隆的拒绝或"酌量赏给"，开始了一波东移的浪潮。

准噶尔部舍楞率众二千余人，袭杀清军副都统唐喀禄。战败之后，舍楞出逃至伏尔加河，投奔了土尔扈特部。舍楞带来了因为常年战乱，伊犁地区空虚，草原无人放牧的消息。在土尔扈特部期间，舍楞建议把握机会，回去攻占伊犁，夺取优良草场，免得在伏尔加河受俄国人的气。舍楞的建议，得到了土尔扈特二号实权人物策伯克多尔济（渥巴锡的侄儿）的大力支持。

乾隆三十五年（1770），二十六岁的渥巴锡召开会议，讨论是否返回伊犁。参与会议的有渥巴锡、策伯克多尔济、舍楞、大喇嘛洛桑丹增措、巴木巴尔、达什敦杜克，最终议定返回伊犁。会后，渥巴锡召集了大小头领，宣布将回归伊犁，并严令保密。俄国人得到了土尔扈特人要出走的风声，威胁渥巴锡："可汗，你不敢这么干。你很清楚，因为你是一头用铁链锁住的熊。"

十二月初一，渥巴锡召集土尔扈特人，宣布将脱离俄国东归。策伯克多尔济则卖力鼓动："雅依克河和伏尔加河两岸布满了哥萨克定居点，顿河、捷列克河和库马河也将迁来移民，你们将被推到无水的大草原。渥巴锡的儿子已经被命令送去做人质，贵族中的三百名子弟被要求住在俄国首都。你们将面对两种选择，要么背负起奴隶的枷锁，要么离开俄国结束你们所有的不幸。"策伯克多尔济又抬出达赖喇嘛鼓气，称达赖喇嘛亲自选定了出走的吉利年份，就在此年。（关于土尔扈特人暴动的日期，由于俄国使用的是俄历，土尔扈特人使用的是蒙古历，中方使用的是汉历，历来众说纷纭。俄国档案记载，土尔扈特人出走是在俄历 1 月 5 日，俄历换算为公历，则为 1771 年 1 月 16 日，公历换算为汉历，则为十二月初一。中方后来对土尔扈特头领的调查记载则表明，土尔扈特人在十二月初二，即暴动后的第二日出走。）

十六万八千土尔扈特人踏着皑皑白雪出走，熊挣脱了锁链。渥巴锡亲自率领一千五百人断后，防止俄国哥萨克袭击。俄国女皇叶卡捷琳娜得到消息后，派出哥萨克追捕。因为河水未曾结冻，留在伏尔加河东岸的土尔扈特人未能出走，被俄国人严密封锁，此后一直留在此地游牧。

渥巴锡派遣巴木巴尔、舍楞带领精锐为前锋，扫荡雅依克河沿岸的哥萨克。十二月十四日，前锋强渡雅依克河。俄国人在报告中写道："在汗的兄弟舍楞、巴木巴尔两个儿子带领下，他们手持大大小小的旗帜，在下午 1 点多抢走所有牲畜，然后袭击了城堡。双方用枪炮射击了一天，哥萨克把全部弹药打光。所有的人不是被杀死，就是被烧死，尸体被扔进地窖。"此后三天，土尔扈特部渡过雅依克河，进入哈萨克大草原。

此时天气日益寒冷，土尔扈特人在恩巴河一带过冬，四处寻觅能取暖的燃料。由于天气过于寒冷，"当清晨到来的时候，几百个围在火堆旁的男人、女人和儿童已冻僵死去"。土尔扈特人在恩巴河苦苦熬过了冬天的严寒，等待天气转暖后继续启程。当河水解冻，雪水融化后，土尔扈特人再次启程，却遭到了小帐哈萨克骑兵的突然袭击。

自从哈萨克头克汗于 1718 年去世后，哈萨克汗国陷入了四分五裂的局面，大、中、小三帐自立，各自为政，有时互相攻伐，有时则联合对敌。小帐哈萨克受准噶尔的压迫，迁徙到咸海附近，并与在伏尔加河下游游牧的土尔扈特人不时爆发冲突。

据俄国人的记载，土尔扈特在 1770 年年初派兵攻击了雅伊克河游牧的哈萨克人，夺走了大批牲畜，双方怨恨已深。哈萨克各帐之中，小帐最早向俄国臣服，也向清国纳贡，因为距离原因，受俄国影响较大。土尔扈特出走后，俄国命令哈萨克小帐加以阻击。

哈萨克小帐努尔阿里汗迫不及待地发兵追击，以便报仇雪恨，"哈萨克自古就是土尔扈特人的世敌，他们一直寻求复仇之机。如今他们听得此讯，认为等到了复仇和抢掠战利品的绝好时机，大为高兴，所有的可汗和苏丹都备军等待"。

双方冲突之后，渥巴锡写信给努尔阿里汗，希望路过他的领地时，不要再发生不必要的冲突，双方应和睦相处。

努尔阿里拒绝了这个和平提议，威胁要继续进攻。四月初，努尔阿里与俄国骑兵会合，共同追击。途中俄国人以粮草不足为由撤退，也拒绝给提供努尔阿里大炮。俄国人走后,努尔阿里却不肯放弃,他好似嗅到血腥味的恶狼,一路穷追不舍。

渥巴锡向着巴尔喀什湖前进,以摆脱努尔阿里的追杀。努尔阿里的军队与中帐哈萨克阿布赉汗的军队在努拉河会师,实力大增,继续猛追。

中帐哈萨克与土尔扈特并无仇隙,此次出兵来围堵,主要是不想土尔扈特人东归。在准噶尔部被消灭后,中帐哈萨克东进,获取了大批优良的牧场。设若土尔扈特人东归,则会压迫哈萨克人的牧场。阿布赉汗曾请清政府出兵助攻,乾隆训斥道:"阿布赉所求告之言,专为我大国征讨土尔扈特后,尔等想从中渔利。"

阿布赉将土尔扈特东归的消息传递给清廷后,清廷对土尔扈特部东来的动机感到狐疑,认为应"暗中防范,尚不需派兵援助哈萨克"。哈萨克如果战胜,掠夺后的一切俘获"我大国将军,一点不取,俱赏尔"。对阿布赉出兵攻击土尔扈特部,清国暂时保持中立,加以观望。

在俄国与中国之间,阿布赉左右逢源,既对中国纳贡称臣,又与俄国交好。俄国也邀请阿布赉出兵围攻土尔扈特。当土尔扈特人进入中帐领地后,阿布赉就出兵攻打。

此前因为实力不足,小帐哈萨克一直尾随土尔扈特人发动袭击,不愿正面交战。得到中帐哈萨克支持后,开始正面攻击,双方爆发大战。土尔扈特人击败了哈萨克人,自身也遭受了惨重损失。一名被俘的土尔扈特人供称:"为了摆脱哈萨克人,土尔扈特人采取急行军,筋疲力尽,愈往前走,愈益困难。牲畜因为缺乏饲料而饿毙,又极其缺水。"

行至莫尼泰河后,土尔扈特人暂停下来休整,随即被努尔阿里、阿布赉率领的五万哈萨克联军包围。渥巴锡提出议和,释放了一千名哈萨克俘虏,得到了三天修整机会。至第三天傍晚,土尔扈特人发动袭击,冲出包围,继续向巴尔喀什湖方向前进。将土尔扈特人逼出中帐领地后,阿布赉乘势收兵,接下来交由哈萨克小帐去处理。小帐努尔阿里一路斩获颇丰,也就不再追杀,返回自己的游牧地。

巴尔喀什湖西北是水草之地塔尔巴哈台,取道此处,本最便捷,只是此地有大量哈萨克人。为了避过哈萨克人,土尔扈特人改走艰难的巴尔喀什湖西南一线，穿过戈壁，进入伊犁。清方对大帐哈萨克袭击土尔扈特一事未加干预，因为渥巴锡未曾遣使联系，清方对他率部东归充满疑虑。

早在此年三月，从俄国政府的来函中，清廷得知土尔扈特部东归。清政府的处理意见是："若靠近边界，允许入界，抚慰安置。若未至我边界，半途被俄罗斯追缉，发生冲突，则可不理。"由于舍楞曾参与阿睦尔撒纳之乱，一些大臣对土尔扈特东归持怀疑态度，"以舍楞同来，情属叵测"。

随着清国对土尔扈特东归的逐步了解，乾隆开始转变态度，他认为："其归顺之事十有八九，诡计之伏十之一耳。"对逃去土尔扈特的舍楞，乾隆指示："安置尔等属众，将尔等安抚诱来。"此后又转变态度，若是舍楞自愿归来，也可以既往不咎，前罪一律宽宥并可加以恩赐，接济产业，分定游牧。

五月二十六日，土尔扈特与清军相遇。土尔扈特在伊犁河下游东岸时召开了"扎固尔"会议，研究是否按原计划夺取伊犁，反复讨论了七天。由于实力大为减弱，且伊犁清军早有准备，故决定投顺清朝。

归来后，十六万八千土尔扈特人只剩六万六千人，牲畜也所剩无几。得到土尔扈特人归来的消息后，乾隆指示接济马匹牲畜，由舒赫德办理。舒赫德一边安置土尔扈特人，一边调集粮草运至伊犁河谷，同时组织医生帮土尔扈特人看病。

清廷为救济土尔扈特部，拨出库银二十万两，用于采购牲畜、粮食、衣服，牲畜采办总计二十万头。各地调集来的衣服，可使土尔扈特人每人得一匹布、一斤棉、一件皮袄。每户所得孳生羊三十、二十、三、五、八只不等，白银五十、三十、二十两不等。

六月二十五日，舒赫德陪同渥巴锡前往承德觐见。沿途所用马匹，乾隆指示要多加准备，不得耽误伊等上路。因为沿途接待不周，按察使、知府、知县、总兵等各级官吏有六人被革职，直隶总督、山西巡抚被申斥。渥巴锡还在途中时，乾隆已迫不及待，两次遣使过来问寒问暖，送荷包、送鞋子，并表示到了避暑山庄后会有更多赏赐。此番待遇，堪与当初的阿睦尔撒纳相媲美了。

此年九月上旬，乾隆在承德木兰围场接见了渥巴锡、策伯克多尔济、舍楞等一行十三人。对于此次见面，乾隆特意交代，摆宴席招待时必须大方，"为之丰盛热情"。

乾隆在蒙古包里招待了渥巴锡等人，并用蒙古语与渥巴锡交谈。乾隆又命宫廷画师为渥巴锡等人绘像，封渥巴锡为卓里克图汗，策伯克多尔济为亲王，其他有功之臣分别封为郡王、贝勒、贝子等爵衔。策伯克多尔济对此却有牢骚，认为东归是自己主使，应当封自己为汗。不过，在"多加赏赉后，伊尚感悦备志，毫无胸怀异心之状"。舍楞被封为郡王，更是大喜过望，"我之愿望，亦是如此"。

卫拉特四部，至此最终平定，乾隆心满意足，作诗云："卫拉昔相忌，携孥往海滨。终马怀故土，遂尔弃殊伦。"

由于阿睦尔撒纳的前车之鉴，乾隆还是留了一手，指示不可让渥巴锡、策伯克多尔济、舍楞等人共处一地，"另择较远之所分住之"。渥巴锡初期被安排在斋尔湖，随后又提出转到巴音布鲁克草原游牧，此地草原之肥美仅次于鄂尔多斯，乾隆大度地许可。亲王策伯克多尔济则在和布克赛尔草原游牧，巴木巴尔在济尔噶朗河放牧，各部都得到了优良牧场，无不感激。

乾隆也指示，不可使土尔扈特人只从事游牧狩猎，"则其力量未免逐渐强大，一旦强大，绝非好事"。为此要劝导部分土尔扈特人务农，不想土尔扈特人根本不会农耕，所种谷物全部歉收。乾隆四十年（1775），三十三岁的渥巴锡去世，留下遗言，命部众"安分度日，勤奋耕田，繁衍牲畜，勿生事端，致盼祈祷"。

后　记

　　《草原帝国准噶尔》一书，展示僧格、噶尔丹、策妄阿喇布坦、噶尔丹策零、达瓦齐、阿睦尔撒纳等准噶尔领袖的性格命运，及军事决策、后宫内斗、兄弟厮杀、部落吞并等内容。通过本书，希望能展示准噶尔由强盛走向衰落的过程。

　　自投身于本书写作之中，转眼历时两年有余。两年多来，对清代准噶尔部的诸多人物做了梳理，与一个个历史人物做面对面的对话交流，对一个个事件加以考察分析。清代准噶尔部的多彩历史，精彩人物，还有着许多未知的故事。在未来的岁月里，我将继续对准噶尔部加以探索，给读者朋友们展示更多不为人知的事件。

　　书稿的写作，是漫长而煎熬的。"寻章摘句老雕虫"，写历史书稿，最想做的就是将最精彩、最生动的内容呈现给读者，这就需要仔细梳理史料，择取可用的内容。清朝官方所留下的档案资料不多，且多数是枯燥的官方行文，而准噶尔部所留下的史料则更为稀少。幸运的是，过去一些年来，国内在托忒文文献整理上，已经有了较多成果。

　　在本书的写作中，接触到了一些少数民族学者的专著、文章，如齐木德道尔吉、黑龙、宝山、M.乌兰等，他们对少数民族语言的掌握，对史料的运用，乃至著作的选题，都让我钦佩。本书的写作，是建立在这些学者的基础之上的，在此向他们表示深刻的敬意与谢意。

　　写作本书，本意是想写作一本通俗的读物，使读者能对这段历史有所了解。在行文之中，使用了较多通俗的笔法。在引文上尽量遵照原文，个别地方为了阅读方便，稍作改动。

　　历史的书写，于我而言，自然是一场历史的穿越之旅，在旅途之中，我将与往昔的一个个人物对话，努力将他们的所思所想、经历过的事件，生动逼真地再现给读者。历史的书写常受作者个人意志的影响，带有作者的私人烙印，只是烙印的深浅程度不一而已。虽然历史写作难免要受主观影响，但著史者所能做的，且应该去做的，是尽可能地还原客观历史。本书在写作中，尽可能不作主观评介，而以展示史实为主。

袁灿兴

2020 年 7 月 1 日